国家社科基金冷门绝学研究专项学术团队项目

"秦至晋简牍所见地方行政史料汇编与研究（批准号：20VJXT020）"阶段性成果

汉晋简牍与
制度史丛稿

沈刚——著

凤凰出版社

图书在版编目（ＣＩＰ）数据

汉晋简牍与制度史丛稿 / 沈刚著. -- 南京 ： 凤凰
出版社，2022.12
　　ISBN 978-7-5506-3840-2

　　Ⅰ．①汉… Ⅱ．①沈… Ⅲ．①简（考古）－中国－汉代
－晋代－文集②政治制度史－中国－汉代-晋代－文集
Ⅳ．①K877.54-53②D691.21-53

中国版本图书馆CIP数据核字(2022)第231461号

书　　　名	汉晋简牍与制度史丛稿
著　　　者	沈　刚
责 任 编 辑	郭馨馨
特 约 编 辑	莫　培
装 帧 设 计	徐　慧
出 版 发 行	凤凰出版社(原江苏古籍出版社)
	发行部电话025-83223462
出版社地址	江苏省南京市中央路165号，邮编:210009
出版社网址	http://www.fhcbs.com
照　　　排	南京新洲印刷有限公司
印　　　刷	南京新洲印刷有限公司
	江苏省南京市六合区雨花路2号　211500
开　　　本	880毫米×1230毫米　1/32
印　　　张	11.875
字　　　数	267千字
版　　　次	2022年12月第1版
印　　　次	2022年12月第1次印刷
标 准 书 号	ISBN 978-7-5506-3840-2
定　　　价	125.00元

(本书凡印装错误可向承印厂调换,电话:025-57500228)

　　沈刚，吉林大学、"古文字与中华文明传承发展工程"协同攻关创新平台教授，历史学博士。主要从事秦汉史教学和研究工作。独撰并在《历史研究》《中国史研究》《文史》等刊物发表专业论文100余篇，独自撰写或编著并出版《秦汉时期的客阶层研究》《长沙走马楼三国竹简研究》《汉代国家统治方式研究：列卿、宗室、信仰与基层社会》《秦简所见地方行政制度研究》等著作7部，其中《秦简所见地方行政制度研究》入选2019年度国家哲学社会科学成果文库。主持国家社科基金冷门绝学研究专项学术团队项目、重点项目、一般项目等各级各类项目多项。

目　录

前　言

　　制度史是学习、研究历史学的基础，向来受到学界关注。汉晋时期传世文献以正史为主，材料集中，制度史研究比较成熟，但一些细节还有继续探究的余地。新史料是推动史学进步的重要因素。以汉晋文书与法律简牍为主的新资料大量涌现，拓展了这一时期制度史知识。因而近些年来，"简牍""制度"成为秦汉魏晋史研究的热词。本书内容亦在此范围之内，大致可分为四组：

　　第一组文章讨论简牍作为史料的价值与限度、特点，以及研究路径等，重点关注了简牍与史学的关系。第二组文章探讨了西北汉简中边地军政管理制度等问题。西北汉简是最早发现的简牍，也是研究时段最长、最为成熟的一批材料。因而这组文章多是针对前人已讨论过的论题，依据肩水金关汉简等后出简牍补苴前贤之说。第三组文章为长沙走马楼三国吴简方面的内容。主要以户、赋类等大宗簿书以外的材料为基础，对文书运行、处理，人口管理，以及地方行政单位等问题展开讨论。第四组文章则是对秦晋之间制度史一些个案的考察。

　　书中所收文章是本人承担各类项目成果之外的零简剩墨，长短不一、水平参差。本次结集，按照出版社要求统一了体例，润饰了文字，将简牍内容替换为新的底本。本书内容集中在汉晋之间的简牍与制度史，且第二、三组的简牍文章主题亦以制度为主，可视为简牍中的制度史，故名曰《汉晋简牍与制度史丛稿》。

感谢凤凰出版社郭馨馨老师、王淳航老师和莫培老师的帮助，使小书能在一座我心仪的城市出版。

沈　刚

出土简牍与秦汉历史的重绘

历史学是一门高度依赖材料的学科。秦汉时代距今久远，留存下来的传世文献数量有限，做具体研究时不免捉襟见肘，因而研究者对这一时段材料的渴求尤为强烈。针对一个多世纪前出土的西北汉塞简牍，王国维在 20 世纪 20 年代就称之为当时史学的四大发现之一。近二三十年来，考古发掘和国内高校购藏的简牍数量呈指数级增长。同时，居延汉简等早年公布的大宗简牍也重新整理出新的图版和释文本，随简文公布的考古学信息也更为丰富。这些都吸引了秦汉史研究者的注意力。近年来秦汉史领域以简牍作为研究对象的成果数量激增，成为热点之一。毫无疑问，这在一定程度上改变了秦汉史的研究生态，显示了学术研究的时代特征。如果抛开这些以简牍作为对象的具体研究不论，那么简牍提供的知识如何影响了我们对秦汉历史整体面貌的认知呢？

一、秦汉简牍作为史料的特点

流传至今的秦汉传世文献，以正史为主，包括史部和子部文献，都是经过史家选择、剪裁过的史料。中国传统史学有经世致用的理想，因而就不免或多或少地蒙上主观色彩。简帛是当时书写的主要载体，其内容多样，而且也多无记载历史的自觉。也正因为如此，从史料的角度，它们表现出一些与传世文献不同的特点。

首先，材料的原始性。目前所见简牍大致可以分为文书和典籍两个大类。前者是政府日常行政档案、法律文书等；后者为当时学习或刊用的书籍等。这些都是当时的实用品或对实用文书的模仿（如墓葬中的告地策），是反映当时社会各方面的原生态材料，对于现代史家来说是第一手文献。

其次，与传世文献的互补性。传世文献以正史为主体，列入纪传的人物以皇帝、高官、贵族为主，虽然也有现代史学更为关注的经济、社会史材料，以及普通人的历史，但从体量看，并非主流，只是作为背景或底色存在。同样，政论家和思想家们留存下来的文字，目的在于表达其观点。目前公布的简牍资料恰恰相反。比如以里耶秦简、走马楼吴简为代表的地方郡县行政文书，以居延汉简为代表的西北汉塞军政文书等，记载了基层官吏年复一年的繁琐工作，而这却是保证帝国运转的基础。

再次，简牍文献内容的复杂性。在纸张作为书写载体普及之前，简帛承担了这一功能。承载日常书写信息的功能导致其内容多样且庞杂，几乎囊括了当时人日常行为和思想意识需要诉诸文字的所有记录。既有反映知识体系的典籍，也有民间信仰的数术；既有行之于帝国的法律，也有依据制度行事的日常行政。即使我们以后见之明做出分类，也难以完全区分其间复杂的情况。

二、简牍丰富了秦汉历史的图景

我们今日的秦汉史知识主要是从传世文献中获取的，它建立起的时空框架仍然是今人了解那个时代的基础。但简牍文献与传世文献的差异，使得二者互为补充，丰富了我们对那个遥远时代的认识。

一是模糊的定性能够得到具体、生动的事例验证。秦为中央集权体制的开端，这一体制在中国延续了两千多年。但秦祚不永，《史记》等正史记载的事情较为简略。虽然也有对秦政的描述，但多出现在汉代、特别是汉初政论家的文字中，常作为论证新王朝建立合法性的背景铺陈。其中不免有夸大事实的感性叙述，而缺少具体的例子。从睡虎地秦简到龙岗秦简，以及新世纪岳麓书院购藏秦简中有大量的秦代律令内容。这些绵密的法律条文能够看出国家的统治意志已经渗透到社会生活的每一个细节，显示了政府将触角伸向基层社会的每一个角落。湘西里耶秦简作为地方行政记录，与上述法律文书互相对比，显现出以法治国政权的现实行政实践实态，在整齐划一的愿望下，也表现出了一定的弹性。张家山汉简的主体是律令和奏谳书，为吕后二年之前汉初部分法律汇编。从律文内容看，与秦律颇有吻合之处。若将二者相比较，就能显示出汉律继承秦律的因素以及相应改易，形象地诠释了汉承秦制的内涵，也表现出鼎革之际国家统治方略的些许变化。

二是填补以前秦汉史研究未曾覆盖的知识盲区。秦汉时代传世文献流传至今，数量有限，且指向性明显。出土简牍资料与传世文献互补的特点在一定程度上弥补了史书记载的一些盲点。秦汉是农业为主的时代，地方基层政权是顺利实施统治的基础。但出土文献发现之前只能依靠正史表、志以及纪传中的只言片语，勾勒出其基本架构是乡里体制，其吏员为三老、游徼、啬夫以及里正等。然而从秦简到吴简，多批简牍资料都涉及这一问题，比如里的规模、吏员组合变化、乡里机构向乡亭丘里体系过渡等。这些四百多年间立体的演化，传世文献几乎浑然不觉。

精神生活是人类社会生活的重要一面。正史中有《封禅书》《郊祀志》等国家祀典的宏大记录，列传中也有民间信仰的零散记载。但这些文献多是现象描写，或更在意各种活动所产生的影响。出土文书中有一类重要的数术类资料，虽然同为民间信仰的内容，但更侧重于技术层面，研究这类文献可以更感性地理解当时人的精神生活，深入古人的思想世界。这与精英阶层的大传统交相辉映，共同展示出多彩的时代精神。

秦汉时期的史料零散，历史学家不得不对碎片化的史料，通过逻辑推衍，试图利用某一种理论复原出历史变化的场景。比如东汉是豪族势力进一步伸张的时代。从文献记载的脉络看，这固然是认识东汉社会重要线索之一，而且东汉简牍以前发现较少，使得今人认识也多限于此。近年新发现并部分公布的五一广场东汉简牍以及东牌楼东汉简牍等，是从地方政府角度呈现的地方社会：底层小吏逐捕盗贼、维持治安的工作；流民著籍与刑尽刑徒的安置；民众土地交易、宅第买卖；家庭财产分割等。这些看似琐碎的日常社会场景，虽非宏大叙事，却是东汉人生活的实录，反映了政府对基层社会的日常治理，与以传世文献梳理出的知识一起构成东汉社会更为完整的拼图。

三、简牍重写秦汉历史的限度

尽管简牍出土数量巨大，内容丰富，且历史学者将其与传世文献内容相结合，为复原秦汉时代的历史做了种种努力并颇有成效。但相对秦汉历史整体而言，简牍发挥作用亦有其限度。秦汉史与先秦史不同，《史记》《汉书》等正史为这一时代建立起清楚、可靠、系统的时空框架，这是认识出土文献的前提条件和落脚点。

简牍材料也有其自身的局限。简牍发现具有很大的偶然性，内容不确定，这就导致它提供的史料信息多零散、碎片化。它虽然能够提供某些方面具体而微的知识，但要以此为基础形成系统而全方位的较长时段证据链则十分困难。即使内容、性质相似的简牍材料也是如此。以数量最多的档案文书为例，西北边地的居延汉简是军政文书，而长沙吴简、里耶秦简是地方行政文书，它们时空相去玄远，功能凿枘不合。而且就秦汉时期已公布的所有文书档案而言，其所显示的仅仅是当时日常行政的冰山一角，想要据此来窥知这一时期日常行政的全貌还很难。

简牍虽然是当事人所写的第一手材料，但也并不意味着一定准确无误。长沙走马楼吴简《嘉禾吏民田家莂》内容是按照田亩性质、数量收取赋税的莂券，其中统计数值错讹时时出现，而发生的原因既有客观计算错误，也有胥吏的舞弊。又如，秦汉墓葬中出土了蕴含信息量极大的法律简牍，它们是实用法律还是随葬明器，学界尚有争议。不同的性质也会影响到材料使用的限度。

还要注意的一点就是，秦汉时代年代久远，今人与古人之间存在理解的壁垒。经过研究者的不懈努力，我们已经能够解读多数内容，但也存在着一些无法理解的知识。走马楼三国吴简中频繁出现与赋役制度相关的语词，如"刑""地僦钱"等就各有十余种说法，这使得我们即使面对着原始资料，也无法准确地了解其内容。

　　出土简牍以传世文献构建的框架为基础，对正史记录的细节和盲点进行补充，构成了秦汉历史相对完整的图景。如果说历史学家的目标是要得到一幅完整的彩色历史图片，对秦汉史而言，传世文献表现出的历史是速写，规定好了轮廓和关键场景，出土文献则填充了斑斓的色彩，补正了一些细节，它们共同摹绘出秦汉历史丰富多彩的画面。

　　　　　　原载《中国社会科学报》2019 年 3 月 1 日第 5 版

出土文书简牍与秦汉魏晋史研究

简牍是中国魏晋时代以前日常书写的主要载体。目前已发现数十万枚，时间跨度从战国至魏晋，是观察这段历史的重要材料来源。从内容看，秦汉魏晋简牍大体分为典籍和文书，前者能看出古书在先秦两汉时期的形成、源流等；后者可分为法律文书和行政档案文书两大类，是研究这一时期社会经济、政治制度、法律等方面新鲜而重要的素材。本文以后者为例，探讨文书类简牍对秦汉魏晋历史研究产生的影响。

对于简牍和历史研究的关系，王国维最早提出"四大发现"说，预见了西北出土汉晋文书的史料价值。但当时他所能见到的简牍内容单一、数量有限，也就无法涉及具体的技术操作层面。随着出土材料的增多，学界对于简牍与史学关系的思考也渐渐深入。特别是 20 世纪 80 年代以来，一些历史学者开始著文阐述两者之间的关系[1]；在一些简牍学通论著作

---

[1] 何兹全《简牍学与历史学》，李学勤主编《简帛研究》（第一辑），法律出版社，1993 年，页 1—3；徐苹芳《汉简的发现与研究》，《传统文化与现代化》1993 年第 6 期，页 57—64；赵汝清《日本学者简牍研究述评》，西北师范大学历史系、甘肃省文物考古研究所编《简牍学研究》（第一辑），甘肃人民出版社，1997 年，页 31—52；张春树《八十年来汉简的发现、整理与研究》，李学勤、谢桂华主编《简帛研究》（第三辑），广西教育出版社，1998 年，页 481—507；谢桂华、沈颂金、邬文玲《二十世纪简帛的发现与研究》，《历史研究》（转下页）

中，也有介绍两者之间关系的内容[1]。除此以外，还有学者从断代史、专门史等具体角度探讨这一问题[2]。这些都有助

（接上页）2003 年第 6 期，页 144—169；卜宪群《20 世纪的简帛学与史学研究》，长沙市文物考古研究所编《长沙三国吴简暨百年来简帛发现与研究国际学术研讨会论文集》，中华书局，2005 年，页 176—182。

[1] 郑有国《中国简牍学综论》一书辟专节谈了简牍学与史料学的关系（华东师范大学出版社，2008 年，页 202—207）；薛英群《居延汉简通论》中《绪论·居延旧简的史料和学术价值》有专门讨论（甘肃教育出版社，1991 年，页 3—18）；沈颂金也有相关论述，参看沈颂金《二十世纪简帛学研究》，学苑出版社，2003 年，页 309—318。陈文豪主编《简帛研究汇刊——第二届简帛学术讨论会论文集》（第二辑），专门对 20 世纪著名简牍学者劳榦、马先醒、王国维、商承祚、裘锡圭、何四维、鲁惟一、大庭脩、罗振玉、于豪亮、高敏、陈直、饶宗颐、陈梦家、林剑鸣等的简帛研究成就做了评述，其中也涉及了简牍与史学的关系（“中国”文化大学文学院、简帛学文教基金会筹备处发行，2004 年）。

[2] 前者如高敏《秦简、汉简与秦汉史研究》，收入其著《秦汉史探讨》，中州古籍出版社，1998 年，页 1—27；[英]鲁惟一著，张书生译《秦汉简帛与秦汉史研究》，李学勤主编《简帛研究》（第一辑），广西教育出版社，1993 年，页 34—39；谢桂华《秦汉简帛与秦汉史研究》，收入其著《汉晋简牍论丛》，广西师范大学出版社，2014 年，页 379—404；熊铁基《简帛在秦汉史研究中的地位》，编委会《安作璋从教五十周年纪念文集》，泰山出版社，2001 年，页 603—602；[日]冨谷至著，王启发译《21 世纪的秦汉史研究——从简牍材料出发》，李学勤、谢桂华主编《简帛研究》（二〇〇一），广西师范大学出版社，2001 年，页 812—824；王彦辉《对简牍与秦汉史研究的几点思考》，《史学月刊》2011 年第 5 期，页 13—16。后者如斯琴毕力格、关守义、罗见今《简牍发现百年与科学史研究》，《中国科技史杂志》2007 年第 4 期，页 468—479；徐世虹《出土法律文献与秦汉令研究》，王沛主编《出土文献与法律史研究》（第一辑），上海人民出版社，2012 年，页 58—79。

于回望学术史，为此后简牍研究提供参考。近些年来，新整理、公布的简牍数量剧增，研究成果呈正比例增长，不仅表现为数量的增多，而且在研究方法、手段等方面也有较大的改进，这些都刺激了秦汉魏晋历史研究主题、内容、甚至结论的转变。上述成果因发表时间稍早，对近来简牍研究呈现加速度发展的态势亦有未关照之处。因而我们在此基础上，以后见之明反观简牍与史学研究关系的历程，分析简牍研究方法变化、进展对历史研究发生作用的内在理路，反思作为史料的简牍在史学研究中的限度，对未来可能出现的趋势提出一孔之见。

一、20世纪简牍刊布与历史研究

21世纪以前，发现并且公布大宗简牍批次不多，简牍研究者人数比较少，现有研究史回顾，甚至当事人的回忆、访谈已将这段学术史的具体细节谈得比较清楚[1]，做叙述式的罗列已无必要，本节仅从研究路径角度梳理简牍史料与史学研究

---

[1] 除了前揭成果之外，另有赵汝清《国外发掘、研究中国简牍概况》，西北师范大学历史系、甘肃省文物考古研究所编《简牍学研究》(第一辑)，甘肃人民出版社，1997年，页17—24；傅振伦《回忆西陲简牍的发现及研究》，西北师范大学历史系、甘肃省文物考古研究所编《简牍学研究》(第一辑)，甘肃人民出版社，1997年，页189—190；[日]大庭脩著，陈波译《我的汉简研究四十年》，西北师范大学历史系、甘肃省文物考古研究所编《简牍学研究》(第二辑)，甘肃人民出版社，1998年，页206—210；邢义田《劳榦院士访问记》《香港大学冯平山图书馆藏居延汉简整理文件调查记》《对近代简牍著录方式的回顾与期望》，均收入其著《地不爱宝：汉代的简牍》，中华书局，2011年，页520—578，342—350。

的关系。

《流沙坠简》是中国简牍学研究的发轫之作，王国维负责其中的"屯戍丛残"部分，即本文所讨论的文书档案。其工作主要是对前所未见的文书进行归类，对其中的名物制度做了考释。这也可以视为其著名二重证据法的先期实践。也有学者指出，就研究方法而言，《流沙坠简》中有金石学的传统，这与清代以来金石学的研究以及罗振玉的学术旨趣有关。[1] 王国维所能见到的简牍毕竟有限，并无更多拓展的空间，因此简牍成为专门之学还是在居延汉简发现与整理之后。

20 世纪 30 年代出土的居延汉简数量比此前简牍多出数倍，也显示出更多的历史信息，使作专门研究成为可能。不过，尽管居延汉简克服重重困难公布了，但受限于客观条件，在相当长的时间里只有少数学者关注。他们主要将汉简作为证史、补史的资料来源。劳榦一直从事居延汉简的整理、研究，除了系统地整理出居延汉简释文外，还做了简文内容考证，并以此为基础发表了系列论文，是早期利用简牍进行史学研究的代表学者。他工作的主要特点是"运用近代的科学的考古成果，承继了乾嘉考据的学术传统，开辟了新的研究思路，不仅对居延汉简做了释文，还考察了历来从文献资料上不得其详的边郡制度，诸如烽燧、官制、戍卒、屯田等，利用从简牍归纳出的记事内容，对这些事项进行系统地考证"[2]。日本学者自 20 世纪 50 年代始，在简牍学研究起步时就产生了与劳榦不同的面向，森鹿三、大庭脩、永田英正等学者是其代表，前述

---

[1] 蔡渊迪《〈流沙坠简〉考论》，中西书局，2017 年，页 164。
[2] 郑有国《台湾简牍研究六十年》，福建人民出版社，2011 年，页 55。

诸多学术史回顾文章已经梳理得非常清楚，兹不赘述。他们共同特征是采取了与劳榦完全不同的路径，利用古文书学方法来集成文书，目的是从成组简册中提取更多有价值的信息，而非单纯关注单支简中的文字内容。尽管各自方法不同，但目的都是要集成出更多的史料，还原本来面目。从永田英正的回忆看，这是被动的转型：

> 劳榦的这些考证(《居延汉简考释·考证之部》)，无一不是按照简牍的内容来进行归纳的。从这个意义上说，简牍，作为一种史料，已经在各个考证项目中被网罗殆尽。劳榦的研究也都是在这一延长线上展开的。在前一节中我们已经说道，日本的居延汉简研究是从考证劳榦的释文开始的，而从以上的叙述中就可以清楚地发现，日本的居延汉简跨出第一步时，以简牍内容为中心的研究课题已经几乎被劳榦言尽了。因此日本的居延汉简研究势必朝着以下两个方向发展，要么就是找出劳榦尚未论及而又值得探讨的课题来，要么就是在劳榦研究的基础上进行更加归纳性的研究，从中得出新的观点意见来。……很明显，这样的研究要是继续下去的话，那么，研究就会很快地走向尽头。这一点是可想而知的。之所以这样说，是因为，简牍的大部分都是断简零墨，如果将其记载的内容就此作为历史研究的史料加以利用的话，那么可以利用的部分自然就受到很大的局限。……站在这一立场上，我们应该采取的办法则是，不再是一枚一枚地使用单独的简牍，而是将之分成若干组，一组一组地加以利用，这就是简牍的集成。[1]

---

[1] [日]永田英正著，张学锋译《居延汉简研究》，广西师范大学出版社，2007年，页35—36。

需要指出的是，这种转向并不意味着对材料的整理是其唯一目标，有的研究也指向了对历史问题的考索。比如大庭脩对爰书的研究，是以西北汉简材料为基础，进一步探讨汉代爰书的功能与性质，是通过对汉简材料的二次处理来研究历史问题。[1]

无独有偶，中国大陆学者在这一时期也开始了研治简牍路径的转向。和同期日本学者略有差异的是，他们更重视利用出土地等考古信息，如陈梦家说：

> 我们在整理汉简的过程中，感觉到汉简的研究不仅是排比其事类，与文献相比勘，或者考订某些词、字或片断的历史事件，而需要同时注意以下诸方面：第一，关于出土地问题，即遗址的布局、建筑构造，以及它们在汉代地理上的位置。……第二，关于年历的问题，利用汉简详确地排列"汉简年历表"，可以恢复两汉实际应用的历法。……第三，关于编缀成册和简牍的尺度、制作的问题。……第四，关于分年代、分地区、分事类研究与综合研究相互结合的问题。[2]

陈梦家注意到出土地、简牍制度等外缘信息，并进行实践。以今天的眼光回头看，他提出的这些问题很有前瞻性。当时他所面对的只有五批次简牍，实现这一路径的空间受到限制。尽管他依据不多的材料提出简牍制度问题，然而在其之后很长一段

[1] ［日］大庭脩著，徐世虹等译《秦汉法制史研究》第五篇第二章《爰书考》，中西书局，2017年，页440—455。
[2] 陈梦家《汉简缀述》，中华书局，1980年，页2。

时间内（至少在 20 世纪 80 年代之前），并没有多少回应。另外，在具体研究工作中，传统的论题仍然在其视野之中，比如居延边塞与防御组织、汉简所见太守与都尉府属吏等。因为这些传统题目还有继续讨论、彻底清理的空间，同时为了看清简牍的全貌，也有必要补足这些前提知识。

陈公柔和徐苹芳同样如此。他们借助出土地、格式等进一步复原了一部分简册，相继写作、发表了《瓦因托尼出土廪食简的整理与研究》[1]《大湾出土的西汉田卒簿籍》[2]等。后来徐苹芳总结这些工作说："从田野考古发掘开始，一直到室内整理和简牍释文，全部都用考古学的方法。最后的成果都集中在一个目标上，那便是把若干一个个单根的简牍变为各种不同类别的簿籍（包括残册），这便是我们所说的汉晋简牍的考古学研究，只有把不可读的零碎简文连成各种档案簿籍，才能使我们的研究升华到汉晋历史学层面上。"[3]

虽然上述研究路径发生在劳幹工作之后，但二者并非前后相继的关系。籾山明认为将居延简作为研究历史的辅助性材料，也反映了对新史料的研究态度，如宫崎市定、劳幹在居延汉简研究上的实践就是例证。[4] 事实的确也是如此，20 世纪

［1］陈公柔、徐苹芳《瓦因托尼出土廪食简的整理与研究》，《文史》（十三辑），中华书局，1988 年，页 35—60，作者附记为 1963 年旧作。

［2］陈公柔、徐苹芳《大湾出土的西汉田卒簿籍》，《考古》1963 年第 3 期，页 156—161。

［3］徐苹芳《再谈简帛文书的整理与出版》，收入其著《中国历史考古论集》，上海古籍出版社，2012 年，页 412。

［4］［日］籾山明《日本居延汉简研究的回顾与展望》，张德芳主编《甘肃省第二届简牍学国际学术研讨会论文集》，上海古籍出版社，2012 年，页 67—74。

60 年代前后，陈直的工作仍是将居延汉简与传世文献互证[1]，他非常敏感地将简牍资料与传世文献联系，比如代田法在居延地区的推行[2]。这是其新证方法在居延汉简中的应用，也是以传统史学视角观察这些材料时的必然反应，其功能在于证史。除了对简牍中涉及的名物制度进行考析外，他的着眼点还是放在具体历史问题上，尽量弥合传世文献与出土文献之间的分歧，证史意图甚至在行文上都表现得很明显。在《居延汉简综论》中，每个问题的札记，皆先引数段传世文献资料，然后辅之以简牍资料为佐证。当然，也有关于边塞特有问题的梳理，方法还是对简牍资料进行归纳总结，而非按照材料的特色来处理。但这种直接比对有时不免将复杂问题简单化，比如官吏的得算与负算作为官吏考绩奖惩标准，与算缗之"算"，即一算一百二十钱对应，就颇难处理，所以他自己也感到费解。[3] 另外，受限于当时的学术环境，特别是主流史学话语体系的影响，也使他努力在二者之间构建起关联。比如他认为伪盗铸钱、诏所名捕等是农民起义的新史料[4]，其实从后来的出土资料看，这些皆为普通的治安案件。从时间线索看，当时两重文献互证与古文书学或考古学方法拓展史料来源并非线性地前后相承，这既有学术发展的需要，也有不同学科背景和知识结构施加的影响。

我们如果再观察之后的简牍研究史，这两种方式同样并行

[1] 陈直研究居延汉简的时间从 1956 到 1962 年。见《居延汉简解要自序》，收入其著《居延汉简研究》，天津古籍出版社，1986 年，页165。
[2]《居延汉简研究》，页20。
[3]《居延汉简研究》，页30。
[4]《居延汉简研究》，页33。

不悖。古文书学研究方式在此后依然缓慢而不断地进步着。随着居延新简的公布，谢桂华将同一个出土地点相隔四十余年两次发掘的汉简做册书复原，扩大了册书复原的材料来源。从方法上看，虽然还是大庭脩册书复原原则的延伸，但有所改进，增加了简牍的外部特征，如火烧痕迹等。[1] 不过受限于材料的数量和内容，尽管在具体个案上有所收获，但就整体而言，并未对历史学研究产生根本性的影响。

20世纪70年代以后新出土并公布简牍不断增多，数量、内容、性质方面都有较大改观。比如前所未见的睡虎地秦墓竹简法律文书的刊布，成为观察秦时国家与社会的新窗口。因此以这批材料为基础，对秦代甚至秦汉的法律、政治、社会等方面研究出现了热潮。[2] 把这些秦简内容作为一种史料来使用，并没有带来研究方法的转变，一方面是因为法律文书内容集中，整理本基础较好，就较容易被历史学者使用；另一方面，法律类简牍相关外缘属性尚未被关注也是一个原因。

随着公布简牍数量越来越多，利用简牍研治历史的两种方法并行使用，而且呈现出这样的规律：每批简牍在发现初期，还是将简牍内容与传世文献比对互证，当整理与研究不断深入，开始挖掘简牍编联、缀合、册书复原等考古学信息和原始形态，材料的不断丰富，又使历史学研究更为深入。这一点后文我们还要谈到。

----

[1] 谢桂华《新、旧居延汉简册书复原举隅》，中国秦汉史研究会编《秦汉史论丛》（第五辑），法律出版社，1992年，页264—277。

[2] 比如在1980年前后就出版了高敏《云梦秦简初探》（河南人民出版社，1979年）、中华书局编辑部《云梦秦简研究》（中华书局，1981年）等著作和论文集。

二、证史与补史：简牍在历史研究中的功能

史料是历史学的基础。传统秦汉魏晋历史研究所依据的材料，主要是以正史为主的传世文献，它们构筑了今日所能看到这段历史的基本面貌。尽管简牍数量已经足够丰富，但总的说来，主要还是在证史和补史方面发挥作用[1]。本文所说的证史与补史，是指简牍材料对传世文献为基础的历史研究命题做出的补证。王国维在 20 世纪 20 年代曾提出的"四大发现说"[2]，且不论敦煌文书和内阁大库档案，就中国早期历史的两批材料——甲骨文和西北简牍来说，现在看来的确显示出其学术洞见，但对相应时段历史的研究来说，后者远不如前者影响深刻。这有两方面因素，一是甲骨文是殷商史的基本材料来源，甚至殷商史主要以它来建构，而西北简牍相对于数量较多、以体系化呈现的秦汉传世文献来说，从技术层面远没有产生根本性的影响；二是在王说提出之后，20 世纪又有多批简牍公布，如武威汉简、睡虎地秦简、银雀山汉简等，虽然对特定专业领域产生过震动，但对秦汉史研究整体而言，并没有成为主流的研究命题，主要是因为受到其数

---

[1] 卜宪群指出简帛对历史学的影响包括证史、补史、开拓新的研究领域。参见《20 世纪的简帛学与史学研究》，页 176—182；谢桂华等认为简牍之于历史的功能包括证史、纠史、补史、拓宽几项，参见《二十世纪简帛的发现与研究》，页 156—159。如果粗线条归类，两位分列的几点皆可归到证史与补史两个方面。

[2] 谢维扬、房鑫亮编《王国维全集》（第十四卷），浙江教育出版社，2009 年，页 239。

量、性质等的局限。但近年简牍出土、整理、研究的广度与深度远超 20 世纪，直接导致它们对史学研究发生作用比以前有了很大的提升。

简牍的证史功能，即利用出土简牍与传世文献所构筑的历史场景、结论互证，已有的结论是简牍材料求证的目标，从另一方面深化已有的研究论题。具体来说，包括以下几个方面：

首先，出土文献可以作为更为直接、扎实的证据证成已有的传统观点。比如，秦代苛政表现之一就是大量使用刑徒作为劳动力，汉初人通常将其描述为"赭衣半道"[1]。这是汉代政论家为了论证汉朝建立的合法性而提出的说法，并没有具体的证据。出土秦代法律文书，主要是睡虎地秦简和岳麓书院藏秦简，有多种关于秦代刑徒身份确定及工作分工的律文，呈现出刑徒与刑期存在的复杂状态；里耶秦简作为行政档案，提供了刑徒劳作的具体例证，其中有关于刑徒在不同政府部门之间的分派、付受方式，以及数量、工作种类等内容，使县乡行政体系如何对徒隶进行管理这一问题更为立体地展现出来。这有助于学界对秦代国家赋敛劳动力资源、甚至对其立国基础有更为真切的认识。[2]

秦代徭役残酷，从汉代文献出现的语境看，多是论证汉政

---

[1] 见《汉书》卷五一《贾山传》和《汉书》卷二四《食货志》，中华书局，1962 年。

[2] 杨琳和于振波认为秦代的赦免制度到秦统一后就很少实行，这是为了保证社会生产有足够的劳动力，进而论证出秦统治残酷这一结论。参看杨琳、于振波《从劳动力需求看秦代赦免制度》，杨振红、邬文玲主编《简帛研究》（二〇一六春夏卷），广西师范大学出版社，2016 年，页 58—66。

权建立的正当性的背景铺陈。然而如果做严谨的历史学追问，则并无多少明确的证据。秦简则提供了新鲜的史料，比如睡虎地秦简中有《戍律》的零星条文。这种史料还随着公布简牍的增多而不断增多，《岳麓书院藏秦简》(肆)就有了更多的戍律资料，涉及取庸代戍制度、请假销假制度等具体的细节，为重新审视这段历史提供了可能。[1] 甚至还能同汉代制度相比较，看出秦汉之间的区别。陈松长曾比较过岳麓书院藏秦简和张家山汉简徭律的差异，发现秦律明显比汉律重，这对认识汉承秦制与秦法苛刻提供了更为具体的例证，有助于重新认识帝制早期在制度与政治体制方面的演化。[2]

在社会经济史方面，简牍资料还能够提供宝贵的数据。雇佣劳动者是秦汉时代存在的一个社会群体，陈胜佣耕即为例证。学界先前对雇佣劳动虽然也有专门论述，但对于秦代，就只是讲汉代情况时兼及秦，具体情况不甚了了。[3] 北京大学藏秦简先期公布了一份佣作文书，经陈侃理对简文的解读得知，佣价每月 110 钱，每月口粮一石五斗，每石价 13 钱。通过对佣作的劳动力价格、相对的口粮价格以及佣作者地位等问

---

[1] 朱德贵《岳麓秦简所见〈戍律〉初探》，《社会科学》2017 年第 10 期，页 133—144。

[2] 陈松长《岳麓书院藏秦简中的"徭律"例说》，中国文化遗产研究院编《出土文献研究》(第十一辑)，中西书局，2012 年，页 162—166。

[3] 劳幹《汉代的雇佣制度》，《"中央研究院"历史语言研究所集刊》二十三本上，页 77—88；翦伯赞《两汉时期的雇佣劳动》，《北京大学学报》1959 年第 1 期，页 51—58；徐扬杰《汉代雇佣劳动的几个问题》，《江汉论坛》1982 年第 1 期，页 58—66；庄辉明《略论汉代雇佣劳动的发展及其原因》，《许昌师专学报》1993 年第 1 期，页 36—41。

题的考证，可以大致了解秦代特定阶层的实际生存状态，甚至为理解秦末政权瓦解的因素提供了一个视角。[1]

编户齐民是中国古代国家统治的基础，因而与之相关的户籍制度是传统史学关注的重心。但文献记述得模糊、笼统，其根本原因是受限于材料。简牍中相关户籍资料将对这一问题的认识带入了新的境域。目前和户籍制度相关的简牍有《里耶秦简》《张家山汉墓竹简》《长沙东牌楼东汉简牍》《长沙走马楼三国吴简》等，时段涵盖了秦统一之前到孙吴早期。从内容看，既有户籍类的样本，也有国家对户籍管理的法律规定。不同时段有类似的出土资料相比照，多角度、立体地显示出中国古代早期户籍管理的方式。尽管目前学界对简牍作为书写载体的户籍形态还有争论，但至少不会简单地以现代户籍形式来比附秦汉魏晋时代的户籍，能看出广义上的户籍文书应该是包括形态众多、分工明确的簿书总称。[2] 这些簿书在不同层次的行政机构编制和庋藏。如韩树峰认为：东晋十六国以前，户籍文书以简牍为书写材料，造籍耗时费力，典藏需要相当的空间，而且查阅也相当不便，因此，中央及地方州、郡不具备收藏户籍的条件和意义，其时户籍文书仅由县、乡典藏。[3] 相应的，其职能与权力也不尽相同。

---

[1] 陈侃理《北京大学藏秦代佣作文书初释》，中国文化遗产研究院编《出土文献研究》（第十四辑），中西书局，2014 年，页 8—14。

[2] 相关研究参见张荣强《孙吴简中的户籍文书》，《历史研究》2006 年第 4 期，页 3—20；王彦辉《秦汉户籍管理与赋役制度研究》，中华书局，2016 年，页 65—92。

[3] 韩树峰《论汉魏时期户籍文书的典藏机构的变化》，《人文杂志》2014 年第 4 期，页 72—80。

这种户籍管理的复杂性，对了解中央政权如何在信息传递不甚发达的时代准确掌握全国基层社会状况，从而构成集权的物质基础提供了帮助。从秦简到吴简，户籍形态有了很大变化，这也反映了统治方式不断成熟的过程。尽管简牍资料使得户籍问题又变得复杂，未能形成统一的认识，但这并不意味着研究的倒退。这种复杂是由于新史料增多却又未多到足以明晰该问题的每一个细节。如果从积极意义讲，它至少改变了早期认识的简单化倾向，甚至使学界对"户籍"这一基本概念的内涵也产生了疑问，提出了需要解决的新命题。

其次，新出简牍中有解决史学研究疑难问题的重要信息。乡、亭、里关系是20世纪汉代基层行政组织研究中的热点问题，它源于《汉书·百官公卿表》中一条可能的误记。从传世文献的字里行间做文章，各种可能性已经穷尽。新史料带来了解决问题的曙光，在已公布的五一广场汉简中，有关于亭的功能以及它和乡、丘关系的简文[1]，这不仅意味着在东汉以至于三国时期地方基层组织体系出现了新的形态"丘"，而且乡里之亭也与其有密切的联系。这些关键线索成为解决这一难题的新路径[2]。

简牍和传世文献记载内容指向性和目的不同，它也会提供一些完全不同的历史图景，补充传统史学的盲区。比如汉代地方基层行政组织在正史《表》《志》等记载中只有或详或略的平面描述，或依靠碑刻文献给予部分的补充，对职官设置的地域

---

[1] 最新的研究成果梳理见王彦辉《聚落与交通视阈下的秦汉亭制变迁》，《历史研究》2017年第1期，页38—53。

[2]《聚落与交通视阈下的秦汉亭制变迁》，页38—53。

差异、时限皆不得其详，更遑论其间变化的制度因素。我们以乡级政权设置为例加以说明，传统文献给我们的印象是《汉书·百官公卿表》所言之三老、游徼、啬夫组合，但依据出土文献，游徼并非普遍设置的乡吏，而是县吏。[1] 即使三老、游徼、啬夫这套看似稳定的乡官体系，到汉末三国时期也发生了改变。至少从吴简的记载来看，已出现县中派出劝农掾和典田掾分部署理原有啬夫负责的典户籍等民政事务的情况。这些变化与乡里组织中出现大量的丘，其组织形态发生变化有关，然而这种基层组织变化之剧烈，传世文献却全然没有觉察到。[2]

　　文书简牍记载的虽然都是琐碎日常记录，但如果以这些记录为起点追索下去，仍然可以窥见秦汉帝国统治的宏大场景，零散史料中蕴含着秦汉以来帝国运转的痕迹。侯旭东以《元延二年日记》为中心，考察了汉代官员使用传舍的规律及传舍在汉帝国日常统治中的意义："广言之，贯穿帝国历史的恰恰主要是这类带有高度重复性的日常琐事，过去掌记述的史家更多地聚焦于各种变动或非同寻常的现象，对此几乎是不屑一顾。当目光投射到这类日常活动时，我们也就被带入朝廷官府生活的常态中，于此可以从更深的层面了解过去的生活，也有助于更准确地认识各种变化的意义。"[3] 他还以尹湾汉简和悬泉汉简的相关记录为基础，对汉代传置运转消费进

----

[1] 于振波《秦汉校长考辨》，《中国史研究》2018 年第 1 期，页 19—34。

[2] 徐畅《走马楼吴简所见孙吴"乡劝农掾"的再研究——对汉晋之际乡级政权的再思考》，《文史》2016 年第 1 辑，页 23—50。

[3] 侯旭东《传舍使用与汉帝国的日常统治》，《中国史研究》2008 年第 1 期，页 82。

行估算，进而计算出整个行政运转的成本，为进一步思考集权体制下政权走向的一般规律提供了可能。[1]

在简牍与史学研究关系中，还有一个值得注意的现象：简牍发现的增多和研究的深入，以此为基础讨论的问题也随之不断地被补充和修正。奴婢及相关的身份概念在秦汉法律文书中不断出现。陈伟从秦代律令中使用的"奴妾""臣妾"与"奴婢"前后相继关系，在秦代这样一个很短的时间区间内做出更细致的区分，而且还指出其在官方文书和民间文书之间的差异，这样就细化了同一内涵概念在使用上的区别，使得我们对即使是秦代这样一个短期王朝历史，也能有更丰富的认识。[2] 又如秦代的户赋，最初是有无问题，里耶秦简证实了其存在，《岳麓书院藏秦简》（肆）中的《金布律》则具体说明其数量和征收时间。这种演进随着简牍公布速度的推进，也是呈加速度的。虽然还是传统命题，但是其内容在传世文献中已经看不到任何蛛丝马迹。[3] 出土简牍数量的增多，有时不仅能够直接给出答案，而且对一些似是而非的问题，因为有足够的样本，也能归纳总结，进行数量统计分析的条件成熟起来。比如对于"爵不过公乘"一词，朱绍侯和杨际平就其所发生的时间有过争论。《肩水金关汉简》中记录卒过关的文书，通常都统计爵称，这些材料和已有的居延汉简一起构成了众多的统

［1］侯旭东《皇帝的无奈——西汉末年的传置开支与制度变迁》，《文史》2015 年第 2 辑，页 5—66。

［2］陈伟《"奴妾""臣妾"与"奴婢"》，王捷主编《出土文献与法制史研究》（第六辑），法律出版社，2017 年，页 217。

［3］周海锋《岳麓书院藏秦简〈金布律〉研究》，邬文玲主编《简帛研究》（二〇一七春夏卷），广西师范大学出版社，2017 年，页 180—183。

计样本，为推进这一论题打下了良好的基础。[1]

简牍资料证史、补史情况复杂，还与简牍性质有关。律令奏谳等法律文书因涉及面较广，比行政档案类文书反映的问题多，可解释和拓展的空间大，更容易与传统论题契合。比如2000年以后，张家山汉简公布，以此为基础讨论秦汉史问题的论文激增。其原因在于以前虽然有法律简牍，但与秦汉史相关的都是秦简。以此讨论秦汉时期的制度，特别是汉制，总有些隔阂。张家山汉简中法律条文为传统史学曾经关注的热点问题，如土地制度、徭役制度、爵制、官制等，提供了直接的材料，成为重新讨论这些问题的助推剂。[2] 相比较而言，文书档案在秦汉史料中具有个案性质，在证史、补史的方式上表现出不同的特点。吴简研究的历程就是一个典型的例子。吴简发现之初，因其数量众多，学界产生了或可重写三国史的兴奋之情。然而，随着竹简部分的不断刊布，它提供的多是基层小吏日常工作形成的文书。尽管吴简中也有关于建业等跨越长沙地域的记载和国家政策传导到地方的痕迹，但是就总体而言，这毕竟不是其记录的主体。尽管学者竭力进行了考索，其拓展空间依旧十分有限，所获取的新知识也不多。这些材料与传统三国史研究的主题相差甚远，两者无法构成有效的联系。不过，当把吴简作为独立的研究对象，从文书学、考古学等角度对吴简做专门研究，并将它所承载的信息放诸秦汉到魏晋较长时段

[1] 贾丽英《西北汉简所见民爵分布与变迁》，邬文玲主编《简帛研究》（二〇一七春夏卷），广西师范大学出版社，2017年，页247—269。

[2] 李均明等对此做过综述，参见李均明、刘国忠、刘光胜、邬文玲《当代中国简帛学研究（1949—2009）》，中国社会科学出版社，2011年，页327—381。

观察时，却又可以显示出其在历史研究中的作用。从形式上看，二者都是以出土材料证史、补史，但这不是对前者的简单重复和新史料与旧知识的简单比对，而是这批材料经专门化研究后重新与传统知识的比较，其结论更为精确[1]。

三、简牍整理、研究方法的进步与史学研究

简牍记载有补充或修正历史研究的功能。简牍资料对历史学研究的支撑作用，也与其自身研究的进步密不可分。如前所述，历史学者最初是将其作为普通的史料来使用。当日本学者将其作为古文书学的集成之后，从格式上可以判断出每一支简的性质、前后文，或者串联出一组时代相近的简文，这样就提高了简文的利用率。近年简牍整理和自身研究的进步，同样也刺激了历史学研究，这可以从两个方面说明：

首先，简牍整理水平的提高，为进一步发掘简牍蕴含的史料信息提供了可能。当下简牍整理出版通常同时有红外线图版、彩色图版以及标准释文三种信息，有的甚至还有放大图版本，这样可以将简牍图像信息尽可能地表现出来。而且如果有考古或其他外缘信息，也都以附录的形式尽量标示。不仅如此，对以前出版过的大宗简牍也开始以新的技术手段重新整理。比如居延汉简，虽然先前有多种不同的释文本，但是中国台湾"中研院"史语所简牍整理小组出版了红外线本并重新

---

[1] 徐畅《长沙走马楼三国吴简整理研究二十年热点选评》，武汉大学简帛研究中心主办《简帛》（第十五辑），上海古籍出版社，2017年，页227—240。

订正了释文。大陆地区的居延新简也是如此，首次是由中华书局公布的图版本，但图版多漫漶不清，影响使用。张德芳团队重新做出红外线版和彩色照片版，据此修正了原释文，并对简文做了集释。同样，陈伟团队对 20 世纪出土的秦简材料也做了通盘整理工作，其特点是补充缺文，修订旧释文，调整缀合编联，刊布了更清晰、完整的简牍图版，提供了更加准确的释文文本、博采众长的释文集释。[1] 这些成果甚至已成为简牍整理出版的标准模式。

全面扎实细致的整理工作为简牍研究的进步提供了帮助。比如有学者发现在岳麓书院藏秦简背面有背划线，联系简面文字内容考察，发现这种背划线是在简牍编联时为保证不至错简而作。这一发现是从内容之外寻找到了一条复原简册的线索。同样的，反印文、编痕这些特征也都为简册复原提供了帮助。[2] 又如，古井或墓葬出土简牍较为集中，多成坨出现，整理者通常附有简牍揭剥示意图，即标示出简牍出土时的相互位置关系。这对复原数量较大、格式单一的文书档案简提供了一种客观依据，甚至成为主要凭借之一。这种考古信息引发了研究方法的进步，比如吴简部分已公布竹简后面均附有成坨简的揭剥图，多的达千余枚。这使得原本以单枚简形式出现的吴简有了复原成为一组文书的可能。学界对簿书进行复原，尽可

---

[1] 邬文玲《〈秦简牍合集〉评介》，《中国史研究动态》2016 年第 1 期，页 90—92。

[2] 孙沛阳《简册背划线初探》，复旦大学出土文献与古文字研究中心编《出土文献与古文字研究》（第四辑），上海古籍出版社，2011 年，页 449—462。陶安《岳麓秦简复原研究·绪论》，上海古籍出版社，2016 年，页 5—6。

能恢复这些简册的原貌，这样历史学者所面临的不再是断烂朝报的残简与散简上不成体系的文字，而是一份份当时小吏编写的行政资料原貌。很显然在此材料基础上的研究与之前的工作不可同日而语，它能提炼出单支简无法显示出的大量信息，提高了简牍使用效率。所以吴简研究从单个语词考释、册书格式复原，很快转入到簿书文本的直接复原，凌文超甚至提出"古井简牍文书学"的概念[1]。从出土地形态对简牍做出的区分，势必会改变以前学界只探求简牍文字的做法，而开始由新的路径重新思考这类材料。又如居延汉简很早就有残简缀合工作，而发表时给出的信息量有限，总体来说数量不大。而当下简牍出土数量足够多，图版足够清晰，地层、探方等属性信息开始丰富，使得更多的残简缀合成为可能，丰富了史学研究的材料来源。这在新近公布的《里耶秦简》《肩水金关汉简》中表现得尤为明显。法律文书通常和相关历史研究直接关联，行政文书与此不同，它通常是数量巨大的政府日常琐事的记录，单支简能提炼出的信息有限，如果能够朝着恢复简册本来面目的方向努力，那么其史料价值必会大增。行政文书简牍与历史学研究之间呈现的正是这样的趋势。

其次，对简牍文字以外内容的关注，不仅拓宽了简牍研究的领域，而且对历史学的研究也能切实提供帮助。陈梦家在《汉简缀述》中专辟《由实物所见汉代简册制度》一节，讨论了出土、材料、长度、刮治、编联、缮写、容字等方面的内容。现今这些内容也成为简牍研究的重要组成部分，其中一些结论

---

[1] 凌文超《集简成册 考信于簿——吴简文书学研究的新创获》，《中国社会科学报》2016年3月1日。

也成为历史学研究的证据和素材。例如，西北汉简记录了
"合檄"，但实物数量不多，新世纪公布的长沙地区东汉简牍
中则有很多这样的实物。根据 2006 年公布的东牌楼东汉简牍，
邬文玲讨论了东汉简牍中出现合檄不同形态与内容之间的对应
关系，探讨形制对文书内容与性质的影响。[1] 目前已公布的
部分长沙五一广场汉简中，又有更多形式的合檄出现。从形制
方面探讨简牍内容，以至当时文书行政的细节，进而为观察政
治运作提供了更多的样本和可能。[2]

出土简牍绝大多数已经散乱，如果能够恢复散乱前编联的
本来面目，则会大大提高其史料价值。学界也曾为此做了努
力，比如大庭脩试图努力复原各种册书，并且也有《元康五年
诏书令册》这样成功的例子。[3] 但总体来说，这在所有简牍
中只占少数，所以学者开始转向总结编联的规律，比如邢义田
还考量了简牍簿书编联的长度限度等[4] 尽管从后出材料看
也有其他可能性，但这些讨论都试图还原当时的历史场景，从
文书制度角度来探知当时行政流程。侯旭东同样根据永元兵物
簿，并参考悬泉汉简中"传车亶轝簿"等册书，对簿籍简册

[1] 邬文玲《"合檄"试探》，卜宪群、杨振红主编《简帛研究》（二〇〇
八），广西师范大学出版社，2010 年，页 152—173。
[2] 何佳、黄朴华《试探东汉"合檄"简》，长沙市文物考古研究所等编
《长沙五一广场东汉简牍选释·前言》，中西书局，2015 年，页
314—324。
[3] [日]大庭脩著，徐世虹译《汉简研究》，广西师范大学出版社，
2001 年。
[4] 邢义田《汉代简牍的体积、重量和使用——以"中研院"史语所藏
居延汉简为例》，收入其著《地不爱宝：汉代的简牍》，中华书局，
2011 年，页 1—50。

中呈报简的位置做了考证，以观察文书书写阅读的基本顺序。[1] 汪桂海甚至把简牍书写材料的来源、加工、分配作为考察对象，从作为史料的简牍的物质属性上思考，简牍本身也成为历史研究的对象。[2]

即使就简牍内容而言，除了文字直接提供的信息以外，学界也开始从笔迹与内容关联的角度，找出其中反映的问题。在里耶秦简集中公布之前，曾先期公布了少量简牍，编号为8—157的木牍是关于乡官里吏任免的一道文书，内容较为完整。学者们从这枚木牍不同部分书写的笔迹差别等进行分析，判断其书写者、责任人、正本或副本等问题，进而讨论地方官吏任免的流程、权限等。[3] 这样可以看出行政权力如何行使、文书行政基本程序、地方行政组织运作等，这也是简牍研究方式、途径变化对史学研究的深刻影响。

四、简牍作为史料的限度与可能趋向

毫无疑问，相比传世文献而言，出土简牍材料的优势是其

---

[1] 侯旭东《西北所出汉代簿籍册书简的排列与复原——从永元兵物簿说起》，中共金塔县委、金塔县人民政府、酒泉市文物管理局、甘肃简牍博物馆、甘肃敦煌学学会编《金塔居延遗址与丝绸之路历史文化研究》，甘肃教育出版社，2014年，页10—28。

[2] 汪桂海《汉代简牍的加工、供应》，卜宪群、杨振红主编《简帛研究》（二〇〇九），广西师范大学出版社，2011年，页142—148。

[3] 相关研究参见游逸飞《再论里耶秦牍8—157的文书构成与存放形式》，卜宪群、杨振红主编《简帛研究》（二〇一二），广西师范大学出版社，2013年，页64—69。

原始性，重要性毋庸置疑。但传世文献所具有的体系化、完整性的特点，也是简牍资料的短板。从历史学角度反观简牍研究，王彦辉认为还存在着选题的碎片化，简牍与历史研究的脱节，重实证、轻理论等问题。[1] 除此以外，如果单纯从技术层面，作为史料的简牍，熊铁基提到还要注意其地域差异和书写人的主观因素。[2] 我们在使用过程中的确要注意这样一些偏差和局限，以规避可能会出现的问题。

其一是简牍书写内容的错误。简牍虽然是当时人书写的第一手资料，却并不意味着这是纯粹客观、准确的资料。尹湾汉简中有《集簿》木牍，被认为是上计文书的副本，有一个项目是西汉东海郡的人口统计，其中 80 岁和 90 岁以上的高龄人口需要单独列出。高大伦将 90 岁以上人口占东海郡总人口的比例与 1953 年和 1990 年中国大陆地区相关数值相比较，发现竟分别是 83 倍和 20 倍之多。这是因为一方面上级需要人口数字不断增加，夸饰太平，另一方面，下面想逃避赋税、冒领奖赏，因而上计吏就想出了这样一个两全其美的办法，在不断急剧膨胀的人口数字中，可免除赋税、享受优待人口的比例就出奇的高。[3] 走马楼三国吴简最早公布的《嘉禾四年、五年吏民田家莂》是依田亩性质和数量来收缴各类赋税的莂券，其统计数值也有不少错误，[4] 对于个中缘由，苏俊林认为，既有

---

[1]《对简牍与秦汉史研究的几点思考》，页 13—15。

[2]《简帛在秦汉史研究中的地位》，页 613。

[3] 高大伦《尹湾汉墓木牍〈集簿〉中户口统计资料研究》，《历史研究》1998 年第 5 期，页 116—122。

[4] 胡平生《〈嘉禾四年吏民田家莂〉统计错误例解析》，卜宪群、杨振红主编《简帛研究》（二〇〇一），广西师范大学出版社，2001 （转下页）

书写和统计错误，也有基层官吏舞弊所致。[1] 上面两个例子说明，即使看似客观的档案文书，因各种因素干扰，其真实度也会受到影响。

其二是研究者认识的差异。前揭简牍整理研究水平的提升会影响到史学研究。吴简研究史可以作为一个例证，最初的研究还是偏重名物训诂，或者寻找传统论题的契合点。面对这些数量庞大、散乱的材料，学者们一时无法看到其本来面貌，不同的学术训练背景和知识结构导致他们对同一问题也言人人殊。我们曾搜集了户籍类文书中注记"刑"的各家说法，总共有9种，作为赋税的"地僦钱"更有15种之多。[2] 这种认识上的不同，导致即使面对第一手资料，学者们也难以有效地使其为历史研究服务。

其三，简牍内容的局限。简牍作为原始资料，也意味着没有经过史家重新整理而呈体系化。同时，每一批次材料的性质通常比较单一，例如西北屯戍汉简以边地军政档案为主，走马楼三国吴简则是孙吴早期长沙地区临湘侯国的部分文书。虽同

（接上页）年，页492—513；黎石生《〈嘉禾吏民田家莂〉释文补正》，《中国文物报》2002年10月18日；凌文超《〈长沙走马楼三国吴简·嘉禾吏民田家莂〉数值释文订补》，卜宪群、杨振红主编《简帛研究》（二〇〇八），广西师范大学出版社，2010年，页286—295；陈荣杰、张显成《〈嘉禾吏民田家莂〉释文注释的数值问题》，《古籍整理研究学刊》2012年第2期，页26—29。

[1] 苏俊林《〈嘉禾吏民田家莂〉所见孙吴基层吏员的舞弊手法》，陈建明主编《湖南省博物馆馆刊》（第十一辑），岳麓书社，2015年，页395—402。

[2] 沈刚《〈长沙走马楼三国吴简〉语词汇释》，中国社会科学出版社，2017年，页74—77、79—81。

为地方档案文书，其内容却凿枘不合。同时，每批简牍所对应的时间断限也有限度，并且文书档案多为一地之制度，是否为当时全国通行制度也未可知。比如里耶秦简是迁陵县的文书，其中所能控制并交纳赋税的户数不多[1]。简 9—633 自名为迁陵吏志，官吏员额满员有 103 人[2]，很难相信在秦腹心之地所设县也是这么高的官民比例，行政成本如此之高。故而若据此看简中所涉及的制度是否具有普适性也很难定论。因此从整体上看这些一时一地、性质不同的简牍文书，很难如传世文献那样构成一个完整的时间、问题链条，对这段历史整体研究能够提供的帮助也就有了一定限度。

目前预期即将公布的秦汉魏晋文书简牍资料还有多批，对这些简牍信息的解读有很多工作需要进行。而对已公布的简牍的消化、吸收还要假以时日，对这些材料做编联、缀合、复原等二次整理，对史料做进一步解读是史学研究的重要基础，[3]

---

[1] 已公布材料中没有迁陵县户口数量的直接记录，但根据其中"积户"和"见户"的不同理解，除了张春龙认为积户为实有户数的观点外，还有这样几种推算出的户数：152—191 户（王伟、孙兆华《"积户"与"见户"：里耶秦简所见迁陵编户数量》，《四川文物》2014 年第 2 期，页 62）、300—400 户（唐俊峰《里耶秦简所示秦代的"见户"与"积户"——兼论秦代迁陵县的户数》，简帛网 2014 年 2 月 8 日）、2000 户（晋文《里耶秦简中的积户与见户——兼论秦代基层官吏的量化考核》，《中国经济史研究》2018 年第 1 期，页 56），即使按照晋文推算户数最高的观点，也承认即使将所有租赋相加，也养活不了多少官吏，迁陵县的主要财政来源还是朝廷的大量拨款。

[2] 陈伟主编《里耶秦简牍校释》（第二卷），武汉大学出版社，2018 年，页 167。

[3] 谢桂华曾对简帛研究进行展望，认为需要加快简帛文献资料的整理和出版；借助现代高科技手段，改善研究条件；加强简帛（转下页）

这也是简牍为史学研究提供信息所必须经历的阶段。除了这些必要的工作之外，把文书类简牍作为史料来观察还要注意这样的问题：

一是对每批简牍性质的整体认识。这一点学界已有思考并付诸实践，比如两湖地区墓葬出土律令文书的增多，也有学者不仅满足于简单地使用简文作为基本的史料来源，而且也开始反思这类材料的性质。对于墓葬出土的律令有明器说（邢义田）、镇墓说（冨谷至）、选择实用文书说（周海锋、纪安诺）等几种。尽管这种反思还无法得出明确的答案，但是至少会促使我们考虑使用这些材料的限度。[1] 行政档案文书也有这样的问题。走马楼吴简虽然可以肯定是临湘侯国的文书，但还需具体到侯国的某一部门，才能进一步理清这批文书制作、传递的行政层级，在行政体系中的位置等。[2] 在对简文进行细致研究的基础上，总结各批次材料的性质，才能弄清其作为史料运

（接上页）资料研究的基础工作；加强实证研究，改进简帛研究的方法；加强不同学科之间的合作与交流；加强学术队伍建设等。参见谢桂华《回顾与前瞻——百年来简帛发展历程及其检讨》，长沙市文物考古研究所编《长沙三国吴简暨百年来简帛发现与研究国际学术研讨会论文集》，中华书局，2005 年，页 174—175。目前看来谢先生所提及的几个方面都有了很大的改进。

[1] 纪安诺《尹湾新出土行政文书的性质与汉代地方行政》，李学勤、谢桂华主编《简帛研究》（二○○一），广西师范大学出版社，2001 年，页 786—794；周海锋《秦律令之流布及随葬律令性质问题》，《华东政法大学学报》2016 年第 4 期，页 44—54。

[2] 侯旭东《湖南长沙走马楼三国吴简性质新探——从〈竹简（肆）〉涉米簿书的复原说起》，长沙简牍博物馆《长沙简帛研究国际学术研讨会论文集》，中西书局，2017 年，页 59—91；徐畅《长沙走马楼三国吴简基本性质论争》，《中国社会科学报》2018 年 2 月 6 日。

用的边界。

二是要关注简牍史料与传世文献在运用方面的共性问题，注意对传世史料处理方法的移植。与上一点谈到文书性质问题相关的，需要考虑不同性质简牍材料的书写动机，这与目前中古早期研究中使用的历史书写或有相通之处[1]，需要谨慎地看待出于不同书写目的而形成的简牍材料适用范围。

三是要注意简牍的文物属性。对史学研究来说，简牍的文字属性甚至图像属性是历史学家关注的重点。不过考虑到简牍同时也是文物，而目前公布简牍内容主要是文字和图版，所以已有学者开始关注简牍材质等物质属性[2]。通过科技考古手段或可以提取出更多有价值的信息，比如日本学者使用"年轮断年也可应用在木简研究，如发现同一坑位出土的咒符皆为同一木材所制作，或透过比对木头纹路重新确定零碎削衣之间的关系"[3]。如果这些技术手段应用到中国出土简牍的整理、复原，自然可以得到更多、更准确的史料信息。

新世纪以来，出土的简牍数量激增，同时各类基金项目支持力度持续加强，也使简牍刊布的数量、速度、质量较以前有

---

[1] 孙正军《魏晋南北朝史研究中的史料批判研究》，《文史哲》2016 年第 1 期，页 21—37。

[2] 何双全《简牍》，敦煌文艺出版社，2004 年，页 101—102。韩华《试论西北简牍材质在残简缀合和册书复原中的作用》，中国秦汉史研究会主办《"中国秦汉史研究会第十五届年会暨海昏历史文化"国际学术研讨会论文集》，2017 年。

[3] 石昇烜《日本奈良文化财研究所访问记》，微信公众号"先秦秦汉史"，2018 年 5 月 1 日。

了显著提高，这极大地扩充了基本史料来源。不仅如此，出土史料内容的不确定，出土时机的偶然性，常会给学界带来不期而遇的惊喜，引起学者的兴趣，这些已经并会继续影响着秦汉魏晋历史的研究生态。

原载《社会科学战线》2018 年第 10 期

居延汉简册书复原方法述论

自 20 世纪 30 年代居延汉简被发现以来，它被视为证史和补史的重要资料而为中外学界所关注。劳榦等中国学者一方面做了著录和整理等基础工作，另一方面还从历史学角度来解读这些材料。20 世纪 50 年代以后，随着这批材料东传日本，特别是海峡两岸分别出版了居延汉简图版之后，日本学者开始尝试从古文书学的角度来重新解读和利用这批材料。[1] 这些方法包括简牍的集成、分类等。新方法的使用，推动了居延汉简的研究，使其呈现出崭新的面貌。特别是 20 世纪 70 年代出土的新简公布以后，更彰显出这些整理和研究手段的方法论意义。在这些方法中，大庭脩运用的册书复原方法因其综合利用了多种相关信息，操作方法更加谨严，并且还系统地提出了册书复原的操作原则，因而一直为简牍研究者推崇和效法。[2]在研究和整理居延汉简的过程中，踵继其后者不乏其人。[3]

---

[1] [日]永田英正著，张学锋译《居延汉简研究》，广西师范大学出版社，2007 年，页 28—30。

[2] 张俊民提出王国维最早注意到这一问题。我们认为作为一种成熟的方法，并且进行理论阐释应始于大庭脩，参看张俊民《居延汉简册书复原研究缘起》，甘肃省文物考古研究所、西北师范大学文学院历史系编《简牍学研究》（第四辑），甘肃人民出版社，2004 年，页 75。

[3] 除本文下节提到的各篇文章外，作为同一性质的额济纳汉简公布后，也有多篇专题文章涉及王莽诏书令册的复原问题，如：李（转下页）

所谓册书复原的方法，就是在散乱的居延汉简中，按照一定的原则和标准，找出原本属于同一册书上一组简，按照册书本来的顺序排列，从而尽可能恢复其原始面目。册书复原不仅具有方法论意义，并且也有学术史意义，已经有多位学者对其进行了总结和评述。[1] 这些无疑为我们更为深入地认识这一问题奠定了基础。本文在重新梳理上述成果的基础上，以居延汉简

（接上页）均明《额济纳汉简法制史料考》，魏坚主编《额济纳汉简》，广西师范大学出版社，2005 年，页 54；特日格乐《〈额济纳汉简〉所见王莽简略考》，中国文物研究所编《出土文献研究》（第七辑），上海古籍出版社，2005 年，页 185；沈刚《〈额济纳汉简〉王莽诏书令册排列次序新解》，《北方文物》2007 年第 2 期，页 75—77；马怡《"始建国二年诏书"册所见诏书之下行》，孙家洲主编《额济纳汉简释文校本》，文物出版社，2007 年，页 262—269；邬文玲《始建国二年新莽与匈奴关系史事考辨》，孙家洲主编《额济纳汉简释文校本》，文物出版社，2007 年，页 274—279；［日］广濑熏雄《额济纳汉简新莽诏书册诠释》，简帛网，2006 年 8 月 16 日。同时，对于居延汉简的册书复原也有工作继续进行，如张忠炜《〈居延新简〉所见"购偿科别"册书复原及相关问题研究——以〈额济纳汉简〉"购赏科条"为切入点》，《文史哲》2007 年第 6 期，页 56—61。

[1] 郑有国曾以瓦因托尼廪食簿、大湾田卒簿籍，以及元康五年诏书令册的复原工作为例，对这一方法做了评述，参见郑有国《中国简牍学综论》，华东师范大学出版社，1989 年，页 75—80、212—214；赵汝清《日本学者简牍研究述评》亦有专题介绍，参见西北师范大学历史系、甘肃省文物考古研究所编《简牍学研究》（第一辑），甘肃人民出版社，1996 年，页 25；张俊民对从王国维开始直到当代学者对居延汉简册书复原的历史进行了梳理，参见《居延汉简册书复原研究缘起》，页 75；徐世虹也介绍了大庭脩的册书复原成果，参见徐世虹《大庭脩与中国简牍学》，陈文豪主编《简帛研究汇刊》（第二辑），中国文化大学文学院，2004 年，页 197。

和居延新简为中心，检讨这一方法。

一、大庭脩册书复原操作原则解析

诚如论者所言，大庭脩汉简研究的贡献主要在于法制史研究和简册复原两个方面[1]。虽然他不是最早注意到这一方法的学者，却是最早系统地提炼出册书复原的标准的，故而为学界所推重。不惟如此，之后其他学者的册书复原工作，基本都遵循这一原则，几为后来者奉为圭臬。因而我们首先对这一方法做一解析。

大庭脩在其著作《汉简研究》序章中，以其成功复原的《元康五年诏书令册》为例，提出复原册书的操作原则。

首先出土地一致，即在同一个地点出土。从《元康五年诏书令册》看，多为简的前一个编号，即编号10。但其中也有5和332两个编号，文中虽未说明原因，大约大庭脩认为这些编号都是A33地点，也就是地湾出土，所以可以认定为出土地一致。这些简牍在地湾的分布状况还不清楚。地湾是肩水候官所在地，其范围为23米×23米，即529平方米[2]。从1970年代发掘的另一个候官遗址——甲渠候官遗址看，简牍分布在这个遗址各处。所以前一编号虽然同属地湾，在不清楚它们具体分布状态的情况下，能否遽然认定它们为一个简册呢？我们看到，尽管从内容、笔迹等角度推定这些简属于同一简册似无问题，但简

----

[1]《大庭脩与中国简牍学》，页197。

[2] 罗仕杰《汉代居延遗址调查与卫星遥测研究》，台湾古籍出版有限公司，2003年，页56。

332·26"制曰可"一条，可以适用于各条诏书，前面编号与其他简又不同，所以我们对此持怀疑的态度亦不无道理。

其次笔迹同一的原则。不过，他又指出"同一册书中有不同的笔迹，也并非绝对没有"[1]，并举出了 EPF22：8 和旧简《永元兵物簿》的例子作为旁证。对此，我们似乎可以做这样的理解：即对于诏书这种通常一次写成的不定期文书，适用于这条原则，而对于簿籍这些多次书写而定期整理的文书，则这一标准不一定成立。笔迹同一原则虽然可以运用，但这是一个相对主观的标准。鲁惟一曾指出了存在的一些可能性："文书的抄写者所受到的训练越好，我们就应料想到他们的字越接近于汉代隶书的专业样式，因而对不同简牍笔迹是否形同的判断也就越缺少有效性。还有其他需要考虑的事项也会影响关于相同笔迹的任何判断。可以看到，有些文书是作为几个工作阶段的结果而汇编在一起的，其中有两个以上的吏员参与填写了不同的项目。在其他事例中可能会发现，虽然一个项目的全部文字完全由一个人书写，却是在行政程序的正常进程中，一个吏员替代另一个吏员地进行，而这些簿籍仍然被汇编在一起。同样，不难想象，会有这样的情况，例如生病，也会使抄写者暂时的改变成为必要。有些文书由一系列不同的官吏正常编制的，其结果，连续的项目自始至终都有不同的人填写，这种情况也不是不可想象的。"[2] 这种可能性是存在的，因而"笔

---

[1]［日］大庭脩著，徐世虹译《汉简研究》，广西师范大学出版社，2001年，页10。

[2]［英］鲁惟一著，于振波、车今花译《汉代行政记录》，广西师范大学出版社，2005年，页21—22。

迹同一"能否完全作为簿籍文书复原的标准还存在疑问。同一种簿籍可能会由不同人书写,最后编成一份文书。

再次为材料同一。所谓材料同一是指"木纹的宽窄、质地的疏密"。这似意味着同一简册的各支简必须由同一块木材剖析而成。"木纹的宽窄、质地的疏密"相同的简能够组成同一简册,这可以确定无疑。但反过来看,"木纹的宽窄、质地的疏密"不同一,也未必不是一个简册。因为在书写简册时,简材的选取并无一定要求,即便为方便起见,由同一块木材上剖析的简牍来书写,但如果这些素简用完而册书尚未书写完毕,自然也会用其他的素材。一个简册可能会存在不同材质木简编联的可能。并且对于时间跨度大的定期文书,这种可能性更大。另外,即使就材料同一而言,如果依据图版目测,结果也会存在偏差[1]。

最后是内容同一。他认为"内容关联的含义从一般意义上说,是指 A 简和 B 简记载的内容互相关联。……从狭义上说,汉代的一些特色(如复唱原则)……是应当重视的对象"[2]。所谓汉代的特色,从之前的叙述看,主要是指汉简文书中的关键用语,也就是不同性质文书中的规范用语。而这恰恰是册书复原的关键所在,它有很强的提示作用。大庭脩在复原诏书令册时,所寻找的关键线索就是"诏后行下之词"。

从总体看,大庭脩的复原原则为此后的复原工作提供了操

---

[1] 如《额济纳汉简》为彩版照片,但编号为 99ES16ST1:24A、B 简,两面非但内容不同,而且从颜色看亦不相同,如果没有标示出为同一支简正反面,很难看它们是来源于一块木材。见《额济纳汉简》,页 87。

[2]《汉简研究》,页 11。

作性很强的规则，特别是简牍内容中的关键用语，为寻找同一简册的散简提供了快捷方式。不过，材料与笔迹同一的标准显得过于谨慎，如果严格遵循这一标准，或可能错过一些本应属于同一简册上的简。与其把它当作一种复原原则，不如将其视为对复原简册进行校验的一种参考更为合适。

二、其他学者册书复原工作述论

除了大庭脩对册书复原方法做出总结并予以实践之外，自20世纪50年代以来，也有居延汉简的研究者有意识地使用这一方法，以下以时间为序，对这些成果做一论述。

鲁惟一在《汉代行政记录》一书中，较早地使用了册书复原的方法。此书的后半部分对居延汉简中不同类型的文书做了分类集成。因为册书复原的方法与此密切相关，所以他在第一部分《简牍集成的标准》和《简册文书的复原》两节中，阐释了册书复原的方法。他说："在试图把所挑选的简牍看作一份简册的组成部分之前，有必要先说明这些简牍是在同一地点发现的。另外有关形式的确定标准必须是令人满意的，以确保这些简不是来自于为不同目的或不同场合下填写的若干份文书。"[1] 说明复原原则是出土地一致，格式标准要一致。他还提到了文书类型的区分，"首先要找出一次写成的完整文书与由于需要而把若干片段按顺序汇编起来的文书之间的主要区别。这两种类型的文书，作为内容广泛的报告和簿籍，将在下

---

[1]《汉代行政记录》，页20。

面分别提到，二者并非总能明确地区分开来"[1]。另外，他还提出作为一个简册的各支简，其形制还要同一，"即那些具有相同尺寸的整齐的简才被用来汇编成一份记录"[2]。不过，对于笔迹一致的原则，鲁惟一还提出了一些可能出现的变量，说详上节。

陈公柔和徐苹芳在对瓦因托尼廪食簿进行排列时，也采取了类似于册书复原的原则[3]。他们将这批有纪年记录的简以年为单元进行分组，然后综合笔迹、形制等因素，分析其编制情况。虽然在编制过程中注意到册书的因素，但是行文中并未完全肯定它们是一个简册。而是在对每一年的简综合考虑后，十分审慎地认为：关于简册的书写与编缀的程序，根据简的款式来看，是将简写好以后，再按月编缀成册。不过，他们似乎认为每年又成为一个完整的册书，在分析完后元元年一组简后说："它们虽同属一簿，但非同时所写，很可能是分几次写完的。一年之中又按月分排，称为'月食簿'。"[4] 在这一工作过程中，他们注意到了时间和内容之间的关联。并且以月为单位编成一组，提供了一个分类集成与复原相结合的思路。

中国台湾学者也有意识地做了这项工作。1980年出版的《简牍学报》第七辑[5]发表了台湾学者进行简册复原的一组

----

[1]《汉代行政记录》，页21。
[2]《汉代行政记录》，页21。
[3] 陈公柔、徐苹芳《瓦因托尼出土廪食简的整理与研究》，《文史》（十三辑），中华书局，1988年，页35—60。
[4]《瓦因托尼出土廪食简的整理与研究》，页40。
[5] 简牍学会编辑部主编《简牍学报》（第七辑），简牍学社，1980年。

文章[1]，吴昌廉在这组文章的序中论及册书复原的方法："第一步我们将所有简均按原编号次第排列，再分出各'标号'之出土地。第二步工作，即在同一出土地之诸简中，就年代相同相近者，予以归并，再从中观其简牍形制(主要是宽度、长度)、简牍材质(如竹、木。断简结合者应注意木质纹理)、字迹笔法(尤其运笔特色、气势等)、简之内容(如诏书、名籍、簿书，各类所载内容相异，此层须分明)，从这些方面去推敲，诸条按核，逐渐寻出属于同一簿籍之简牍。"[2]

在具体操作中，几篇论文也基本遵循这一工作流程。和大庭脩的工作方法相比，有两个特点值得注意，一是关于简牍宽度的一致问题，另一是年代问题。几篇文章注意到宽度问题是从形制着眼，这是除鲁惟一之外，其他册书复原工作皆未曾措意于此的。如果不考虑木牍、觚等特殊形制的书写材料，一组简牍的形制基本相似。根据邢义田对永元器物簿进行的实测，其长、宽、厚度基本一致，差别不大。[3] 大庭脩复原元康五年诏书令册所总结出的原则，按照永田英正对文书分类的标准[4]，

[1] 主要有吴昌廉《恢复居延汉简之旧观——居延汉简复原工作报告序》；干宝猜、邱玉蟾《居延汉简标号一六二号之整理及有关问题浅探》；何家英、夏自华、赖惠兰《瓦因托尼出土汉代"食簿"(一)、(二)、(三)》；谢素珍《大湾出土之汉代"奉用钱簿"》；罗玉珍《地湾出土之汉武帝诏书居延汉简复原工作之一》等。
[2]《恢复居延汉简之旧观——居延汉简复原工作报告序》，页410。
[3] 邢义田《汉代简牍的体积、重量和使用》，收入其著《地不爱宝——汉代的简牍》，中华书局，2011年，页9。
[4] [日]永田英正著，余太山译《居延汉简集成之一——破城子出土的定期文书(一)》，中国社会科学院历史研究所战国秦汉史研究室《简牍研究译丛》(第一辑)，中国社会科学出版社，1983年，页57。

主要是针对不定期文书，和年代问题关涉不大。而对于定期文书，则涉及复杂的时间跨度问题。这几组复原文章，特别是针对瓦因托尼廪食簿的复原，将跨度数年的简认定同属一个册书。这种情况在居延汉简中虽然也存在过，比如永元广地兵物簿。但需要注意的是，永元广地兵物簿虽然是跨年度，但只是一个兵器的两份统计账，且数量有限，并且也和此时屯戍活动变少有关。即便如此，这也几近一个简册容简的上限了[1]。与此相比，廪食簿出土地瓦因托尼，是武帝征和三年至昭帝始元五年间通泽第二亭所在地，隶属于殄北候官，它的主要职能是收纳谷物，供应廪食。[2] 作为谷物收纳机构粮食收支的流水账，其记录频次应该是很高的，如果几年的账簿系于同一简册，那么其规模将十分庞大，从管理和阅读的角度来看也多有不便。它们之所以在一个出土地，并且笔迹等方面有相似之处，大约可以从档案管理的角度来考虑。另外，如果认为这些粮食收支的账簿为同一简册，又认为同一简册的木质纹理应近似，那么这里就会产生一个疑问：难道古人会将同一块木材削治好以供数年之用？或者认为是将九年的账簿重新抄写一遍？作为流水账，是否有此必要呢？

居延新简中有一个吏廪名籍，编号为 EPF22：83—124，包含一年中除6、8、9三个月以外其他月份官吏领取口粮的残简。从材质看，不仅各个月份并不相同，而且一个月之内似亦

---

[1] 据邢义田根据模拟实验得出的结论，"从实用角度看，百简左右编联为一篇，可说已是合宜长度的极限"。参见《汉代简牍的体积、重量和使用》，页23。

[2] 李天虹《居延汉简簿籍分类研究》，科学出版社，2003年，页85。

有不同，如 EPF22：83、EPF22：84 两支正月明细简就明显不同。在这组简的结尾部分，收录了两支总计简：

- 凡出谷卅六石　　EPF22：123
- 凡出谷卅九石　　EPF22：124[1]

这相当于 12 至 13 人一个月的粮食配给数量。这也说明，这种廪食簿至多是按月编册的。

谢桂华也对居延汉简做了复原工作。与其他学者相比，他复原工作的特点是将新、旧居延汉简作为一个整体来考虑，扩大了复原材料的来源。这主要体现在下列三篇文章中。

首先在《新、旧居延汉简册书复原举隅》中[2]，他将新、旧居延汉简中出现的建武元年或二年八月"吏受奉名籍"的残简进行了排列，从内容、字体、笔迹、书写格式等几个方面部分恢复出了其本来面目。这些新旧居延汉简之所以能够建立起联系，是基于"出土地一致"这一复原的基本原则。谢先生认为，旧简 A8 和新简均出土于破城子，因而出土地一致可以确认。不过，我们姑且先不考虑新旧简出土地之间的关系。即使就新简而言，他们也分散于 T6、T43、T65 等几个不同的探方，从《甲渠候官遗址探方分布图》看[3]，其中 T6 和 T43 之间最短直线距离近 20 米。如果是同一简册，如何看待这种

----

[1] 张德芳《居延新简集释》（七），甘肃文化出版社，2016 年，页 238。
[2] 谢桂华《新、旧居延汉简册书复原举隅》，中国秦汉史研究会编《秦汉史论丛》（第五辑），法律出版社，1992 年，页 264。
[3] 甘肃省文物考古研究所、甘肃省博物馆、中国文物研究所、中国社会科学院历史研究所编《居延新简》（上），中华书局，1994 年，插页。

散乱状态呢？据李振宏研究，甲渠候官在通常情况下，吏员有108 人左右[1]，那么是否有可能分属于不同的册书呢？

循此思路，他又复原出两个册书。[2] 一是新莽制诏残册，新简均出土于一个探方，并且笔迹、字体等亦十分相合，则无疑问。二是甲渠鄣候谊不留难变事爰书残册，在这个简册的复原中，他除了注意到形制、内容等因素以外，还注意到火烧痕迹等相同点，更增加了说服力。但是这一册书的复原同样也有难以坐实之处，比如从出土地看，新简分别出土于EPT51、EPT52 两个探方。另，谢先生也指出字体和笔迹的复杂性："可是，简文的字体和笔迹的情况却显得比较复杂，有的简文用恭谨的隶体书写，有的则用隶体草书或草体书写，字形有大有小，并不整齐划一。其原因可能有二：第一种可能，这些简文虽均属同一简册，但或因出自不同的书写人员之手，或因书写的时间有先有后，或者属于起草的草稿和正式文本的区别。第二种可能，它们不属于同一册书，而是分属于内容有关联的不同册书，究竟属于哪种可能，或者二者兼而有之，目前尚无法准确判断。"[3] 这也说明，将它看做一个简册也有难以说通之处，他本人也颇为踌躇。

后来谢桂华又复原出《建平五年官吏卒廪名籍》[4]。他对这一简册的整理思路是，先找出一条总计简：

---

［1］李振宏《居延汉简与汉代社会》，中华书局，2003 年，页 151。

［2］谢桂华《新旧居延汉简册书复原举隅（续）》，李学勤主编《简帛研究》（第一辑），法律出版社，1993 年，页 145—167。

［3］《新旧居延汉简册书复原举隅（续）》，页 154。

［4］谢桂华《居延汉简的断简缀合和册书复原》，李学勤主编《简帛研究》（第二辑），法律出版社，1996 年，页 248—255。

·凡吏卒十七人　用盐三斗九升　用粟五十六石六斗六升
　大　254.25[1]

接着找出吏和卒廪食的合计简：

·右吏四人　用粟十三石三斗三升少　203.10[2]
·右鄣卒九人　用盐二斗七升　用粟卅石　286.9[3]
·右省卒四人　用盐一斗二升　用粟十三石三斗三升少
　　　　　　　　　　　　　　　　　176.18+176.45[4]

以此为线索，找出了这个简册残余的吏卒廪食的明细，而且也
找到了这个简册的标题简和结尾简：

建平五年十二月官吏卒廪名籍　203.6[5]
·建[平]□年十二月吏卒廪名籍　203.25[6]

在复原的过程中，也兼顾到笔迹、出土地等因素的同一。
这一残册的复原思路，是以内容优先，着眼于分析内容为一个

---

[1] 简牍整理小组《居延汉简》（叁），"中央研究院"历史语言研究所，
　　2016 年，页 126。
[2] 简牍整理小组《居延汉简》（贰），"中央研究院"历史语言研究所，
　　2015 年，页 241。
[3]《居延汉简》（叁），页 230。
[4]《居延汉简》（贰），页 186。
[5]《居延汉简》（贰），页 240。
[6]《居延汉简》（贰），页 243。

册书的可能性，笔迹、出土地等因素起到校验的作用。因而这一册书成立的可能性要远远大于前面所复原的册书。

李天虹在集成簿籍文书时，也曾注意到同一简册的问题，如果出现同一简册的情况也将其标注出来。[1] 比如对"责券簿"正文标注出第1、2两支简属于同一简册[2]，"完兵出入簿"等亦标注出若干组为同一简册[3]，廪食名籍中的两组也标注出同一简册等[4]。但是，对于分属于新、旧居延简的情况，大约囿于体例，李先生并没有说明其为同一简册的原因。

《中国简牍集成》第十二册（即《居延新简》最后一册）书后附有《【居延汉简】书簿辑集表》[5]，编者将可能是一个册书的简都集成一编，并予以命名，共有145个简册。在"完残·备注"一栏中的第二条《急就篇》有："以下或非属一册，内容相同，集合于此。"从编号看，这些简散布在各个探方中，所以编者认它们未必为同一简册。以下各个册书在此栏下分别标注"残""集合""略残""完整""基本完整"等，这大概就意味着除了"集合"这一种情况外，其他几种都属于一个简册。此外该简册在这一栏中有时也标注旧居延简的若干编号，似指它们和相应的新简亦同属于一个简册。能够认为同属一个册书的汉简共有120组，从出土地一致的角度看，他们都属于甲渠候官遗址或第四隧等遗址，所以将其组成一册。其中多数简

---

[1]《居延汉简簿籍分类研究》。

[2]《居延汉简簿籍分类研究》，页140。

[3]《居延汉简簿籍分类研究》，页109。

[4]《居延汉简簿籍分类研究》，页79。

[5] 中国简牍集成编委会编《中国简牍集成》（第十二册·附一），敦煌文艺出版社2001年，页3—8。

册，特别是 EPF22 中诸册，从字迹、内容及完整性等角度认定为同一册书，当无问题。

不过，也有一些隶属于不同的探方，比如第 17 个册书《隧长休代册》，其编号有 EPT27：61、68、43，EPT40：175，EPT44：24 等三个探方。从同书附录《甲渠候官遗址发掘探方分布图》中各探方位置分布和比例尺看，分别位于该遗址的西北角和东南角，最近直线距离约为 61 米，一个册书中的散简能否散布得如此之远呢？另从各支简的图版观察，EPT27 和 EPT40、EPT44 中的简相比，其间的墨色、字迹，甚至材质都有差别。因此，将它们作为一个简册是存在问题的。类似的情况还有第 18 个册书《候官卒作簿》，除了和上述《隧长休代册》同样存在出土地、墨色、字迹、材质等问题外，在内容上也有值得推敲之处。简 EPT40：154：

其四人养　右解除八人
一人作　　长定作廿七人伐茭千二百一十五束率人伐
卌▢[1]

而《作簿》的标题简有："鸿嘉元年六月省卒伐茭积作簿（EPT50：138）。"简 EPT40：154 所对应的标题可能为类似格式。而简 EPT40：3：

其中一人作卒养
一人徐严门稍

----

[1] 杨眉《居延新简集释》（二），甘肃文化出版社，2016 年，页 318。

己卯卒十一人　　三人墢
　　　　　　　　五人涂
　　　　　　　　一人治传中[1]

这是作簿的具体内容，将它系于伐茭簿下，二者同属于一个简册的可能性很小。

三、也谈关于册书复原的方法

从我们以上的论述中可以看出，已有从出土地、笔迹、材质以及内容一致作为册书复原的标准，然而在具体操作过程中则会碰到更为复杂的情况。

首先是出土地同一的限度问题。以上研究将同一出土地点，比如旧简的 A8 地点、新简甲渠候官遗址中所出土的简牍都可看作是出土地一致。也就是说这个标准是以遗址为单位。不过，从甲渠候官遗址的情况看，坞这一部分为 47.5 米×45.5 米，即 2161.25 平方米。并且在这个区间内，根据探方分布示意图和比例尺估算，处于坞内对角线两端的探方直线距离至少为 70 米。不仅如此，在 2161.25 平方米范围内，分布着 37 间房屋。[2] 作为定期销毁的简牍，在房屋依然存在的情况下，同一简册要散布到不同的房屋中，从常识判断似乎很难成立。

---

[1]《居延新简集释》(二)，页 279。
[2] 甘肃居延考古队《居延汉代遗址的发掘和新出土的简册文物》，甘肃省文物工作队、甘肃省博物馆编《汉简研究文集》，甘肃人民出版社，1984 年，页 476。

这也就意味着，以遗址为单位作为复原的标准有可能会失之过宽。特别是在新简有更为详细的出土位置、探方等信息的情况下，出土地同一的标准有必要重新界定。以探方为单位，并兼顾彼此间相互位置，或许会更为准确。

其次是笔迹同一原则的适用范围问题。前揭大庭脩和鲁惟一都指出笔迹同一的原则在使用时要受到一定限制，其中最主要一点就是文书的性质。簿籍类的文书多非一次完成，它们能够成为一个册书，是因为按照一定期限进行归档，有的甚至是跨年度编联，也有可能会出现书写者变更等情况，从而造成笔迹的不同。其实，就不定期文书而言，可能也存在如鲁惟一所说的同一份册书有不同人书写的特例存在，因而这一标准失之过严。

材质同一原则同样面临着笔迹同一原则所存在的困境。将较长一段时间跨度的簿籍文书进行整理归档而形成的册书能否完全保证材质一致姑且不论，即使是在大庭脩确定复原原则成立的实例诏书中，也可以找到相反的例子。额济纳汉简中有一份新莽时期的诏书令册，很多学者作了复原的努力。邬文玲将它们作为同一个诏书[1]，因为是彩版照片，所以对简牍的材质能够容易做出判断：我们发现很难认定这个诏书是由材质同一的简写成的。比如编号为2000ES9SF4：5和2000ES9SF4：6两支简在木质的颜色、长度、宽度等几方面差别明显[2]。所以笔迹和材质同一虽然能够保证是同一简册，但也可能因求之过严而失去复原更多册书的机会。

---

[1]《始建国二年新莽与匈奴关系史事考辨》，页274—279。
[2]《额济纳汉简》，页232。

尽管先前复原工作中尚存在着需要克服的一些问题，但是他们复原成功的经验也给予我们完善复原方法一些启示：

其一，不同性质的文书使用不同的复原标准，可以拓宽这一方法的适用范围。居延汉简中册书的形成过程比较复杂，既有一次书写成的诏书、檄书、府记等文书，也有廪名籍、谷出入簿等定期形成的文书。对于后一类文书，应该优先考虑文书内容。以廪名籍为例，完整的口粮发放记录包括吏卒所属隧名、应发放月度及口粮数、领取时间。从这一类文书的标题及签牌看，这是以部或候官为单位，有月度、季度以及年度的统计。这样，根据廪食明细所提供的内容，按照时间、单位等限定条件，并参考出土地等因素，即能复原出比较可靠的廪食名册，如李天虹就曾指出 EPT65 中存在一份廪名籍的残册[1]。

其二，注意充分利用和简牍相关的信息，特别是简牍出土的原始记录。上述复原工作在判定出土地一致时，主要依靠的还是编号。编号所反映的是探方之间相互关系（主要依据探方分布示意图），至于其中具体简牍之间的确切位置关系并不能精确地反映出来。近些年公布其他简牍或许可以提供借鉴，一个例子是周家台秦简中附有《周家台三○号秦墓竹简尾端侧视图》[2]；另一个显著的例子为长沙走马楼吴简的竹简部分，在每一卷卷末都附有《竹简揭剥位置示意图》及其与整理编号的对应表。显示一组相关简之间的原始位置关系，这对吴简簿籍的准确复原，以及对相关问题的进一步探讨，都起了至关重

---

［1］《居延汉简簿籍分类研究》，页 65。

［2］湖北荆州市周梁玉桥遗址博物馆编《关沮秦汉墓简牍》，中华书局，2001 年，页 198。

要的作用。侯旭东和凌文超即利用这些信息分别对吴简中的吏民簿等做了十分深入的研究。[1]《岳麓书院藏秦简》提供了更为丰富的相关信息：包括竹简揭取时的原始照片及简序示意图，揭取前的原始照片又包括俯视图和仰视图。对原始出土记录的详细解读，不仅有助于从内容上理清散乱简之间相互关系，而且利用揭剥示意图等也可以直接起到校验作用，找寻出更多的信息。

其三，注意综合利用居延汉简其他研究方法，特别是文书学的研究成果。将居延汉简中的簿籍进行分类集成是居延汉简中另一重要的整理和研究方法。永田英正首先完成了旧简中的集成工作，李天虹踵继其后，更是将新、旧居延汉简做了综合集成，对居延汉简中的簿书做出准确、全面地分类整理，并确定不同簿书的大致格式。这为相应文书的复原提供坚实的材料基础。如果结合其他因素综合考虑，则能对定期文书的复原提供更多的帮助。又如作为档案文书的居延汉简，从档案管理角度也可以为复原提供一些参考。我们从档案归类的标志——楬的角度看，作为档案文书的立卷时间有月度、季度、年度、跨年度等几种，这样我们复原档案类册书时在时间跨度便可有一大致界限。汪桂海曾排比 F22 的简牍数据，认为"汉代普通文书档案的存档期在十三年左右"[2]。这一结论也可以为复原册书提供时间参考。文书中程序化的辞例与格式也是进行册

----

[1] 侯旭东《长沙走马楼吴简〈竹简〉[贰]"吏民人名年纪口食簿"复原的初步研究》,《中华文史论丛》,2009 年第 1 期;凌文超《走马楼吴简采集簿书整理与研究》,广西师范大学出版社,2015 年。现在已经成为吴简研究中的标配手段。

[2] 汪桂海《汉代官文书制度》,广西教育出版社,1999 年,页231。

书复原的重要线索，这一点，上述大庭脩、谢桂华的工作即为显例。

　　册书复原作为一种简牍整理和研究的手段，一方面在于自身的不断调适和完善，另一方面也需要完备的原始出土信息、准确的释文、更多的残简缀合工作等相关条件的支持。册书复原作为居延汉简整理与研究的重要方法之一，可以提高简牍的使用效率。不断完善这一方法，不仅可以推进居延汉简的研究，而且对与此相类简牍的整理和研究亦可提供借鉴作用。

原载张德芳主编《甘肃省第二届简牍学国际学术研讨会论文集》，上海古籍出版社，2012年

西北地区出土竹简问题

　　简牍制度是简牍研究的重要方面。近些年来随着简牍出土数量的增多，可资借鉴材料日渐丰富，这一方面更加受到重视。它和简牍的文本研究等一道，成为解读简牍的重要途径。其中简牍材质问题也是简牍制度的重要一面。论者通常以为，内地多竹简，西北边地多木简。泛论之固然不错，但是若具体到某一特定地域之简牍，情况则更为复杂，比如西北地区出土的简牍，就包括各种材质。对此，在简牍发掘报告中，一般都附有情况说明。马先醒曾论述过简牍材质问题[1]。后来王子今、孙家洲对此更做过专论，从环境史角度对西北汉简中出现的竹简问题做了分析。[2] 后来公布的《肩水金关汉简》和《居延新简》一样，对于其中的竹简，在相关释文末尾都做了特别的标示。以此为基础，重新检视前贤的成果，我们认为从文本以及竹简来源等角度，尚有补苴之处。

---

[1] 马先醒《简牍质材》，简牍学会编辑部主编《简牍学报》（第七辑），简牍学社，1980 年，页 75—79。

[2] 王子今、孙家洲《河西地区汉代文物资料中有关"竹"的信息》，孙家洲主编《额济纳汉简释文校本》，文物出版社，2007 年，页 297—305。王子今在另一部专著中对此亦有专门表述，见《秦汉时期生态环境研究》，北京大学出版社，2007 年，页 242—249。

一、书写于竹简上的文本内容

何双全曾考察过简牍内容和材质之间的关系，他说："由于各种形式的简牍其级别和性质的不同，在选用材质上也有明显的差别。……而长30厘米以上者，就不是尺牍，是用来颁布法令、条例等重要文件的专用木简，与一般文书有别。其材质有松木、杉木、胡杨和红柳，竹简甚少。由于时代、文书性质、文书级别不同，简的选材明显有差异：哀帝以前多用松木，王莽前后四种材质都用，互相掺杂。一般记较重要的文书多用松木，其他多用杨木。同时松木简上的字写得正规些，而其他材质的简就写得潦草。也许松木好用的缘故。居延不产松，只长胡杨和红柳。所以松木是外地运去的，汉简中也有领用简札、书绳的登记簿。"[1] 大约西北汉简中竹简数量较少的缘故，何并没有对竹简的功用提及太多。不过，我们可以循此思路，将西北汉简中竹简所记录的内容做一梳理，来看内容与材质之间是否也同样有规律可循。

西北屯戍类汉简从数量看，多是屯戍吏卒及其家属相关的簿籍类简牍。从竹简书写的内容看，也是如此。

其一，戍卒名籍，如下列各简：

田卒平干国张榆里簪袅吕儋年卅二（竹简）　73EJT1：5[2]

---

[1] 何双全《简牍》，敦煌文艺出版社，2004年，页101—102。
[2] 甘肃简牍保护研究中心、甘肃省文物考古研究所、甘肃省博物馆、中国文化遗产研究院古文献研究室、中国社会科学院简帛（转下页）

田卒平干国广平泽里簪裛李田利里年廿六　☑（竹简）

$\qquad$ 73EJT1：73[1]

田卒平干国南和□里公士李未年卅二（竹简）

$\qquad$ 73EJT2：14[2]

田卒颖川郡临颖邑郑里不更范后年廿四　☑（竹简）

$\qquad$ 73EJT3：96[3]

田卒颖川郡长社邑颖里韩充年廿四　☑（竹简）

$\qquad$ 73EJT3：97[4]

田卒东郡西邑利里公大夫□□年廿九　长七尺二寸黑色〳
（竹简）　73EJT 9：116[5]

田卒陈留郡济阳临里簪裛戎延年=廿五　☑（竹简）

$\qquad$ 73EJT21：202[6]

戍卒汝南郡召陵仓里宋猜　年廿五（竹简）　73EJT1：8[7]

戍卒梁国己氏泗亭里□当时年□三　丿（竹简）

$\qquad$ 73EJT1：9[8]

（接上页）研究中心编《肩水金关汉简》（壹）下，中西书局，2011 年，
页1。

[1]《肩水金关汉简》（壹）下，页5。

[2]《肩水金关汉简》（壹）下，页22。

[3]《肩水金关汉简》（壹）下，页35。

[4]《肩水金关汉简》（壹）下，页35。

[5]《肩水金关汉简》（壹）下，页109。

[6] 甘肃简牍保护研究中心、甘肃省文物考古研究所、甘肃省博物馆、
中国文化遗产研究院古文献研究室、中国社会科学院简帛研究中心
编《肩水金关汉简》（贰）下，中西书局，2012 年，页27。

[7]《肩水金关汉简》（壹）下，页2。

[8]《肩水金关汉简》（壹）下，页2。

戍卒梁国己氏　　☑（竹简）　73EJT1：74[1]

戍卒梁国己氏官里陈可置　☑（竹简）　73EJT1：75[2]

戍卒颖川郡傿陵邑步里公乘舞圣年卅黑中长七尺四寸　　〜

（竹简）　73EJT3：95[3]

戍卒颖川郡长社邑重里公乘成朔年廿八　丿（竹简）

　　　　　　　　　　　　　　　　　73EJT6：48[4]

戍卒颖川定陵阳里不更许贤年卅　丿（竹简）

　　　　　　　　　　　　　　73EJT9：117[5]

戍卒淮阳郡城父邑道成李王年廿四（竹简）

　　　　　　　　　　　　　73EJT9：113[6]

戍卒淮阳国阳夏……年廿八　长七尺二寸黑色　☑（竹简）

　　　　　　　　　　　　73EJT21：329[7]

戍卒南阳郡□□□里公乘□应年卅二　☑（竹简）

　　　　　　　　　　　　73EJT10：14[8]

戍卒南阳武当县龙里张贺年卅长七尺二寸黑色　☑（竹简）

　　　　　　　　　　　　　E.P.C：34[9]

---

[1]《肩水金关汉简》（壹）下，页5。
[2]《肩水金关汉简》（壹）下，页6。
[3]《肩水金关汉简》（壹）下，页35。
[4]《肩水金关汉简》（壹）下，页66。
[5]《肩水金关汉简》（壹）下，页109。
[6]《肩水金关汉简》（壹）下，页109。
[7]《肩水金关汉简》（贰）下，页35。
[8]《肩水金关汉简》（壹）下，页130。
[9] 张德芳《居延新简集释》（七），甘肃文化出版社，2016年，页654。

戍卒南阳郡冠军邑长里射婴年卅八（竹简）

3EJT10：298[1]

戍卒东郡东武阳=城里不更武□　▨（竹简）

73EJT10：302[2]

戍卒河东绛邑世里王谊　▨（竹简）　EPT65：379[3]

戍卒魏郡魏利阳里不更孙乐成年廿八（竹简）

73EJT21：95[4]

治渠卒河东皮氏还利里公乘□□□年卅长七尺四寸　丿

（竹简）　73EJT7：2[5]

治渠卒河东狐讘山里董凡年廿五长七尺黑色　▨（竹简）

73EJT9：27[6]

治渠卒河东解临里李骥年卅五长七尺三寸黑色　丿（竹简）

73EJT10：112[7]

按：居延汉简中的戍卒名籍有多种，它们都有不同的使用目的。上述这类"戍（田、治渠）卒+籍贯+爵名+年龄+体貌特征"，按照李天虹的研究，它们是从内郡统一送达到候官后，由候官来编制的名籍，与简牍中大量出现的由候官下属单位——部编制

----

[1]《肩水金关汉简》（壹）下，页149。

[2]《肩水金关汉简》（壹）下，页149。

[3]张德芳、韩华《居延新简集释》（六），甘肃文化出版社，2016年，页314。

[4]《肩水金关汉简》（贰）下，页17。

[5]《肩水金关汉简》（壹）下，页78。

[6]《肩水金关汉简》（壹）下，页103。

[7]《肩水金关汉简》（壹）下，页135。

卒名籍有显著区别，甚至认为"也可能是由戍卒的原籍贯县编制而带到候官的"[1]。并且我们在前面将上述简按照籍贯进行排比后，发现他们的确是以郡、甚至是直接以县为单位的[2]。另外，田卒、戍卒、治渠卒是从其工种进行的分类，似乎这说明这些"卒"在派发到边地前已经进行了分工，尽管分工的依据并不清楚。以前我们将汉代西北边地的戍边者都统称为戍卒，似也不够准确。

其二，关传致籍类，见下例：

弘农郡陕仓□里蔡青　葆养车骑马一匹骊牡左剽齿五岁高

五尺八寸半名曰张中　大奴□昌　马(竹简)

73EJT1：54[3]

河南郡雒阳宜岁里王富　乘骊牡马一匹轺车一两弩一大九

一矢五十枚刀剑各一(竹简)　73EJT1：6[4]

新汲令史德里孙世　□□一　剑一刀一弓一矢卅三　丿

(竹简)　马□□　73EJT1：7[5]

东郡博平都乡佐麦里公乘李安世年廿四长七尺四寸黑　☑

---

[1] 李天虹《居延汉简簿籍分类研究》，科学出版社，2003年，页10。
[2] 《肩水金关汉简》(壹)(下，页149)中有这样一个例子：

会稽郡鄞许商里范寿(竹简)　73EJT10：299

会稽郡鄞高成里顾☑　73EJT10：300

会稽郡鄞里☑里谇幸(竹简)　73EJT10：301

它们可能就是会稽郡鄞县统一编制的文书直接发送到边地的。
[3] 《肩水金关汉简》(壹)下，页4。
[4] 《肩水金关汉简》(壹)下，页1。
[5] 《肩水金关汉简》(壹)下，页2。

（竹简）　73EJT 6：28[1]

☑阴长年里公乘吴林年廿五长七尺二寸黑色将牛车一两

十二月己巳入　出左办任占　左胜丿（竹简）

73EJT22：1[2]

陈留郡平丘君里江盖之（竹简）　73EJT21：44[3]

河南郡谷成陵里长奉亲（竹简）　73EJT21：120[4]

这些简均出土于肩水金关遗址，在甲渠候官遗址中也有类
似格式简：

河内荡阴轩里侯得　　（竹简）　EPT57：106[5]

根据李天虹对居延汉简簿籍的分类，这些类型的简均为出入关
致籍。[6]

其三，功劳阀阅簿：

☑□岁长七尺五寸居延昌里家去官八十里（竹简）

EPT52：137[7]

……临都里大夫苏谊以修行除为阴县仓佐三日神爵三年三

［1］《肩水金关汉简》（壹）下，页64。
［2］《肩水金关汉简》（贰）下，页46。
［3］《肩水金关汉简》（贰）下，页13。
［4］《肩水金关汉简》（贰）下，页19。
［5］马智全《居延新简集释》（四），甘肃文化出版社，2016年，页500。
［6］《居延汉简簿籍分类研究》，页155—158。
［7］李迎春《居延新简集释》（三），甘肃文化出版社，2016年，页638。

月甲辰以□□除为酒泉大守书佐一岁八月廿六日其十二
月……（竹简）　EPT50：155[1]
·居延甲渠第四隧长公乘陈不识中劳二岁九月七日能书会
计治官民颇知律令文年廿六岁□（竹简）　EPT52：36[2]

其四，与经济相关的文书：

七月奉六百候长实取已出钱二百二十四皁钱已
八月奉六百上功计已　计长□（竹简）　73EJT23：928[3]
安陵寿陵里张阅字子威粟一石　直四百　在□□□□里
□西二舍北入（竹简）　73EJT24：16[4]

简73EJT24：16中"在□□□□里□西二舍北入"等，从图
版看，明显为第二次书写，这可能是候官等机构对前面内容的
批注。简73EJT23：928为官吏领取俸禄的记录，编制单位当
在候官或以上单位。
　　其五，历日计时简，目前所见，属于竹简上的计时类简牍
只有以下两支：

十四日丁巳　丙戌　丙辰　乙酉　乙卯夏至反　甲申　甲

------

［1］杨眉《居延新简集释》（二），甘肃文化出版社，2016年，页514。
［2］《居延新简集释》（三），页604。除了功劳阀阅簿以外，与此相类的
　　　迁除文书也有用竹简书写者，如"令史尊　除未到官（竹简）
　　　EPT56：301"〔《居延新简集释》（四），页454〕。
［3］《肩水金关汉简》（贰）下，页123。
［4］《肩水金关汉简》（贰）下，页137。

寅　癸未　癸丑　壬午　壬子　辛巳(竹简)

73EJT6：70[1]

☑　□七　下餔六　鸡后鸣六(竹简)　73EJT7：1[2]

简 73EJT6：70，相邻干支之间间隔约 30 日左右。这种记载的形式和张家山汉简《历谱》十分类似。该历谱有一条："六年：十月戊午，十一月丁亥，十二月丁巳，正月丙戌，二月丙辰，三月丙戌，四月乙卯，五月乙酉，六月甲寅，七月甲申，八月癸丑，九月癸未小。"[3] 整理者言为记录各月朔日干支。简 73EJT7：1 残断过多，其中"下餔""鸡后鸣"则是居延简中常见计时术语，其后接数字，以前未见此例，这支简的功用尚不清楚。

其六，苍颉篇，书于竹简之上仅一见。

苍颉作书以教后嗣幼子承昭谨慎敬戒勉力风诵昼夜勿置苟务成史计会辨治超等轶群出尤别异　(竹简)　EPT50：1A
初虽劳苦卒必有意悫愿忠信微密倓言言赏赏

EPT50：1B[4]

邢义田认为这支简是戍卒临写字书的习字简，而不是字书范本[5]。

[1]《肩水金关汉简》(壹)下，页 68。
[2]《肩水金关汉简》(壹)下，页 78。
[3] 张家山二四七号汉墓竹简整理小组编《张家山汉墓竹简〔二四七号墓〕》(释文修订本)，文物出版社，2006 年，页 3。
[4]《居延新简集释》(二)，页 483。
[5] 邢义田《汉代〈苍颉〉、〈急就〉、八体和"史书"问题》，收入其著《治国安邦：法制、行政与军事》，中华书局，2011 年，页 614。

此外，除了在西北屯戌文书中有内容可以对应的竹简之外，这一地区书籍类的汉简亦有用竹简书写者。比如"《武威汉简》，《仪礼》甲本七篇，木简共 378 枚。……乙本，亦为《服传》一篇，木简 37 简。……丙本，是抄在竹简上的《丧服》经，计 34 简"[1]。在 2009 年公布的《天水放马滩秦简》中，有 461 枚竹简，包括《日书》和《志怪故事》[2]。

从上面的梳理中可以看出，虽然竹简在西北出土简牍中所占比重较低，但是，从内容上看还是有规律可循的。首先是部分编制于候官及以上单位的文书；其次是日书、历谱与计时类简，它们与本地住民的日常生活休戚相关；而《仪礼》作为汉代重要经典，从简牍制度角度，其规格要高于一般的简牍[3]。综上而言，西北汉简中书写于竹简之上的文书皆有特殊意义，其原因大约在于这一地区的竹简比较稀缺而愈显珍贵。

二、竹简的来源与使用

就西北边塞出土汉简的材质而言，大多就地取材，以本地生长的胡杨、红柳等为主。对于掺入其中的少量竹简的来源，说法不一。有学者认为是来自外地的输入。比如富谷至说：

[1] 郝树声、张德芳《悬泉汉简研究》，甘肃文化出版社，2009 年，页 356。

[2] 甘肃省文物考古研究所编《天水放马滩秦简》，中华书局，2009 年，页 121。

[3] 陈梦家从简牍长度角度指出，经书简长二尺四寸，要长于普通的简牍。参见陈梦家《汉简缀述》，中华书局，1980 年，页 293。

"诚然，边境一带出土的木简之中，也有编缀成册的简和书籍简。但那些木简都是不生长竹子的沙漠地带的书写材料，本来应该使用竹简，不得已才用柽柳等木材制成的木札代替，这属于特殊的例外的情况。"[1] 郑有国则采取了比较模糊的说法："竹质的简牍，在西北出土实物中比重很小，这与竹质怕干旱，容易腐蚀，不易保存有关，主要是与西北竹少有关。"[2] 王子今、孙家洲的研究成果中，对于西北地区出土的竹简是否为本地所生虽然尚无的证，但还是倾向于本地产竹的观点："河西竹简的取材，应当距离使用地点并不很远，也不能排除就在当地的可能。"[3] 我们认为第一种可能性比较大，试论之如下：

首先是数量较多的卒名籍。前面我们引用李天虹的观点认为，他们是由候官编制的名籍，从籍贯所在郡观察，他们分别来源于平干国、颍川郡、东郡、汝南郡、梁国、淮阳郡、南阳郡、河东郡、会稽郡、魏郡等地。会稽郡自不用说，其他诸郡亦在黄河流域，按照王子今考证的结果，汉代气候较今天更温暖，这些地区当时也是竹子的自然产地[4]。这些名籍很有可能就是在这些吏卒籍贯所在地编制完毕。这一点我们可以观察车父简：

■右第廿六车九人（竹简）　73EJT3：93[5]
■右第十一车十人（竹简）　73EJT3：94[6]

---

[1]［日］冨谷至《木简竹简述说的古代中国》，人民出版社，2007年，页62。
[2] 郑有国《中国简牍学综论》，华东师范大学出版社，1989年，页34。
[3]《河西地区汉代文物资料中有关"竹"的信息》，页304。
[4]《秦汉时期生态环境研究》，页228—232。
[5]《肩水金关汉简》（壹）下，页35。
[6]《肩水金关汉简》（壹）下，页35。

☑车父守　第廿一（竹简）　　EPT52：331[1]

■右第十一车十人　方伏地△右尉居延伏（竹简，"方"
字以下为后书）　EPT53：45[2]

按照李均明对车父简的研究，戍卒到边塞服役时，通常车父驾车，戍卒十人跟随。[3] 上述两支简，从格式与文意揣摩，应该是征发到边地的戍卒分组编排的总结简。其正文的格式：

淮阳郡费备成里上造☐肠年卅　第卅车☑（竹简）

73EJT21：468[4]

同车之人，到达边塞之后，便会根据需要，打散分配到各服役地点。因而这类名籍的编制地点是在征发郡，而候官仅仅是据此做了初步的分组和整理。所以这些竹简会散播在候官和关隘附近。从这些简牍的来源看，他们是由籍贯所在地输入的。

不过，照此结论，还有两支籍属于西北边地的骑士名籍简似乎与此矛盾：

日勒骑士富昌里☐贤（竹简）　73EJT2：13[5]

［1］《居延新简集释》（三），页687。

［2］《居延新简集释》（四），页298。

［3］李均明《车父简考辨》，甘肃省文物考古研究所、西北师范大学文学院历史系编《简牍学研究》（第二辑），甘肃人民出版社，1998年，页98—102。

［4］《肩水金关汉简》（贰）下，页43。

［5］《肩水金关汉简》（壹）下，页22。

日勒骑士延寿里张定□（竹简）　　73EJT1：78[1]

日勒归属张掖郡，骑士名籍不论在何处编制，皆为西北边地，如果西北边地无竹，这两枚简材从何而来呢？前揭王子今、孙家洲的文章提供了一条很重要的信息："据直接参与敦煌悬泉置汉代遗址发掘和出土简牍整理的甘肃省考古学者告知，该遗址出土的竹简130枚以上，特别值得注意的，是数见简文书写于'竹简削衣'的情形。"[2] 如果说这些竹简被刮削过，那么修治过的竹简是否就曾经用于这些原始名籍的编写呢？这种可能是存在的。汪桂海在考察边塞简牍的加工、供应时指出，候官经常安排部分士卒在邸阁加工制作简牍，"加工完毕的简牍随即存放其中，由候官统一管理，以备日常调拨之用"[3]。除此而外，书写阅阅簿的竹简似也可作如是观。事实上，这些修治过竹简的确也被利用过，有的就曾经被用作楬。如敦煌汉简中就存在过，这批简牍的整理者言："楬（签）……一类长约12厘米，宽约1厘米，竹制，在上或下端刻一齿，系麻绳，多为器物、食品楬使用。……序数楬，如T1：2号简，墨书'第八'，以废简制作，上端削尖，右侧刻一齿，下端微窄。"[4]

历谱、日书、字书等竹简，虽然数量较多，但这类简不是一次性使用的档案，而是在较长时段内反复使用，因而也有成

[1]《肩水金关汉简》（壹）下，页6。

[2]《河西地区汉代文物资料中有关"竹"的信息》，页304。

[3] 汪桂海《汉代官府简牍的加工、供应》，卜宪群、杨振红主编《简帛研究》（二〇〇九），广西师范大学出版社，2011年，页145。

[4] 吴礽骧、李永良、马建华释校《敦煌汉简释文》，甘肃人民出版社，1991年，页305、318。

卒从内地带来的可能。

其次，竹简在西北汉简中所占比例极低。比如敦煌地区出土汉简——《流沙坠简》著录简牍中，只有《苍颉》一简、《医方》十一简、马氏释文第三十二简为竹简[1]。马圈湾汉简地点共出1217 枚，大多为木简，竹简只有 16 枚[2]。另，李均明、何双全在所编《散见简牍合辑》书后附有《本书释文顺序号与原简对照表》，"备注"栏中标出简牍的材质，其中出土于西北地区的各批散简均无"竹简"记录。[3] 在《居延新简——甲渠候官与第四隧》中，公布了 8155 支简，标示出"竹简"的只有 20 支左右。《肩水金关汉简》（壹）、（贰）中，在 4651 支简中有 52 支竹简。甘肃永昌水泉子汉简，"木简全部为松木材质……经过初步整理，本批木简的内容大致可分为两部分，一为字书，二为日书"[4]。而对于已经鉴定出竹简的产地看，《武威汉简》中有此记述："至于出土竹简，鉴定者以为不似习见之毛竹或慈竹而与短穗竹或苦竹极相近似，后两种竹产于江浙，为小干或中等大小之竹类，可做钓竿、伞柄之用。……武威汉简竹木简尺度不一"[5]。我们不惮繁琐，列举出这些事例，是想说明竹子作为生长迅速的禾草类植物，如果出自本地，能够生产

[1] 甘肃省博物馆、中国科学院考古研究所编《武威汉简》，文物出版社，1964 年，页 55。

[2] 郝树声、张德芳《悬泉汉简研究》，甘肃文化出版社，2009 年，页 353。

[3] 李均明、何双全编《散见简牍合辑》，文物出版社，1990 年，页 134—152。

[4] 甘肃省文物考古研究所《甘肃永昌水泉子汉墓发掘简报》，《文物》2009 年第 10 期，页 61。

[5]《武威汉简》，页 55。

出来的竹制素简必然数量巨大，断不会只有这样寥寥几支。

在西北汉简中也有与竹相关的记述：

> 制诏纳言其虞官伐木取竹箭　始建国天凤二年十一月戊寅
> 下　95.5[1]

对于这条资料，从"制诏纳言"等用语看，当是一条诏书残册，是对全国各地情况总括而言，并非专指西北地区。这和悬泉出土的月令诏条题记性质类似，这一点王子今、孙家洲已经指出，此不赘言[2]。

在居延汉简中有一条资料：

> 　　　　　　　　其一人作长　右解除七人
> 　　　　　　　　　　定作十七人伐苐五百
> 　　　　　　　　　　［一十］
> 　　　　　　　三人养　率人伐卅
> 十一月丁巳卒廿四人
> 　　　　　　　一人病　与此五千五百廿束
> 　　　　　　　二人积苇
> 　　　　　　　　　　　　133.21[3]

陈直将"率""束"等字均释为"苛"，因而认为："《说文》

[1] 简牍整理小组编《居延汉简》（壹），"中央研究院"历史语言研究所，2014年，页270。
[2]《河西地区汉代文物资料中有关"竹"的信息》，页298。
[3] 简牍整理小组编《居延汉简》（贰），"中央研究院"历史语言研究所，2015年，页82。

苛，小草也，与本简伐苛谊不合，当为筥字之假借。《考工记》，妢胡之筍，谓伐取竹箭也。"[1] 后出的《居延汉简释文合校》则已改释，其意义也发生改变，故我们不从陈说。

《居延新简》中有："大竹一　车荐竹长者六枚反筍三枚车荐短竹三十枚（EPT40：16）。"[2] 这说明车构件是由竹制成的，但也无法证明是由本地所产之竹制成的。

以上我们从西北汉简中内容、简牍制度等角度讨论了该地区竹制简牍的内容特征，同时探讨了这些竹简的来源问题，认为这些竹简应该来源于内郡输入，而不是产自本地。我们之所以从简牍材质这些外缘角度观察简牍，目的是更细致地观察汉代西北边塞基层行政的具体实态，在简牍内容之外找寻更多的探索路径。

原载中共金塔县委、金塔县人民政府、酒泉市文物管理局、甘肃简牍博物馆、甘肃敦煌学学会编《金塔居延遗址与丝绸之路历史文化研究》，甘肃教育出版社，2014 年

---

[１] 陈直《居延汉简研究》，天津古籍出版社，1986 年，页 326。
[２]《居延新简集释》（二），页 285。

西北汉简中的"从者"与"私从者"

西北地区出土汉简中，记录了"从者"和"私从者"一类人。这在两汉典籍中也有记载，"从者"虽然出现较多，但多泛指随从人员。"私从者"的内容较少，很难看出更多的信息，也就没有引起研究者的关注。不过，西北边塞简牍中出现相关记录后，随即引起了学者们注意。陈直、薛英群、敦煌马圈湾汉简发掘者、杨芳、肖从礼、侯宗辉、李岩云等，依据不断增加的出土资料，均对这个问题做了分析。[1] 此外，简牍资料的注释与整理者对此也有相应的解释。[2] 因为这方面新

---

[1] 分别见陈直《论居延汉简八事》，《北京大学学报》1963 年第 4 期，页 61；陈直《汉书新证》，天津人民出版社，1979 年，页 276；薛英群《居延汉简通论》，甘肃教育出版社，1991 年，页 254；吴礽骧、李永良、马建华释校《敦煌汉简释文》，甘肃人民出版社，1991 年，页 349；杨芳《汉简所见河西边塞军屯人口来源考》，《中国边疆史地研究》2009 年第 1 期，页 57—66；肖从礼《楚汉简牍所见"中舍"考》，《丝绸之路》2011 年第 12 期，页 11—15；侯宗辉《汉代"私从"的身份与政府管理探论》，《五邑大学学报》2013 年第 4 期，页 54—58；侯宗耀《肩水金关汉简所见"从者"探析》，《敦煌研究》2014 年第 2 期，页 132—140；李岩云《敦煌汉简"从者"与"私从者"再议》，中共金塔县委、金塔县人民政府、酒泉市文物管理局、甘肃简牍博物馆、甘肃敦煌学学会编《金塔居延遗址与丝绸之路历史文化研究》，甘肃教育出版社，2014 年，页 322—327。

[2] 胡平生、张德芳编撰《敦煌悬泉汉简释粹》，上海古籍出版社，2001 年，页 131；李天虹《居延汉简簿籍分类研究》，科学出版社，2003 年，页 74。

材料还在不断增加，以及观察角度的差异，这一问题尚有进一步讨论的余地。本文试从"从者"与"私从者"的身份、职能及其形成因素几个方面做一探讨。

一、"从者"与"私从者"身份辨析

已有对"从者"与"私从者"的研究成果中，讨论重点是两者的身份。大致可以分为两个方面，一是其社会政治属性，纠结于他们是依附者、自由民抑或奴隶[1]；二是"从者"与"私从者"是否为实同而名异[2]。

为论述方便，我们先从第二点，即"私从者"与"从者"的异同入手分析。尽管"从者"与"私从者"在名称、职能方面或有相似之处，但从简文记载看，其分野也比较明显。从私从者出现的语境看，多和吏之家属联系在一起：

> 五凤三年三月丁丑朔癸卯士吏带敢言之候官谨移吏妻子私
> 从者四月禀名籍一编敢言之　998[3]

----

[1] 如薛英群认为私从是客，是雇佣关系；吴礽骧等认为是奴婢；杨芳认为是自由民；胡平生等认为是"出征时私募随从"；侯宗辉认为是征戍吏士私自雇佣，随吏而行。出处皆见前揭。

[2] 侯宗辉认为是一种身份的不同称呼，私表示他们与主人之间是一种私人关系；李岩云则认为，从者和私从者为两种身份，私从是依附关系，只有那些能够替主人办事分担，或有一技之长的人，才有可能被主人附于奴从者的身份后，才能成为从者。二者的区别是，私从者自愿的成分多一些，从者强迫的成分多一些。

[3] 张德芳《敦煌马圈湾汉简集释》，甘肃文化出版社，2013年，页626。

故居延尉丞王卿妻宣＝君＝子小女君至吏十四人私从者

73EJT1：12[1]

前一支简中，吏妻子与私从者编入同一个名籍，说明在政府眼中，他们身份相同，可以一并统计。后一支简则将家属姓名和私从者写在一起，这也佐证了其私有属性。

与私从者相关的官吏层级相对较低，比如：

书吏胡丰私从者□县宜都里胡骏年三十长泰尺二寸　280[2]

始建国二年泰月尽三年二月候舍私从者私属禀致　358[3]

大煎都候长王习私从者持牛车一两　三月戊申出东门

526[4]

橐候长李定昌私从者□□☑　73EJT24：896A[5]

以上能够确定的这几例私从者主人，身份分别为候、候长、书吏。特别是书吏，作为胥吏，国家不太可能给配备从者，他的私从者只能是其个人拥有的。

---

［1］甘肃简牍保护研究中心、甘肃省文物考古研究所、甘肃省博物馆、中国文化遗产研究院古文献研究室、中国社会科学院简帛研究中心编《肩水金关汉简》（壹）下，中西书局，2011 年，页2。

［2］《敦煌马圈湾汉简集释》，页 452。

［3］《敦煌马圈湾汉简集释》，页 472。

［4］《敦煌马圈湾汉简集释》，页 513。

［5］甘肃简牍博物馆、甘肃省文物考古研究所、甘肃省博物馆、中国文化遗产研究院古文献研究室、中国社会科学院简帛研究中心编《肩水金关汉简》（叁）下，中西书局，2014 年，页 24。

另外，简 280 很可能是一个过关证明。而"从者"也出现在同样格式中："从者京兆尹长安大原里贾相年十六岁长五尺黑色☐(73EJT9：94A)。"[1] 关传是一种验证过关人身份的证明文书，对书写准确性要求很高，不可能将二者随意混写。这也说明二者身份有别，私从者更强调他们与主人关系"私"的一面。

在敦煌汉简中，还有一组外塞吏子及相关所属人员过关的简，格式相同，兹举一例："☐外塞吏子私从者奴大男十五人(295)。"[2] 在"私从者奴大男"这个位置还有葆使女、葆婢伎女、私从者大男、奴小男等身份。对此，我们认为可以将私从者和后面的身份名词看成是从属关系，即奴婢或大男是用来修饰私从者。这几个名词可以这样理解：私从者是表示他们在塞外活动以备查验的身份，奴婢是表示他们的法律身份，汉代的文书中如果涉及奴婢身份通常都要加以注记。[3] 当然，这不意味着私从者的身份全部是奴婢，但至少说明他们和主人之间有隶属关系的一面。

我们将私从者和从者二者区别开来。再看从者的身份问题。如前所述，先前对从者身份的认定多从社会身份着眼，这固然可以深化对从者的认识。然而，"依附者""自由民"这些概念毕竟是研究者的主观定义，带有明显的现代印记。所以我们还是回到简牍文本进行解读。

首先，他们的身份是民。我们可以从两个方面证明：其一，在已经检索到的标示从者身份的简文中，没有一例提到其

[1]《肩水金关汉简》(壹)下，页 108。
[2]《敦煌马圈湾汉简集释》，页 457。
[3] 详见本书《西北汉简中的"葆"》。

具有"吏"的身份，特别是在过关致籍这类需要严格书写社会身份的文书中，如下列各简：

从者望垣万年里季利世　弓一矢十四〵　73EJT1：37[1]

从者居延安乐里大夫曹成年▨　73EJT5：27[2]

从者魏郡北里耶道年廿二　▨　73EJT9：88[3]

从者居延广地里史昌年十一　▨　73EJT10：263[4]

从者广郡里杨圣年廿三▨　73EJT10：265[5]

从者济阴都关乐里公乘行博德年卌长七尺三寸黑色　闰月丙辰入　鍭一　73EJT25：11[6]

从者酒泉禄福定武里杨宗　▨　73EJT25：106[7]

从者淮阳郡陈未里夏侯君公　〵剑一刀一　73EJT30：119[8]

从者左冯翊武城竟里公乘□▨　73EJT30：224[9]

简中在从者的位置上，也有戍卒、田卒、官吏等身份的人，如：

居延守左部游徼田房年卅五岁　轺车乘马二匹驳□齿五岁

- -

[1]《肩水金关汉简》（壹）下，页3。

[2]《肩水金关汉简》（壹）下，页54。

[3]《肩水金关汉简》（壹）下，页107。

[4]《肩水金关汉简》（壹）下，页147。

[5]《肩水金关汉简》（壹）下，页147。

[6]《肩水金关汉简》（叁）下，页31。

[7]《肩水金关汉简》（叁）下，页38。

[8]《肩水金关汉简》（叁）下，页113。

[9]《肩水金关汉简》（叁）下，页122。

高五尺三寸

73EJT3：115[1]

这也就是说，从者也是一种固定的身份。并且从书写格式上看，从者籍贯、爵位、年龄、体貌特征皆书，而私从者则否，也显示出二者身份有别。不过，从者作为一种附属社会身份，在过关审验时，有时是以从属身份与官员一起出现的。因为除了上述格式简牍外，还有下面这几条资料：

不围从者居延安故里周充国　剑一▨　73EJT22：32[2]

潢从者淮阳苦柳里庄寿　▨　73EJT26：136[3]

尊从者淮阳苦平曲里鲁▨　73EJT26：172[4]

安世从者始至里公大夫张延年=十五长六尺▨

73EJT30：185[5]

护从者敦煌对宛里韩宝年十八▨　1143[6]

单襦复襦各二领　单衣中

衣各二领　裘=绔

护从者敦煌对苑里韩宝年十八　　　　　　　　▨

----

[1]《肩水金关汉简》（壹）下，页37。

[2] 甘肃简牍保护研究中心、甘肃省文物考古研究所、甘肃省博物馆、中国文化遗产研究院古文献研究室、中国社会科学院简帛研究中心编《肩水金关汉简》（贰），中西书局，2012年，页48。

[3]《肩水金关汉简》（叁）下，页57。

[4]《肩水金关汉简》（叁）下，页59。

[5]《肩水金关汉简》（叁）下，页118。

[6]《敦煌马圈湾汉简集释》，页657。

韦绔布绔各二两　　絮巾布

　　巾各三　□□　1144[1]

□司马从者二人　　马一匹鞌勒鞭各一剑大刀各一弓棨丸□

　　　　　　　　　　　　　　　73EJT1：25[2]

肩水广地候长李胜之与金关　　从者绥弥县常利里胜延年

为出入符牛车二两符第百　　从者绥弥县敬老里苗强

　　　　　　　　　　　　　　　73EJT26：27[3]

上述顶格写的从者，和这类简不同。大概是因为其主人简的信
息单独书写，从者简和其编联在一起。

　　从者非吏身份下面两条材料也可以说明：

　　七月十一日庚申，主羌史李卿过，西，从吏一人，用米六

　　升，肉一斤。　　Ⅱ90DXT0115②：5[4]

　　从吏长寿　　从者一人　　轺车□□　　73EJT30：153A[5]

前一支简，明确提出"从吏"概念，那么说明从者与其不同。
与"吏"相对，从者的身份就是民。特别是第二支简中"从
吏"和"从者"同时书写，应该是相对的称谓。

　　其二，这些从者与私从者，他们是吏之从者。在邮置接收
到接待官吏过境文书中，有一类常见的格式，兹举一例：

[1]《敦煌马圈湾汉简集释》，页658。

[2]《肩水金关汉简》（壹）下，页3。

[3]《肩水金关汉简》（叁）下，页50。

[4] 郝树声、张德芳《悬泉汉简研究》，甘肃文化出版社，2009年，页166。

[5]《肩水金关汉简》（叁）下，页116。

五凤五年二月丁酉朔庚申，敦煌大守少、长史奉憙、库丞
捐之兼行丞事谓过所置，龙勒左尉张义为郡逐材酒泉郡
中，乘用马二匹，当舍传舍，从者如律令。卩　七月乙卯
一食，东　　V90DXT1222③：2[1]

"从者如律令"这样的辞例，是说"从者"皆为这些有公干官
员的"从者"。除了这种程式化公文明确表明从者皆从属于各
等官吏外，其他文书同样也将二者联系在一起：

⊠永始二年正月以来居延
　都尉夫人及吏=从者　　73EJT7：98A
⊠居延都尉夫人及
　吏=从者库吏奴婢名　　73EJT7：98B[2]
出麦七石八斗　以食吏=私从者二人六月尽八月　303.9[3]

前一支简大约是一系列人员名籍汇编后的签牌，特别强调
"吏从者"。后一条是廪给粮食的记录，同样也强调"私从者"
是"吏私从者"。先前的研究通常只强调"私从者"的身份，
而没有关注其主人身份，或者笼统的认为是"吏卒亲友随从
戍边者"[4]。不过，从目前已发现的简牍资料中可知，边塞
的私从皆为吏之私从，除了简303.9外，还有如下几例：

---

[1]《悬泉汉简研究》，页46。
[2]《肩水金关汉简》(壹)下，页84。
[3]简牍整理小组《居延汉简》(叁)，"中央研究院"历史语言研究所，
　　2016年，页251。
[4]《论居延汉简八事》，页61。

·高望部元始元年十月吏妻子从者奴私马稟致　545[1]

五凤三年三月丁丑朔癸卯士吏带敢言之候官谨移吏妻子私

从者四月稟名籍一编敢言之　998[2]

·元始三年七月玉门大煎都万世候长马阳所赍操妻子从者

奴婢出关致籍▢　795[3]

故居延尉丞王卿妻宣＝君＝子小女君至吏十四人私从者

73EJT1：12[4]

后面两例明确指出了私从者隶属者的具体情况，分别是都尉
丞、候长。

还有一个需要说明的问题，即在悬泉置出土的过关文书
中，有一部分记录西域各国使者或使团，其中也有从者：

甘露二年正月庚戌，敦煌大守千秋、库令贺兼行丞事，敢

告酒泉大▢

罢军候丞赵千秋上书：送康居王使者二人、贵人十人、从

者▢

九匹、驴卅一匹、橐他廿五匹、牛一。戊申入玉门关。已

阁▢　▢　Ⅱ90DXT0213③：6[5]

这是支残简，我们无法从中判断这些从者是西域诸国使者的从

---

[1]《敦煌马圈湾汉简集释》，页517。

[2]《敦煌马圈湾汉简集释》，页626。

[3]《敦煌马圈湾汉简集释》，页583。

[4]《肩水金关汉简》（壹）下，页2。

[5]《悬泉汉简研究》，页195。

者还是汉朝护送官吏的从者。但从下面这条材料看，当是后者：

> ☐校尉丞义，使送大月氏诸国客。从者一人，凡二人，人
> 一食，食三升。东。　　V92DXT1311③：129[1]

简的后面统计"凡二人"，当指某校尉丞义和从者，这个从者
协助"校尉丞义"送大月氏诸国客，他是校尉丞这一官员的
从者，而不是大月氏诸国客的使者。

二、"从者"与"私从者"的职能

西北汉简中，"从者"出现最多的语境就是过关或在邮置
停留的记录。通常的格式为：时间+派遣者+被派遣吏员+出差
事由+"从者如律令"（或"载从者若干人"）。我们从这几个
项目入手，列制表格，分析出现在边塞从者的职能：

边塞从者表

时间	派遣者	主人身份	事由	从者待遇	编号
初元二年（前49）四月庚寅朔乙未	敦煌太守千秋、长史奉憙、守部候修仁行丞事	司马丞君	案事郡中	从者如律令	Ⅱ0213②：136
甘露二年（前54）十一月丙戌	富平侯臣延寿、光禄勋臣显	穿治渠军☐侯丞☐、万年、☐光、王充	诣校尉作所	载从者各一人	Ⅱ90DXT0214③：73

[1]《悬泉汉简研究》，页205。

时间	派遣者	主人身份	事由	从者待遇	编号
甘露四年（前50）六月辛丑	御史大夫万年	郎中马仓	使护敦煌郡塞外漕作仓穿渠	载从者一人	Ⅱ90DXT0115④：34
甘露五年（前49）正月甲辰朔丙寅	张掖大守福、守部千人▢强行丞事			从者如律令	V92DXT1412③：97
甘露五年（前49）正月甲辰朔甲子	张掖大守福、守部千人武强行丞事	日勒守尉业拓	送诏狱囚敦煌郡	从者如律令	V92DXT1411②：19
河平元年（前28）八月戊辰朔壬午	敦煌太守贤、丞信德	广至司空啬夫尹猛	收流民东海、泰山	从者如律令	Ⅱ0315②：36A
建平四年（前3）五月壬子	御史中丞臣宪、承制诏侍御史	敦煌玉门都尉忠	之官	载从者	Ⅰ0112②：18
建始二年（前31）三月戊子朔乙巳	塦池长延寿	传舍佐普就	为诏送徒民敦煌郡	从者如律令	Ⅰ0210①：63
五凤四年（前54）八月己亥朔己亥	居延令弘、丞江	行左尉事亭长安世	逐命张掖酒泉敦煌武威金城郡	从者如律令	73EJT9：104
五凤四年（前54）十二月丁酉朔甲子	居延令弘	第一亭长护众	逐命张掖酒泉敦煌武威金城郡中	如律令	73EJT31：66
五凤五年（前53）二月丁酉朔庚申	敦煌大守少、长史奉意、库丞捐之兼行丞事	龙勒左尉张义	为郡逐材酒泉郡中	从者如律令	V90DXT1222③：2

时间	派遣者	主人身份	事由	从者待遇	编号
阳朔五年（前20）正月乙酉朔庚戌	犁阳丞临	厨佐闰昌	为郡送遣戍卒张掖居延	从者如律令	73EJT6：23A
阳朔五年（前20）三月甲申朔乙亥	句阳长立		为国迎四年罢戍卒	从者如律令	73EJT7：23
永始二年（前15）三月丙戌朔庚寅	泫湣长崇、守丞延	□佐王武	逐杀人贼朱顺敦煌郡中	从者如律令	Ⅰ0110①：5
永始四年（前13）九月甲子		守部候李音	以诏书请太医	载从者	Ⅱ90DXT0111①：51
永始四年（前13）九月辛丑朔戊辰	平阴阴虞侯守丞㜻、行丞事	丞庆辅	为郡输钱敦煌	从者如律令	ⅠT0114①：1
元凤三年（前78）十月戊子朔戊子	酒泉库令安国以近次兼行大守事、丞步迁		从事金城张掖酒泉敦煌郡	从者如律令	303.12A
元康三年（前63）四月戊寅	前将军臣增后将……臣舜、长罗侯臣惠	军司马熹与校尉马襃		载从者一人	Ⅱ90DXT0213③：5
元始二年（2）二月己亥	少傅左将军臣丰、右将军臣建	候旦	受送乌孙归义侯侍子	别驾载从者二人	Ⅰ0116：S14
			用张掖酒泉郡中	从者如律令	73EJT23：276
	敦煌太守快	守属充国	送牢羌、□□羌侯人十二	从者如律令	Ⅰ0210③：6

首先，从文书发出机构看，能够派遣使者到边塞机构，是中央、郡、县三级地方行政机构。这大概是因为他们控制着各种名籍，负责政府的人事有关。其次，到边地执行任务的吏员多为属吏和佐官，只有敦煌玉门都尉忠一个特例，但从事由看是赴任而非执行公务。其实由属吏出差执行公务是汉代行政的一个常态。尹湾汉简的墓主师饶作为郡吏，从墓中出土的《元延二年日记》看，其工作之一就是在郡内外出差旅行。再次，这些官员任务为逐捕盗贼、迎送西域使者和戍卒等，而这些工作不可能由官吏一个人来完成，故需要配置从者，这也需要行政机构的批准。也就是说，从者的职责是辅助这些佐官、属吏完成逐捕、迎送这些长途差旅公务。还要注意一点，这些属吏中有厨佐、传舍佐等最底层吏员，显然为他们配置的从者只能是平民。

在这类简的结尾处，描述从者的待遇有两种辞例：一是"（别驾）载从者若干人"，一是"从者如律令"。他们出现的规律是：前者文书皆为中央发出，并且有"承制诏（侍）御史"字样，也就是说以皇帝名义派遣的任务，会特别强调从者的车乘待遇。而其他的从者，则"如律令"，依照相关法律规定执行。这也隐含着国家对官员从者的待遇，主要是食宿方面，由国家负责部分的规定毋须多说，意味着这类规定相关机构已经熟知，是国家日常行政的组成部分。虽然我们在西北汉简中还未发现从者待遇具体规定的简文，但是在张家山汉简《传食律》中却有相应的规定：

> 丞相、御史及诸二千石官使人，若遣吏、新为官及属尉、佐以上征若迁徙者，及军吏、县道有尤急言变事，皆得为传食。车大夫粺米半斗，参食，从者粝米，皆给草具。

车大夫酱四分升一，盐及从者人各廿二分升一。食马如律，禾之比乘传者马。使者非有事，其县道界中也，皆毋过再食。其有事焉，留过十日者，禀米令自炊。以诏使及乘置传，不用此律。县各署食尽日，前县以谁（推）续食。食从者，二千石毋过十人，千石到六百石毋过五人，五百石以下到二百石毋过二人，二百石以下一人。使非吏，食从者，卿以上比千石，五大夫以下到官大夫比五百石，大夫以下比二百石；吏皆经实从者食之。诸吏乘车以上及宦皇帝者，归休若罢官而有官者，县舍食人，马如令。[1]

这批材料虽然反映的是汉初情形，不清楚其中数字在西北汉简所属时代和地域是否还适用。但它提示我们，"从者如律令"至少包含从者食宿待遇和不同等级官员可以享受从者配额两方面内容。这些官员从者的待遇，除了在出差途中随主人享用国家邮驿资源外，还可以得到国家的口粮供给。一方面在差旅途中，由邮驿沿途提供食宿，比如：

☐校尉丞义，使送大月氏诸国客。从者一人，凡二人，人一食，食三升。东。　　V92DXT1311③：129[2]

出粟二斗四升，以食骊靬佐单门安，将转从者一人，凡二人，人往来四食，食三升。　　V92DXT1311③：226[3]

---

[1] 张家山二四七号汉墓竹简整理小组编《张家山汉墓竹简〔二四七号墓〕》（释文修订本），文物出版社，2006年，页40。
[2] 《悬泉汉简研究》，页205。
[3] 《悬泉汉简研究》，页182。

另一方面在边塞屯驻的从者，也可以按月领取口粮，和戍卒等类似：

> 从者大男经·元年　七月食麦二石七斗　326[1]
> 贺从者大男宋望　六月食麦二石六斗一升　321[2]

这种格式的简，和西北汉简中习见的廪食名籍领取部分相类，并且在数量上也很接近，因而这大约就是从者的月度口粮数。在同批简牍中，还有数量更多、格式近似的吏卒及家属廪食记录，也是旁证之一。

这些为政府服务的从者，因为已经接受了政府的食宿供应，依常理推测，官吏不能让从者为自己私事服务。在西北汉简屯戍文书中有官吏私使戍卒而受到处分的例子：

> 元寿二年十二月庚寅朔戊申张掖居延都尉博库守丞贤兼行
> 丞事谓甲渠鄣候言候长杨褒私使卒并积
> 一日卖羊部吏故贵册五不日迹一日以上隧长张谭毋状请斥
> 免有书案褒私使卒并积一日隧长张　EPT59：548A[3]

候长杨褒被斥免是因为"私使卒并积一日"，即私自动用戍卒一天，就被免职。同样，还有两条汉初官吏私自使用刑徒而受到处分的例子。张家山汉墓竹简《奏谳书》：

----

[1]《敦煌马圈湾汉简集释》，页465。
[2]《敦煌马圈湾汉简集释》，页464。
[3] 肖从礼《居延新简集释》（五），甘肃文化出版社，2016年，页385。

··蜀守澈(谳)：佐启、主徒令史冰私使城旦环为家作，告启，启诈(诈)簿曰治官府，疑罪。廷报：启为伪书也。

··蜀守澈(谳)：采铁长山私使城旦田、舂女为蘁(馐)，令内作，解书廷，佐愦等诈簿为徒养，疑罪。廷报：愦为伪书也。[1]

从者、戍卒、刑徒，其共同特点是国家供给其日常生活支出，他们则为国家贡献役力。在此角度讲，其役力也是国家资源的一部分，因而私自使用他们的劳动自然会受到处罚。

如前所言，私从者的"私"是从其与官吏的私人隶属关系角度而言。从另一个角度说，私从者可能是官吏能够合法役使的人口。青海上孙家寨汉简是关于军队组织、军事赏罚的材料，其中有两支简提到"私卒"：

私卒仆养数廿八　从马数使私卒卅六　车□　251
将长及死不出营营私卒将吏皆耐为鬼新其　291[2]

白建钢认为前者是专为将吏服务的给养勤杂兵，后者是大将身边的卫兵。[3] 也就是说，这些私卒是负责将吏的个人生活和保卫工作的。与此相比况，西北边地汉简中的私从者，其工作大约也是围绕官吏个人展开的。

---

[1]《张家山汉墓竹简〔二四七号墓〕》(释文修订本)，页96。

[2] 李均明、何双全编《散见简牍合辑》，文物出版社，1990年，页31、33。

[3] 白建钢《青海木简与汉代军队》，《文博》1986年第1期，页43。

三、边塞从者存在的原因

从上面讨论可知，西北汉简中的从者是协助官吏从事公务活动的群体。从主人身份的角度可分为包括边地和内地官吏两种。为什么在国家日常行政活动中需要这么多起辅助作用的从者呢？这可以从两方面考虑：

一是有正式编制的官吏数量不足。据《汉书·百官公卿表》的记载，"吏员自佐史至丞相，十二万二百八十五人"[1]，而据《汉书·地理志》提供的数字，"民户千二百二十三万三千六十二，口五千九百五十九万四千九百七十八"[2]，官民比例为千分之二。汉代作为农业社会，国家对社会控制的成本相对较低。但是面对不断变化的社会，琐碎事务日渐繁多，这些数量不大的官僚队伍就不敷所用。所以侯旭东从吴简当中出现数量众多的"给吏"入手，上溯到汉代，发现在两汉时代也长期存在着"给事吏"，是由官、民为官府工作的一种方式，即临时脱离本职、本机构到其他机构承担某种工作。给事吏出现的根本原因，就是长期存在的官吏编制有限与事务膨胀间的矛盾。[3] 从出土文献看，西汉后期尹湾汉简中的吏员簿中也有例证，《东海郡属吏设置簿》有："☒人·今掾史见九十三人其廿五人员十五（？）人君卿门下十三人以故事置廿九人请治所

---

［1］《汉书》卷一九上《百官公卿表》，中华书局，1962年，页743。

［2］《汉书》卷二八下《地理志》，页1640。

［3］侯旭东《长沙走马楼吴简所见给吏与吏子弟》，《中国史研究》2011年第3期，页19—43。

置吏嬴员廿一人。"廖伯源对此的解释是："掾史见九十三人。"意谓见在之属吏共 93 人。"其廿五人员"谓其中 25 人为占编制内之员额者，25 即属吏定员数。定员 25 人，实际用 93 人，属吏之实际人数远远超过定员数。[1] 随着新资料的逐渐公布，我们可以看到秦代也存在着同样的情况。在里耶秦简和睡虎地秦简中，有大量的"冗佐"，大约和这些给事吏之间有着关联。[2] 这是从整个秦汉政府运转角度观察到的现象。

具体到基层胥吏，他们在执行公务时也同样面临这个问题，有的工作无法由一人完成。比如著名的《王杖十简》中提到一条案例："河平元年汝南西陵县昌里先年七十受王杖颍部游徼吴赏使从者殴击先……。"[3] 我们暂不论案例中当事人的过错与否，其中"颍部游徼吴赏，使从者殴击先"一句，可以看出这样的问题：按照汉代的官制，游徼是民政系统中最底层的乡吏，他不配置属吏，却有从者，这或许可以推断，游徼在日常行政中需要这些从者的帮助。岳麓书院藏秦简《为狱等状四种》中第一个案例讲数人冒领购赏，开头是："校长癸、求盗上造柳、士五（伍）轿、沃诣男子治等八人、女子二人，告群盗盗杀人。"[4] 校长和求盗是负责治安的官吏，但无其他佐吏，所以士五轿、沃则是帮忙者，相当于"从者"。因为

---

[1] 廖伯源《汉代郡县属吏制度补考》，收入其著《简牍与制度》，广西师范大学出版社，2005 年，页 50。

[2] 沈刚《〈里耶秦简［壹］〉中的冗吏》，《湖南博物馆馆刊》（第九辑），岳麓书社，2013 年，页 149—153。

[3] 《散见简牍合辑》，页 3。

[4] 朱汉民、陈松长《岳麓书院藏秦简》（叁），上海辞书出版社，2013 年，页 95。

追捕十个盗贼的工作不是求盗和校长两个人所能完成的，所以在正式职官外还要假求其他人。

二是除了考虑事务增加的这一面，还要注意到类似人员的减少。舍人就是其中之一。据廖基添的考察，战国至汉初官僚贵族的私人宾客被称为"舍人"，他们协助主人处理家务，有时也会参与到行政事务中。西汉中期以后，随着朝廷打击游士宾客，这些舍人逐渐消失。战国秦汉私人舍人大量补任郎官，成为一种新的侍从官，即太子舍人。[1] 舍人渐渐进入到职官体系中，但他们先前所承担的杂事庶务却并没消失，这自然就转嫁给新一批人，从者的出现，也应与此相关。

秦简行政和法律文书中，提到吏仆、养这样一个群体，即负责驾车、炊事工作。如：

卅一年后九月庚辰朔甲□……却之：诸徒隶当为 I 吏仆养者皆属仓……仓及卒长彭所 II 署仓，非弗智（知）殹，盖……可（何）故不腾书？近所官 III 亘（恒）日上真书。状何……□□□□□□□☑ IV 8-130+8-190+18-93
后九月甲申旦食时……尚手

8-130 背+8-190 背+18-93 背[2]

他们的身份多为刑徒，偶尔由戍卒充任。[3] 在汉代，刑徒

[1] 廖基添《论汉唐间"舍人"的公职化——"编任资格"视角下的考察》，《中国史研究》2012 年第 3 期，页 95—111。

[2] 陈伟主编《里耶秦简牍校释》（第一卷），武汉大学出版社，2012 年，页 68。

[3] 沈刚《秦简中的"吏仆"与"吏养"》，《人文杂志》2016 年第 1 期，页 73—77。

的数量已经大为减少和使用范围已经大为缩小，因而在秦代由他们所承担的与行政相关的仆、养等庶务，自然也会部分地转移到从者或私从者头上。

如果把汉朝官僚机构的运转看成是一部正常工作的机器，那么佐史至丞相等国家官吏就是各司其职的部件，"从者"和"私从者"这类编制外的辅助人员则是维持这部机器正常运转的润滑油。传统文献提供了这部机器的轮廓和工作原理；简牍中琐碎和细致的记述却无意间呈现出这部机器动态运转的细节。

原载杜常顺、杨振红主编《汉晋时期国家与社会论集》，广西师范大学出版社，2016 年

西北汉简所见骑士简二题

汉代兵种分为材官、骑士、楼船、轻车等四种。在西北汉简中，骑士作为特殊的专业兵种，有特殊描述，我们姑且把和骑士相关的简牍称为骑士简。关于这一点，早先劳幹、陈直将其和传世文献中的相关记载结合起来考察。[1] 后来鲁惟一和大庭脩又从文书学角度，对居延旧简中的骑士简册进行了讨论，提高了散见骑士简的使用效率，得出了一些新的认识。[2] 徐元邦、曹延尊也结合文献，对当时所能得到的居延汉简中的骑士信息进行了研究。[3] 此外，在秦汉军制研究的论著中，也涉及这些资料。这些成果为进一步研究汉简中的骑士问题奠定了基础。

后来公布的《肩水金关汉简》中也有骑士简的资料，我们将其和先前已经公布的，包括居延新简和敦煌汉简在内的西北汉

[1] 详见劳幹《汉代兵制及汉简中的兵制》，《"中央研究院"历史语言研究所集刊》(第十本)，页23—34；陈直《居延汉简研究》，天津古籍出版社，1986年，页19、438。

[2] [英]鲁惟一著，于振波、车今花译《汉代行政记录》，广西师范大学出版社，2005年，页301—308；[日]大庭脩著，徐世虹译《地湾出土的骑士简册》，收入其著《汉简研究》，广西师范大学出版社，2001年，页70—90。

[3] 徐元邦、曹延尊《居延汉简中所见的骑士》，《中国考古学研究》编委会编《中国考古学研究——夏鼐考古五十年纪念论文集》，文物出版社，1988年，页235—243。

简中的骑士简联系起来，重新检讨这些材料，做进一步申说。

一、关于骑士简册的探讨

在居延旧简中有一组简，其格式相同，为县名+骑士+里名+姓名。鲁惟一首先按照这些骑士的籍贯将他们集成出来，大庭脩在此基础上，做了补充和修正。他考虑到了以前一个编号为基础，分成编号 560 一组，和编号 564（含 562、387）一组，重新进行了排列。通过对重新整理过的简册进行分析，大庭脩倾向认为骑士是按照军队组织进行编组的，并对相关问题进行了探索，这些结论都是本文做进一步讨论的前提。[1] 在这些结论之外，这个简册尚有讨论的余地。比如，这些简册在何处编制？在大庭脩的结论中，将没有标注县名的骑士简认定为居延县之骑士简，那么省称县名可能暗示着这些简册是在居延地区编制的。汉简中命名为居延的机构有居延县和居延都尉府，居延县和觻得、昭武、氐池、日勒、显美、番和等县同级，性质相同。而张掖郡治在觻得，将所有张掖郡的骑士名籍交由居延县来编制显然不合常理，那么只剩下由居延都尉府编制的可能。作为军政机构的居延都尉府和作为民政机构的居延县之间的确切关系，现在还不十分明了。徐乐尧从边塞司法制度、奉廪制度、边吏任免制度等几个角度考虑，认为西北地区政权也管理军队事宜。[2] 因而居延都尉府在编制骑士简册

----

[1]《地湾出土的骑士简册》，页 70—90。

[2] 徐乐尧《汉简所见边郡军事与民政系统的职权关系》，李学勤主编《简帛研究》（第一辑），法律出版社，1993 年，页 173—176。

时，省略掉居延籍骑士的籍贯就不显突兀。《肩水金关汉简》（壹）中，有一批与上述格式相同的骑士简：

觻得骑士万年里李喜　73EJT1：10[1]

觻得骑士道德里阮汉☑　73EJT1：33[2]

觻得骑士安定里☑　73EJT1：44[3]

觻得骑士市阳里☐☑　73EJT1：62[4]

日勒骑士延寿里张定☑（竹简）　73EJT1：78[5]

日勒骑士☐德里鲁客☑　73EJT1：240[6]

日勒骑士便护里王通贤今☑　73EJT1：301[7]

日勒骑士富昌里☐贤（竹简）　73EJT2：13[8]

☑屋兰骑士灭胡里苏乙☑　73EJT4：9[9]

昭武骑士☐　☑　73EJT8：101[10]

觻得骑士始乐里下邑☑　73EJT10：352[11]

[1] 甘肃简牍保护研究中心、甘肃省文物考古研究所、甘肃省博物馆、中国文化遗产研究院古文献研究室、中国社会科学院简帛研究中心编《肩水金关汉简》（壹）下，中西书局，2011 年，页 2。
[2]《肩水金关汉简》（壹）下，页 3。
[3]《肩水金关汉简》（壹）下，页 4。
[4]《肩水金关汉简》（壹）下，页 5。
[5]《肩水金关汉简》（壹）下，页 6。
[6]《肩水金关汉简》（壹）下，页 16。
[7]《肩水金关汉简》（壹）下，页 19。
[8]《肩水金关汉简》（壹）下，页 22。
[9]《肩水金关汉简》（壹）下，页 38。
[10]《肩水金关汉简》（壹）下，页 99。
[11]《肩水金关汉简》（壹）下，页 153。

因为肩水金关汉简考古信息尚未公布，探方间的相互关系还不清楚，并且从字迹看，这些简也并不完全一样，因而很难肯定它们同属于一个简册。但是，简73EJT1：62、73EJT2：13却值得我们注意：整理者在其后均标注了竹简字样，说明其材质特殊。西北汉简中标注竹简材质，这在《居延新简》中已经出现，《肩水金关汉简》中也有多种，不过从数量看，在同批次简牍中所占比例很低。[1] 王子今、孙家洲曾考察了汉代西北地区关于竹子的信息，但也不能完全肯定西北汉简中的竹简是由本地所产竹子书写的。[2] 因此我们推测这两支骑士竹简也是由外地输入的竹简，作废后经过削刮重新书写。[3] 从同一地点出土的竹简内容看，除了这两支骑士简外，多为关东地区的戍卒名籍，其格式为：戍（田）卒+郡县里+爵位+姓名+年龄。这当是关于戍卒最原始的资料，在分到具体烽燧执勤之前，这些戍卒名籍资料应掌握在级别较高的机构手中，最有可能的就是都尉府。[4] 骑士简有竹制材料，说明二者应为同一机构编制，这样才能说得通。再由这两支竹简建立起联系，认为这种格式的骑士简册在都尉府编制或能成立。

----

[1] 敦煌汉简中虽然没有标注竹简材质，但据郝树声、张德芳说："（马圈湾汉简）共出1217枚，大多为木简，竹简只有16枚。"参见郝树声、张德芳《悬泉汉简研究》，甘肃文化出版社，2009年，页353。

[2] 王子今、孙家洲《河西地区汉代文物资料中有关"竹"的信息》，孙家洲主编《额济纳汉简释文校本》，文物出版社，2007年，页297—305。

[3] 详见本书《西北地区出土竹简问题》一文。

[4] 李天虹认为这种格式的戍卒名籍是刚刚到达候官，尚未分配到各隧去的新卒。参见李天虹《居延汉简簿籍分类研究》，科学出版社，2003年，页10。

另外，在居延新简中，还有这样一支简：

☑□□□官玉门塞外海廉渠尽五月以☑
☑九月都试骑士驰射最率人得五算半算□☑
☑四月　EPT52：783[1]

按照汉代制度，九月都试是由都尉主持的军事训练，而得负若干算在汉简中是记录烽燧官吏业绩的术语，这表明骑士由都尉系统管辖，其编制也由都尉府负责。

那么，记载骑士籍贯的意义是什么？其一和北边骑士这种特殊的身份有关，我们在后面详谈。其二，讨论这种格式骑士简册的目的，就不能不注意到另一种格式的骑士简，即军队编制名+骑士+里名+姓名，具体实例有：

右前骑士关都里☑
右前骑士关都里王☑
右前骑士白石里孟贺　　左前☑
中营右骑士千秋里龙昌　　左前骑士□☑
中营右骑士累山里亓褒　　左前☑　73EJT3：7[2]
左前骑士肩水里盖写☑　2000ES9SF4：31[3]
右前骑士鞮汗里杨政　EPT27：19[4]

---

［1］李迎春《居延新简集释》（三），甘肃文化出版社，2016年，页784。
［2］《肩水金关汉简》（壹）下，页29。
［3］孙家洲《额济纳汉简释文校本》，文物出版社，2007年，页90。
［4］孙占宇《居延新简集释》（一），甘肃文化出版社，2016年，页504。

中营右骑士三十井里阎赏☑　EPT59：237[1]

中营左骑士鉼庭里苏海　第廿八　EPF22：653[2]

右前骑士平里张戎□□、今为☑　EPW43[3]

右前骑士全稽里李□　EPT14：13[4]

☑□□尉中营左骑士☑　EPT5：201[5]

中营左骑士利上里马奉亲　马一匹駹牡左剽齿四岁高五尺
八寸　袁中｜　EPT51：12[6]

这种格式，虽然能够表明他们的编制情况，但只有里名，
其身份信息并不完整，只能表明他们是一种具有特定用途
的名籍。若要了解骑士的详细信息，还要和前一种格式骑
士简册配合使用。之所以如此，我们可以做这样的推测：
从居延汉简记载看，骑士作为特殊部队，在固定的烽燧中
并没有配置。因而在军队组织中，他们需要重新集中进行
编组，编入军队序列中。但第二种格式只有里名而没有县
名，里作为最基层的行政组织，很难成为辨识个人身份的
单位，因而如果需要，前一种格式具备作为后一种格式备
查底案的功能。

　　在鲁惟一和大庭脩复原的骑士简册中这样两支简：

［1］肖从礼《居延新简集释》（五），甘肃文化出版社，2016 年，页 312。
［2］张德芳《居延新简集释》（七），甘肃文化出版社，2016 年，页 566。
［3］《居延新简集释》（七），页 628。
［4］《居延新简集释》（一），页 457。
［5］《居延新简集释》（一），页 348。
［6］《居延新简集释》（三），页 402。

昭武骑士益广里王强　　〕　属千人霸五百偃士吏寿

560. 13[1]

觻得骑士敬老里成功彭祖　属左部司马宣后曲千人尊

564. 6[2]

千人、五百、左部司马、后曲千人，据大庭脩的研究，皆为军队各级组织中的官吏，这样就把两种格式的骑士简联系了起来。

我们再从这种格式骑士出现的场合观察，见下列各简：

常罗侯仓头李渠子，当责效谷千人丞许得之、骑士乐成里杜延年、安处里赵中君、昌里杜中对钱八千。

Ⅱ0214③：5[3]

居延骑士广都里李宗坐杀客子杨充元凤四年正月丁酉亡☐

88. 5[4]

第廿三候长赵倗责居延骑士常池马钱九千五百移居延收责重·一事一封十一月壬申令史同奏封　35. 4[5]

[1] 简牍整理小组编《居延汉简》(肆)，"中央研究院"历史语言研究所，2017年，页227。

[2]《居延汉简》(肆)，页238。

[3] 胡平生、张德芳编撰《敦煌悬泉汉简释粹》，上海古籍出版社，2001年，页140。

[4] 简牍整理小组编《居延汉简》(壹)，"中央研究院"历史语言研究所，2014年，页257。

[5]《居延汉简》(壹)，页109。

上述三支简中，简35.4是一件关于经济纠纷的文书，简Ⅱ0214③：5与此相似，骑士乐成里县名承前省略，为效谷骑士。简88.5是一份刑事案件文书。也就是说，以县名开头格式的骑士简，均见诸法律文书。从居延简其他法律文书情况看，其中出现的人物在前面加上籍贯等信息，起到确认身份的作用。也就是说，在非军事职责的场合它还用于规定身份。

二、骑士的职责与地位

作为汉代重要兵种之一的骑士，在对北方部族的战争中担负着重要职责，因而汉简中出现的籍属于边郡各县的骑士，有学者认为他们就是这些野战部队的成员："居延防御线上，张掖太守所辖之军队略分为两大类，一类属烽燧系统常驻示警、通讯、瞭望、候守部队；另一类似属野战机动部队，其编制分左、中、右三军建制，源于西周军制，故居延有左前、左后、右前、右后等骑士番号，显然，这类骑士属野战系统，非烽燧系列。"[1]

不过，陈直在研究这些骑士简时曾指出，这些边地骑士和普通骑士有所区别："在西汉，骑士有两种性质，赵充国与新畤侯赵第，出身于边郡之骑士也。《郦食其传》之乡人为沛公骑士，《灌婴传》之重泉人李必骆甲故秦骑士，此军中一般之骑士也。居延简骑士籍贯属于张掖郡者有昭武、觻得、氐池、日勒、显美、番和、居延等县。属于武威郡者，有鸾鸟县。属

---

[1] 甘肃省文物考古研究所编，薛英群、何双全、李永良注《居延新简释粹》，兰州大学出版社，1988年，页95。

于酒泉郡者，有乐涫县。就地取材，便于征调。"[1] 但大约限于材料，对于边郡骑士和普通骑士的区别在何处，陈直并没有作进一步论说。从后出的西北汉简看，这种说法是有道理的。也就是说，与以野战为目标的普通骑士不同，这些边地骑士虽然是机动部队，但不执行大规模作战任务，只是执行特殊勤务。试论之如下：

首先，我们在前面从格式和内容的角度论证了这些骑士是配属于都尉府系统，即都尉府—候官—部—隧这一系列。这一体系的重要职责是瞭望守候，侧重防御功能，这一职能决定了在烽燧体系下不可能囤积用于大规模野战的骑兵部队。除了传世文献中记载对北方部族大量使用的骑兵外，在西北汉简中，也有记载了不同于骑士简册中所载身份的骑士：

☑所将胡骑秦骑名籍　☑　　73EJT1：158[2]
☑马千属国骑千五百留
苣=火即举毋出塞☑☑　73EJT7：93[3]
入胡骑车粟八十三石八斗☑　EPT52：12[4]
　☑　　宣曲胡骑苏大巳坐贼杀☑　73EJT1：176[5]
元凤五年尽本始年九月以来秦☑
骑属国胡骑兵马名籍　512.35AB[6]

-----

[1]《居延汉简研究》，页438。
[2]《肩水金关汉简》（壹）下，页11。
[3]《肩水金关汉简》（壹）下，页84。
[4]《居延新简集释》（三），页597。
[5]《肩水金关汉简》（壹）下，页12。
[6]《居延汉简》（肆），页178。

简 73EJT1：158 中，所谓胡骑，是少数民族的骑兵殆无疑义；秦骑，邢义田认为他们是胡化的汉人[1]。如果我们不以血统论，而以风俗论，他们自然也会成为国家征发用于战争的对象，和胡骑的差别并不大，故二者可以放在一类名籍中进行统计。简 73EJT7：93 中出现了属国骑，属国是安置投降的少数民族的机构，属国骑大约也是从属国少数民族中征召的骑兵。从简 512.35AB 看，胡骑就是属国骑，说明这些少数民族骑兵的数量相当可观，并且他们就是边地的常驻骑兵，和都尉系统的骑兵性质不同，这样规模的骑兵部队能真正从事野战。简 73EJT 1：176 的情况就更为特殊，所谓宣曲胡骑，按照《续汉志》补注引《汉官典职仪式选用》："长水校尉，主长水、宣曲胡骑。"[2] 即为中央所属的骑兵。这些情况反映出地处北部边地的居延地区，为了应对特殊的军事形势，配备了大量的骑兵，简文中出现的骑士，在身份、来源、职能等方面呈现出复杂的形态。

其次，这些籍属于边地的骑士身份特殊，他们应该就是文献中所说的"北边骑士"，这一点陈直早已指出：

> 故《汉书·食货志》云："非吏比者三老、北边骑士，轺车一算，商贾轺车二算。"颜师古注谓三老骑士，可以免收，此说明骑士不等于吏，独可以免于算收家訾，其身份高于一般戍卒可知[3]。

[1] 邢义田《"秦胡"小议——读新出居延汉简札记》，收入其著《地不爱宝——汉代的简牍》，中华书局，2011 年，页 60。
[2] 孙星衍等辑，周天游点校《汉官六种》，中华书局，1990 年，页 207。
[3] 《居延汉简研究》，页 19。

从《食货志》的行文看，三老、北边骑士是同一类人。学界关于三老的研究成果丰富，但结果莫衷一是，然而有一点不可否认，即三老的社会地位比普通编户相对要高，那么同样，北边骑士的地位也就要高一些。也如陈直所言，他们的地位要高于普通戍卒。社会地位较高的乡三老员额较少，同样这些可以免收一定租赋数量的骑士员额似乎也不应太多，否则，国家在兵役和租赋之间做取舍，很难说哪一方面更划算。所以数量不多的北边骑士，也很难担当大规模的野战任务。

陈直曾针对这类骑士简册提出为何不书爵名的疑问："以上骑士名籍，不书郡名，盖因皆为张掖郡人民。骑士必有民爵，各简皆不书爵名，未知何故，敦煌简形式亦同。"[1] 这个问题其实或可这样理解：北边骑士具有吏的属性，到了武帝及以后时期，它明显高于爵所带来的荣誉、待遇等，因而在文书书写需要二取一时，自然选择了前者。

既然配置北边骑士的成本如此之高，为什么在简牍中会成建制的出现北边骑士呢？西汉前期晁错所上《募民徙塞下疏》给了我们启示：

> 如是，则邑里相救助，赴胡不避死。非以德上也，欲全亲戚而利其财也。此与东方之戍卒不习地势而心畏胡者，功相万也。……幼则同游，长则共事。夜战声相知，则足以相救；昼战目相见，则足以相识；欢爱之心，足以相死[2]。

---

[1]《居延汉简研究》，页50。

[2]《汉书》卷四九《晁错传》，中华书局，1962年，页2286、2289。

由这些本地居民担任防御任务至少有两方面优势，一是有保护自己家产、亲属的动力，二是熟悉本地的环境、习俗，以及人们彼此之间的熟稔。这些都保证了他们组成的部队具有较强的战斗力。于振波曾归纳出籍贯属于边地的戍卒，通常都担任隧长或候长，其中"燧长从各都尉府所属诸县中选用，而候长则从全郡范围内选用"[1]。这也说明，出身于本乡本土的戍卒，是汉代北部防御军队的骨干。

以上从外缘角度分析了边地骑士不属于正规野战部队。从简牍记载看，这些骑士主要执行下列这样的任务：

一是担任斥候：

出谷卌十石八斗　［其卅七石七斗麦］

　　　　［十石粟］　以食肩水斥候骑士十九人

　　　马十六匹牛二九月十五日食 303.23[2]

肩水斥候骑士十人正月用食十七石四斗　303.31[3]

肩水斥候骑士可以有两种理解，一是在肩水候官辖区担任斥候的骑士，二是出身肩水地区的骑士，这在汉简也有例证："肩水骑士□里大夫□（77.42）。"[4] 我们认为第二种情况的可能性更大一些，因为一方面这些担任斥候骑士数量很少，分别为

---

［1］于振波《居延汉简中的燧长和候长》，《史学集刊》2000 年第 2 期，页 12。

［2］简牍整理小组编《居延汉简》（叁），"中央研究院"历史语言研究所，2016 年，页 253。

［3］《居延汉简》（叁），页 255。

［4］谢桂华、李均明、朱国炤《居延汉简释文合校》，文物出版社，1987年，页 138。

19 人和 10 人；另一方面，斥候只是承担警戒侦查任务。当然也不排除一般骑士具有这方面的职能，如："☑以食斥候胡骑二人五月尽☑（182.7）。"[1] 即胡骑亦有任斥候者。

二是"乘隧"，即登隧瞭望。居延汉简有一些关于吏卒乘隧的简：

☑尉史四人　　　乘隧☑一☑　　　戍卒十☑
隧长十人　　　乘塞☑隧十☑　　　戍卒卅☑　☑
　　　　　　　　　　　　　　　　　　　EPT55：17[2]

☑乘当虏隊　EPT57：31[3]
当乘隧　案　　骏谊业取急父死　　骏等处缺☑
　　　　　　　　　　　　　　　　　EPF22：276[4]
福、禹、赏、遂昌、炘、哀等府移檄重追乘隊戍卒秦
　　　　　　　　　　　　　　　　　EPT58：25[5]
五月当乘隧代隧长郅严业愿今月休　EPF22：647[6]

这些乘隧的工作，汉简中的说法是候望：

案立官吏非乘亭候望而以弩假立＝死不验候当负记到趋备

---

[1] 简牍整理小组编《居延汉简》（贰），"中央研究院"历史语言研究所，2015 年，页 204。
[2] 马智全《居延新简集释》（四），甘肃文化出版社，2016 年，页 370。
[3]《居延新简集释》（四），页 486。
[4]《居延新简集释》（七），页 497。
[5]《居延新简集释》（四），页 516。
[6]《居延新简集释》（七），页 565。

弩言·谨案　EPF22：289[1]

骑士徐戎谷四石五斗代戎乘第二隧候望其九日壬申时诣受

府遣私留十一日　EPF22：534[2]

汉简中有一个和乘隧相关语词"不乘"，被解释为"乘，登也。不乘即不在隧亭瞭望"[3]。从上述简牍的记述看，乘隧候望也是边塞屯戍吏卒的基本工作之一，骑士也参与其间，如下简：

☑验问永辞今月十日壬寅代骑士王敞乘隧教教

EPF22：526[4]

·甲渠言隧长赵永代骑士王敞☑

乘隧谷少永留十三日乙巳到官☑　EPF22：586[5]

这两支简虽然不能肯定是一个简册，但同出土于破城子房屋二十二，并且字体接近，均为草书书写，内容也很相似，时间亦吻合，二者应有一定联系。简 EPF22：526 中的"永"为赵永，赵永代骑士王敞乘隧，说明乘隧是王敞的主要职责。

这种骑士甚至就径直称为乘隧骑士：

[1]《居延新简集释》（七），页499。

[2]《居延新简集释》（七），页545。

[3] 中国简牍集成编委会编《中国简牍集成》（十二），敦煌文艺出版社，2001年，页125。

[4]《居延新简集释》（七），页544。

[5]《居延新简集释》（七），页553。

　　　　　　即日壬申

甲渠鄣候　　　　　　五月壬寅府告甲渠鄣候遣乘隧骑士
　　　　　　　　　　王晏王阳王敞赵康王望

　　　　　鋪后遣

　　　　　　　　　　等五人借人乘隧长徐业等自乘隧日
　　　　　　　　　　时在检中到课言

　　　　　　　　　　　　　　EPF22：473A、B[1]

　　三是小规模的战役、护送等和军事相关的任务：

本始元年九月庚子虏可九十骑入甲渠止北隧略得卒一人盗
取官三石弩一稾矢十二牛一衣物去城司马[宜]昌将骑百
八十二人从都尉追　　57.29[2]

□骑士六人，持马送戍校。　　Ⅱ115②：173[3]

　　此外，骑士还要从事治墼等劳作。这一点大庭脩据《敦煌
汉简》已经指出，不赘述。骑士有时甚至可以充当田卒等[4]。

---

[1]《居延新简集释》(七)，页535。

[2]《居延汉简》(壹)，页186。

[3]《敦煌悬泉汉简释粹》，页130。敦煌悬泉汉简中还有一简："出鞿鞅
　　各二，左部骑士高谊里。建平五年二月送昆弥使者□☑（Ⅰ0114①：
　　70)。"《悬泉汉简研究》一书中也收录了这枚简，但说明是两次写
　　成，因未见图版，不知从何处分为两部分，是否是执行护送任务，
　　暂存疑。参见郝树声、张德芳《悬泉汉简研究》，甘肃文化出版社，
　　2009年，页62。

[4]《居延汉简研究》，页16—17。

从以上分析可以看出，传世文献记载的骑士，特别是北边骑士的一些特征，在居延汉简中有较为详细的记述。同时，简中所反映骑士复杂的存在形态，也显示边地军事组织的构成、职责分工等方面还有进一步讨论的余地。

原载中国文化遗产研究院编《出土文献研究》（第十一辑），中西书局，2012 年

西北汉简中的"葆"

在西北汉简中，有一个表示身份的名词"葆"，曾引起简牍研究者的注意。他们从不同角度进行了解释：陈直和张政烺将它和《墨子·号令篇》《盐铁论·和亲篇》中的"葆宫"，以及睡虎地秦简中的"葆子"联系起来，认为"葆"即"人质"。[1]裘锡圭认为"葆"当读为庸保之"保"，"吏所葆"解释为为吏所收养保护的人。[2]《敦煌马圈湾汉代烽燧遗址发掘报告》作者认为，"葆"与"私从者"当为同一身份，即具有依附身份的自由民。[3] 李均明认为"葆"是"担保、保证、承保"等。[4] 另外，从形式和功能看，上举裘先生、李先生和李天

---

[1] 陈直《居延汉简研究》，天津古籍出版社，1986 年，页 307；张政烺《秦律"葆子"释义》，《文史》（第九辑），中华书局，1982 年，页1—7。后来薛英群等观点也与此相类似，参见甘肃省文物考古研究所编，薛英群、何双全、李永良注《居延新简释粹》，兰州大学出版社，1988 年，页 71—72。

[2] 裘锡圭《关于新发现的居延汉简的几个问题》，《中国史研究》1979年第 4 期，页 109—110。

[3] 吴礽骧、李永良、马建华释校《敦煌汉简释文》，甘肃人民出版社，1991 年，页 349。

[4] 李均明《汉代屯戍遗简"葆"解》，《文史》（第三十八辑），中华书局，1994 年，页 54。《中国简牍集成》一书也持相同的看法。参见中国简牍集成编委会编《中国简牍集成》（第五辑），敦煌文艺出版社，2001 年，页 41。

虹均认为是出入关名籍或致籍。[1] 这些解释各有其合理性，但亦有其局限。随着西北屯戍类文书公布逐渐增多，我们对"葆"含义的认识也变得更为深入、清晰。本文试结合这些后来公布的文献，对西北屯戍简牍中的"葆"做进一步地解说。

一、西北简牍中"葆"字

讨论"葆"字的含义时，我们首先将其放诸相关简文中。和"葆"相涉的简文正文主要有这样两种格式，先看Ⅰ类的格式和例证：

籍贯+爵位+人名+年龄葆籍贯+爵位+人名+年龄+体貌特征

（1）☑成汉里公乘章严年十九·葆姑臧休神里任昌年卅五字幼☑　73EJT2：10A[2]

（2）□□䶨得常利里李钦，葆□　62.26[3]

（3）广田隧长葆　宋［吸］　董张久

　　卒四人　　李況　　单信　160.13[4]

[1] 李天虹《居延汉简簿籍分类研究》，科学出版社，2003年，页160。

[2] 甘肃简牍保护研究中心、甘肃省文物考古研究所、甘肃省博物馆、中国文化遗产研究院古文献研究室、中国社会科学院简帛研究中心编《肩水金关汉简》（壹）下，中西书局，2011年，页21。

[3] 简牍整理小组编《居延汉简》（壹），"中央研究院"历史语言研究所，2014年，页197。

[4] 简牍整理小组编《居延汉简》（贰），"中央研究院"历史语言研究所，2015年，页152。

（4）□□葆同里大夫王咸年廿七岁黑色□

　　　　　　　　　　73EJT10：245[1]

（5）☑　葆同县安定里公乘张忠年卅五长七尺

　　　　　　　　　　73EJT2：36[2]

（6）☑　葆居延肩水里公乘史乐宗年卅二岁长七尺二寸☑

　　　　　　　　　　73EJT9：228[3]

（7）☑　葆妻觻得　　里孙严年十八　73EJT6：51[4]

（8）●并葆敦煌寿王里田侅年廿八岁长六尺五寸青白色右颊有黑子簪权各二　珥一具　　681[5]

从简文看，是前一个人"葆"后一个人。如果按前揭将"葆"解释成"人质"的说法，则颇令人费解。如果解释成"庸保"，那么简（7）中"葆妻"也不好理解。在关于"葆"含义的这些观点中，"担保"之意更符合简文的语境。揆诸传世文献，亦有此用法，《墨子·号令篇》："诸卒民居城上者，各葆其左右，左右有罪而不智（知）也，其次伍有罪。"孙诒让《间诂》："葆，吴抄本作保。"[6] 简（7）前面没有字，我们从图版观察，简端虽然折断，但"葆"字前仍然留有空白，"里"字前同样也有空白，"妻"说明了亲属关系，这可能是因为某种

----

［1］《肩水金关汉简》（壹）下，页146。

［2］《肩水金关汉简》（壹）下，页23。

［3］《肩水金关汉简》（壹）下，页116。

［4］《肩水金关汉简》（壹）下，页66。

［5］张德芳《敦煌马圈湾汉简集释》，甘肃文化出版社，2013年，页553。

［6］孙诒让《墨子间诂》，《诸子集成》（第四册），上海书店，1986年，页354。

原因需要二次填写保任者以及被葆者的里名。简(5)(6)可以和它类比。简(8)在中华书局版《敦煌汉简》中并没有找到对应的图版,不过从释文和简牍的容字空间看,应该写满了一支简。其格式当不属于这种类型,但是简端有"●"符号,和简(1)相似,"并"字如果作为人名,和下面的类型Ⅱ格式不同,如果解释成"共同",则和简(1)吻合。前面没有担保人,因为这支简写满格,所以我们推测担保人情况可能写在前一支简上,故将其归为类型Ⅰ。这一类型简文的意思是某地某人为某地具有某种特征的人做担保。就担保人身份而言,既有普通百姓,亦有丞、隧长等民政、军政系统官吏,更有亲属。从简(4)看,如果是官员做担保,似只要标注出官称即可。

和这一个格式相类的还有一种格式,类型Ⅱ:葆籍贯+爵位+人名+年龄+体貌特征(或省),如下列简:

(9) 葆淮阳国阳夏北阳里公乘张不武年廿三长七尺二寸黑色 ⊿73EJT 10:118A[1]

(10) □葆觻得敬老里王褒年廿五　62.43[2]

(11) 葆觻得安国里大夫韩禹年廿　⊿　73EJT10:288[3]

(12) 葆　鸾鸟大昌里不更李恽年十六出长七尺黑色∠　不

入

51.5+119.27+51.25[4]

---

[1]《肩水金关汉简》(壹)下,页136。

[2]《居延汉简》(壹),页198。

[3]《肩水金关汉简》(壹)下,页148。

[4]《居延汉简》(壹),页163。

（13）葆小张掖有义里□ ☑ 119.67[1]

（14）葆广德里公乘☑ 73EJT10：194[2]

（15）葆日勒□…… ☑ 73EJT10：33[3]

（16）葆   王孙记书翁叔幸为糒

致   肩水厩吏徐少孺所 73EJT9：13[4]

从形式看，类型Ⅱ是类型Ⅰ的后半部分，那么能否认为是和类型Ⅰ中简（5）（6）（7）类似呢？答案似乎是否定的。从图版看，这几支简皆顶格写，也就是简端并没有留白用以书写担保者的位置。虽然有可能担保者的信息写在另一支简上，但这种格式在数量上并不逊色于格式Ⅰ，因而我们暂且先认定这是葆的另一种文书内容。

作为一种承保的文书为什么要分成两种格式书写呢？从上述简文本身很难找到突破口，所以我们将目光转移到与"葆"相关的呈送文书，从中寻求答案。这样的文书有下列几支简：

（17）始建国三年五月庚寅朔壬辰，肩水守城尉萌移肩水金关吏所葆名，如牒，书到，出入。［如］律令。

74EJT3：155[5]

---

［1］《居延汉简》（贰），页38。
［2］《肩水金关汉简》（壹）下，页140。
［3］《肩水金关汉简》（壹）下，页131。
［4］《肩水金关汉简》（壹）下，页102。
［5］《居延新简释粹》，页71。

（18）☑敢言之遣葆氏池大昌鲍顺等☐☐☐☑

73EJT8：78[1]

（19）永光五年正月乙巳朔壬申肩水城尉奉世行

成宣等自言遣葆☐☐之官如牒书到出入如

73EJT 3：109[2]

（20）遣葆觯得安国里［韩］忠为☐　334.29[3]

（21）☑为家私市居延与子男齐葆同县☑　73EJT10：370[4]

（22）☑奉葆姑臧西比夜里☑

☑河津金关毋苛留☑　97.9[5]

（23）将卒馆陶安乐长

☑葆深上里范安世　73EJT9：69[6]

简（17）是一份完整的呈送文书，"所葆名如牒" 说明作为附件

-----

[1]《肩水金关汉简》(壹)下，页98。

[2]《肩水金关汉简》(壹)下，页36。

类似的还有一支简：

元延二年八月庚寅朔甲午都乡啬夫武敢言☑

褒葆俱送证女子赵佳张掖郡中谨案户☑

留如律令敢言之 •八月丁酉居延丞☐☐☑

181.2A(《居延汉简》(贰)，页202。)

这里的"俱"字如果作人名，则"葆"字含义和本文讨论相同，如果"俱"字做副词"都""皆"，那么"葆"只能是人名，则与本文讨论主题无关，故存疑。

[3]简牍整理小组编《居延汉简》(肆)，"中央研究院" 历史语言研究所，2017 年，页31。

[4]《肩水金关汉简》(壹)下，页154。

[5]《居延汉简》(壹)，页272。

[6]《肩水金关汉简》(壹)下，页106。

的牒是一份包含多个被葆人情况的名册，当然类型Ⅰ和类型Ⅱ皆有可能是名册的具体形式。不过，从这支简看，只可能是类型Ⅱ：

　　(24)葆　鸢鸟息众里上造颜收年十二出入长六尺黑色丿
　　　　皆六月丁巳出　不　15.5[1]

简的前半部是类型Ⅱ，后半部则是关吏的校验结果称"皆"，说明这"六月丁巳出"并不仅仅指本简记录的颜收，而是包括前面多支格式相同的简。另外，邢义田检视过中国台湾"中央研究院"史语所藏原简，指出"皆六月丁巳出不"部分字迹与其余部分不同。[2] 这也可以一个方面印证这一判断。这种书写方式在西北汉简中较为常见。如大庭脩在复原骑士简册时，就存在过在一组名籍中由一支简书写属性记录的现象。[3] 简(18)有"鲍顺等"字样，说明也是一个名册，从"如律令""敢言之"等字样看，大约有下行、上行文书的区别。

　　简(19)作为呈送文书则与简(17)(18)相反，明言是因某事葆某一人，而类型Ⅰ则作为附件形式存在，以便勾验。并且我们也的确发现了这样的简：

----

[1]《居延汉简》(壹)，页51。
[2] 邢义田《"中研院"史语所藏居延汉简整理近况简报(1998—2000)》，收入其著《地不爱宝——汉代的简牍》，中华书局，2011年，页484。
[3] [日]大庭脩著，徐世虹译《汉简研究》，广西师范大学出版社，2001年，页80。

（25）万岁里公乘藉忠年卅八　为姑臧尉徐严葆与严俱之

官　正月庚午入　丿[1]　73EJT6：52[2]

它所对应的图版十分清晰，可以明显地看出"正月庚午入丿"为后书，当为肩水关吏校验字样。它和简（24）相对比，缺少了"皆"字，说明关吏校验的仅仅是这一支简。单支简的葆名籍和呈送文书分开书写毕竟繁琐，所以也有合二为一的形式，简（20）至（23）虽皆有残泐，但从主体内容看，被葆人的姓名、里籍等信息都包含在呈送文书中。这样书写也可能意味着承保人就是签发葆这一文书的啬夫等基层官吏[3]，因而毋须另简重复书写。它们可视为类型Ⅰ的变体。顺便指出的是，在简（18）（19）（20）中的"遣葆……"，葆则为名词，表示身份。由此推测，类型Ⅱ的"葆"字，亦与此相同，是显示身份的名词。

从上面的分析，我们认为"葆"名籍之所以分为两种形式，是因为一种为个体被"葆"，另一种为集体被"葆"。个体被葆的事由比较复杂，既有如简（19）之公事，也有如简（21）之私事。集体被葆的担保者并没有明确说明，但是分析简（17），似乎也有迹可循。肩水城尉秩级较高，有时可以代

---

[1] 上述简（10）背面亦有"丿已入"字样，亦可作为一个例证。

[2] 《肩水金关汉简》（壹）下，页66。

[3] 研究因私过关符传的论著经常引用到的一条材料即为明证："永始五年闰月己巳朔丙子北乡啬夫忠敢言之义成里崔自当自言为家私市居延谨案自当毋官狱征事当得取传谒移肩水金关居延县索关敢言之闰月丙子觻得丞彭移肩水金关居延县索关书到如律令掾晏令史建（15.19）。"〔《居延汉简》（壹），页54。〕

行都尉的部分职责，如：

(26)闰月丁巳张掖肩水城尉谊以近次兼行都尉事下候城
尉承书从事下当

用者如诏书/守卒史义　10.29[1]

肩水守城尉谊向肩水金关吏发送文书，是代表都尉行事，在一定意义上意味着是都尉府承担葆的责任。从西北汉简的记述看，都尉府常有在其辖境内调动人员的情况，如省卒等。

二、"葆"与私从者

所谓私从者，传世文献和西北汉简均有记载。在敦煌悬泉汉简中有一支简："戊校右部中曲士皆后☐……(A)故私从者……(B)(Ⅱ0216②：547)。"注释者说："私从者：吏士出征时私募之随从。《汉书·李广利传》：'发恶少年及边骑，岁余而出敦煌六万人，负私从者不与。'师古曰：'负私粮食及私从者，不在六万人数中也。'又，《汉书·赵充国传》：'愿罢骑兵，留弛刑应募，及淮阳、汝南步兵与吏私从者，合凡万二百八十一人。'"[2] 本文关心的是作为一种社会身份，这些"私从者"对我们认识"葆"的身份所能提供的帮助。在《敦煌汉简》中有一组文书，恰好将"私从者"和"葆"等名词组

---

[1]《居延汉简》(壹)，页36。

[2] 胡平生、张德芳编撰《敦煌悬泉汉简释粹》，上海古籍出版社，2001年，页131。

116　/　汉晋简牍与制度史丛稿

合在一起：

(27) 出□□外塞吏子葆使女廿五人　　正月己卯尽三月丙
子百一十八日积二千九百五十人　294[1]

(28) □外塞吏子私从者奴大男十五人
其一人二月戊寅尽六月乙巳百卌八日积百卌八人
六人三月戊申尽六月乙巳百一十八日积七百八人
四人四月丁丑尽六月乙巳八十九日积三百五十六人
四人五月丁未尽六月乙巳五十九日积二百卌六人
凡积千四百卌八人　295[2]

(29)
出外塞吏子葆婢使女二人

其一人三月戊申尽六月
乙巳百一十八日积百一
十八人
一人四月丁丑尽六月乙
巳八十九日积八十九人
296[3]

(30) 一人四月壬辰尽六月乙巳七十四日积七十四人□☑
一人四月甲午尽六月乙巳七十二日积七十二人
297[4]

(31)
其一人二月戊寅尽
六月乙巳百卌八日

---

[1]《敦煌马圈湾汉简集释》，页456。
[2]《敦煌马圈湾汉简集释》，页457—458。
[3]《敦煌马圈湾汉简集释》，页458。
[4]《敦煌马圈湾汉简集释》，页458。

　　　　　　　　　　　　　　　　　　积百卅八人

　　出外塞吏子私从者大男廿四人　十五人三月戊申尽

　　　　　　　　　　　　　　　　　六月乙巳百一十八

　　　　　　　　　　　　　　　　　日积千七百七十人

　　　　　　　　　　　　　　　　　一人四月丙戌尽六

　　　　　　　　　　　　　　　　　月乙巳八十日积八

　　　　　　　　　　　　　　　　　十人　298[1]

（32）☑私从者□婢奴大女使男廿一人☑　299[2]

（33）其四人五月庚午尽九月癸酉

　　　☑十二人六月丙子尽九月癸酉☑

　　　五人七月丙午尽九月癸酉　300[3]

（34）

　　　　　　　　　　　　　　　　其三人六月丙子尽九

　　　　　　　　　　　　　　　　月癸酉百一十八日积

　　　　　　　　　　　　　　　　三百五十四人

　　　出塞吏子□□奴小男六人　三人七月丙午尽九月

　　　　　　　　　　　　　　　　癸酉八十八日积二百

　　　　　　　　　　　　　　　　六十四人

　　　　　　　　　　　　　　　　凡积六百一十八人

　　　　　　　　　　　　　　　　　　301+302[4]

（35）凡外塞吏子使女卅三人　积三千六百一十二人

　　　　　　　　　　　　　　　　　　303[5]

---

［1］《敦煌马圈湾汉简集释》，页458。

［2］《敦煌马圈湾汉简集释》，页458。

［3］《敦煌马圈湾汉简集释》，页459。

［4］《敦煌马圈湾汉简集释》，页459。

［5］《敦煌马圈湾汉简集释》，页459。

（36）出外塞吏子奴婢小男女二人　　凡积二百六人　304[1]

（37）■凡外塞吏子奴婢小男女廿二人　　积千六百六十六

　　　人　305[2]

对于这组简，我们关心的是其中身份名词及其相互关系。这批
汉简的整理者对此解说是："'私从者'不与'葆'并列，凡
'私从者'与'奴婢'并列者，不见'葆'，反之，凡'葆'
与'奴婢'并列者，不见'私从者'。由此推知，'私从者'
与'葆'当为同一身份，即具有依附身分的自由民。在边塞
簿籍中，'私从者'与'葆'，其名籍内容基本相同。"[3] 简
而言之，葆即为私从者，是依附人口。王爱清也持私从者和奴
婢相并立的解释，但似乎也有些犹豫，他说："当然我们也不
能断然否认'从者'或'私从者'可能有奴婢的存在；如果
有，这些奴婢被主人临时赋予了'从者'或'私从者'的
身份。"[4]

　　其实可以换一个角度思考。上述简中，"私从者"后接
"大男""奴大男"等。在这组简之外，还接有"私属"，似
为王莽时简，因为"私属"为新莽时对奴婢的称谓。我们可
以将"私从者"和后面的身份名词看成是从属关系，即"奴
婢"或"大男"是用来修饰"私从者"的。这几个名词可以
这样理解："私从者"是表示他们在塞外活动以备查验的身份，

[1]《敦煌马圈湾汉简集释》，页459。

[2]《敦煌马圈湾汉简集释》，页460。

[3]《敦煌汉简释文》，页349。

[4]王爱清《秦汉乡里控制研究》，山东大学出版社，2010年，页174。

"奴婢"是描述他们的法律身份，汉代的文书中如果涉及奴婢身份通常都要加以注记。"大男""小男"在汉简中是表示服役年龄、廪给粮食的标准。从这组简的文意看，当是廪给粮食的记录。在西北汉简中有两支简可以明确说明这一问题：

> （38）出麦七石五斗　以食吏=私从者二人六月尽八月
>
> 303.9[1]
>
> （39）出米一斗二升，有传，五月丙午以食金城允吾尉骆建，从者一人、人再食，西。　Ⅱ0216③：57[2]

这一格式是典型的仓支出谷物记录，简中明言要为吏及其私从者配给粮食。此外，简（35）（36）（37）作为总结简，和简（28）（34）不同，同一支简上并没有记载明细，以及人员是否具备私从者这一身份属性。这是因为从粮食支出角度，相关机构只关心和支出数量相关的大男女、小男女等项目，其原因大约如论者所言："凡私从者……皆由官廪食。"[3] 这也说明有些私从者就是由奴婢来充任的。从边塞管理角度，私从者和葆一样，皆表示汉代边塞地区对出入关隘的相关人员确定连带责任的身份名词。但二者不同时出现，并非意味着含义相同，我们也可以理解为两种不同形式的被担保人。前一节中"葆"的身份和这组简"私从者"的身份相对比，私从者更偏重于奴

---

[1] 简牍整理小组编《居延汉简》（叁），"中央研究院"历史语言研究所，2016年，页251。

[2]《敦煌悬泉汉简释粹》，页73。

[3]《敦煌汉简释文》，页349。

婢这些私有属性，葆虽然也有妻、婢这类私有关系，但更多的被葆者看不出和葆者之间关系，显示出它更偏重公的一面。

文献中对于私从者也有迹可循。除了前面所引两条《汉书》材料外，同书《张骞传》："自骞开外国道以尊贵，其吏士争上言外国奇怪利害，求使。天子为其绝远，非人所乐，听其言，予节，募吏民无问所从来，为具备人众遣之，以广其道。"对"无问所从来"之吏民，颜师古注曰："不为限禁远近，虽家人私隶并许应募。"[1] 从正文及颜注看，他们当是简牍中记载的私从者，而非国家为其配给的吏员。

从简牍看，这些私从者也不仅限于作为使者的随从。边地屯戍的官吏也有私从，而且似乎也仅限于官吏：

(40) 五凤三年三月丁丑朔癸卯士吏带敢言之候官谨移吏
妻子私从者四月廪名籍一编敢言之　998[2]
(41) 大煎都候长王习私从者持牛车一两　三月戊申出东门　526[3]

候长有私从者，私从者不具姓名，反映了私从者的私有属性比较强烈。尽管如此，政府还是将其著录于名籍以加强管理：

(42) 书吏胡丰私从者□县宜都胡骏年三十长秦尺二寸
280[4]

----

[1]《汉书》卷六一《张骞传》，中华书局，1962 年，页 2695。
[2]《敦煌马圈湾汉简集释》，页 626。
[3]《敦煌马圈湾汉简集释》，页 513。
[4]《敦煌马圈湾汉简集释》，页 452。

$$\text{（43）相私从者敦煌始昌里阴男年十五}\quad\begin{cases}\text{羊皮裘二领}\\\text{羊皮绔二两}\\\text{革履二两}\end{cases}$$

1146[1]

这种现象说明，私从者虽已成为官吏日常行政的重要补充，但是政府为了加强对边郡人口的控制，还是将他们记录于政府档案中。从简（43）看，他们和葆类名籍有相通之处，或可看成是"葆"的一种特殊形态。

三、西北汉简中"葆"的功能

汉代西北边疆实行"葆"制的具体形式如前所述。作为一种担保甚至连坐的制度，是秦汉帝国对基层实施控制的重要举措之一，至少从秦和西汉初年出土的法律文书中可以明显地看出这一点。就边境地区而言，这类制度的施行，除了有加强控制基层民众的作用外，它也彰显出来一些特殊的功用。

在西汉前期，汉廷尚未对边郡进行有效统治之时，北方边地逃亡者十分常见。西汉人侯应回应皇帝关于在北部边疆设置烽燧守备的情况时，曾分析过汉境内人逃亡匈奴的几种原因：

> 自中国尚建关梁以制诸侯，所以绝臣下之觊欲也。设塞徼，置屯戍，非独为匈奴而已，亦为诸属国降民，本故匈奴之人，恐其思旧逃亡，四也。近西羌保塞，与汉人交

---

[1]《敦煌马圈湾汉简集释》，页658—659。

通，吏民贪利，侵盗其畜产妻子，以此怨恨，起而背畔，世世不绝。今罢乘塞，则生嫚易分争之渐，五也。往者从军多没不还者，子孙贫困，一旦亡出，从其亲戚，六也。又边人奴婢愁苦，欲亡者多，曰"闻匈奴中乐，无奈候望急何！"然时有亡出塞者，七也。盗贼桀黠，群辈犯法，如其窘急，亡走北出，则不可制，八也。[1]

这些逃亡人口可以分成四类：第一类是居住在汉境的匈奴、西羌属国降民；第二类是奴婢；第三类是因困苦而出逃者；第四类是罪犯。

人口是汉代国家对社会所要敛取的重要资源。因而加强人口控制，特别是防止他们逃亡到敌对的边疆部族去，是其着力要解决的问题。对人员出入边塞关隘进行管理即为重要举措。经过学者们的努力，简牍中所见边塞关传制度已经比较清楚，我们撮其要者，述之如下：

先由籍贯所在地的基层政权官吏出具相应的证明资料，如大庭脩言："一般人所用的棨是通过乡啬夫的证明以及县的长官的认证的形式，由县一级发给的。"通常"需由所属乡啬夫证明没有前科，并经所属县长官的认可才能生效"[2]。对于这些材料在过关时要予以登记，薛英群说："凡持传出入关道河津之吏民，都要按其身份、事由、出入关时间分别予以登记。登记之册见于汉简者有《吏妻子及葆出入关名籍》，一般

［1］《汉书》卷九四下《匈奴传》，页3804。

［2］［日］大庭脩著，林剑鸣等译《秦汉法制史研究》，上海人民出版社，1991年，页491、500。

吏民《出入关传籍》，以及《远食过关出入簿》等，按规定一式两份，上报的一份曰'致籍'，留关备查的一份曰'副券'。"[1]李均明也认为："关门处往往留存许多过关人员的名单，这些名单有些可能是'致'的附件，而更多的是官吏对过关人员的登记。"即"录复传"制度[2]。

在关传制度中出现的葆，与普通的过关传致还有所不同，他们不仅需要基层官吏证明其身份，而且还要有相应的官员和机构进行担保。这大约是他们具有的特殊身份和使命所致，因而国家对其控制也格外严格。

被"葆"者的特殊性，还表现在国家为他们提供粮食供给。在前一节中的简(27)(29)，李均明认为是"关吏逐月或逐季度统计上报出入关塞人员情况"[3]。我们则认为它可能和廪食有关。因为这种统计方式为："其三人六月丙子尽九月癸酉百一十八日，积三百五十四人，三人七月丙午尽九月癸酉八十八日，积二百六十四人，凡积六百一十八人。"这种天数和人数相结合的统计形式，同西北汉简中一种廪食记录的形式相似：

(44) ☒□十一月以食卒六十三人 = 卅日积千八百九十人
= 六升大　　EPT17：8[4]

----

[1] 不过，对于"吏妻子及葆"，薛先生认为这是指有一定身份的人，"葆"即"葆宫"，与我们的认识有异。参见薛英群《居延汉简通论》，甘肃教育出版社，1991年，页428。
[2] 李均明《汉简所反映的关津制度》，《历史研究》2004年第3期，页32。
[3] 《汉简所反映的关津制度》，页32。
[4] 孙占宇《居延新简集释》(一)，甘肃文化出版社，2016年，页466。

这支简明确说明是廪食戍卒，所以敦煌汉简中的那组文书当为廪食的统计记录无疑。另外，简(38)(39)明确表明吏之私从者是廪给粮食，而(27)—(37)简虽然不是一个简册，但是无论是从内容、格式，还是字体等角度看，其间都有着密切关系。既然私从者是由国家来供应口粮，那么记载形式一样的"葆"没有理由不由国家供应粮食。

另外，对"葆"意义的讨论，还应放在西北汉简中身份记述的角度去观察。在西北汉简中，涉及具体的人时，在其之前总要加上具体身份，比如戍卒、官称等。而这些具有"葆"身份的人，和士卒等军事系统中的人不同。他们在通过边塞时，为了有效地对其进行控制，就要给予他们"葆"这种临时身份。一旦出现逃亡等变故，可以有迹可循，有责可问。

"葆"这一制度的出现应该是传统葆宫、质任制度的发展，面临边塞地区的特殊情况而有针对性实施的。它说明西汉时期在西北边塞除了构筑塞防，分置吏卒以备候望外，而且还在边境地区实行了严密的日常动态管理措施。这些一起为巩固西北边防起到了积极作用。

原载卜宪群、杨振红主编《简帛研究》(二〇一一)，广西师范大学出版社，2013年

也谈汉代西北边亭：以张掖太守府辖区为中心

    在汉代地方行政制度研究中，对亭制的讨论是热点之一，焦点集中在亭的性质、它与乡里制度的关系等方面。[1] 随着汉代简牍资料发现不断增多，其中有很多关于亭的资料。这就使亭的研究犹治丝而棼，变得更加复杂。不仅如此，即使就简牍所见边境之亭而言，也是学者讨论的热点。王国维最早从文献中"亭"的本义出发，并结合边塞实情，认为亭隧是实同而名异的机构。[2] 后来陈直、程喜霖等学者也踵继其说。[3]

---

[1] 苏卫国曾系统梳理过汉代"亭"的研究史，详见苏卫国《秦汉乡亭制度研究——以乡亭格局重释为中心》，黑龙江人民出版社，2010年，页7—16。

[2] 如王国维说："《说文》：'隧，塞上亭。'他简又多亭燧连文，则亭燧一也。"参见罗振玉、王国维《流沙坠简》，中华书局，1993年，页133。劳幹认为"燧长即塞上之亭长也"，参见劳幹《从汉简所见之边郡制度》，中华书局编辑部《"中研院"历史语言研究所集刊论文类编》（历史编·秦汉卷），中华书局，2009年，页154；"隧是亭的一种，因此隧也可以称为亭，也可以亭隧并称了"，参见劳幹《释汉代之亭障与烽燧》，中华书局编辑部编《"中研院"历史语言研究所集刊论文类编》（历史编·秦汉卷），中华书局，2009年，页607；"候官以下的亭叫做'隧'"，参见劳幹《汉代的亭制》，中华书局编辑部编《"中研院"历史语言研究所集刊论文类编》（历史编·秦汉卷），中华书局，2009年，页671。

[3] 分别参见陈直《居延汉简研究》，天津古籍出版社，1986年，页72；程喜霖《汉唐烽堠制度研究》，三秦出版社，1990年，页17。

贺昌群认为亭是比隧大的边防设施。[1] 但徐乐尧除了认同烽燧从形制角度,可以称作亭外,却又认为除了广地、橐他等军事防御塞,边塞的邮亭是与其分开,是专设的邮路[2]。冨谷至认为,边塞的亭归属于县等民政系统管辖[3]。后来,苏卫国则调和诸说,认为"边地的亭是有系统之别的。一系属于郡之部都尉所统辖,一系则为郡属县所统辖。当然两者很多时候是互相依赖和配合的,是郡守掌控的相辅相成的两套系统"。[4]

如果从"亭"在居延汉简出现的语境看,可以分为三类:一类是作为烽台的亭,这一类劳幹、冨谷至等都有系统论证[5];第二类是隶属于郡县民政系统的亭,在额济纳河流域出土汉简中所提到的都亭、乡亭等皆是,这和内地相同;第三类就是和隧名相似的塞上亭,这是关于边亭讨论意见不一的症结所在。冨谷至认为亭隶属于居延县,其中一条关键性材料是"居延收降亭",即收降亭是县的下属机构,"居延收降亭"意为居延县所辖收降亭[6]。不过,从肩水金关汉

[1] 贺昌群说:"(亭)若设塞上,常与燧并置,故称亭燧……考汉唐间边防之设备,大者曰城,其次曰障、曰塞,其次曰亭、曰燧,最小曰烽、曰候。"贺昌群《烽燧考》,《贺昌群文集》(第一卷),商务印书馆,2003年,页139。

[2] 徐乐尧《居延汉简所见的边亭》,甘肃省文物工作队、甘肃省博物馆编《汉简研究文集》,甘肃人民出版社,1984年,页298—334。

[3] 冨谷至著,刘恒武、孔李波译《文书行政的汉帝国》,江苏人民出版社,2013年,页215。

[4] 《秦汉乡亭制度研究——以乡亭格局的重释为中心》,页184。

[5] 《汉代的亭制》,页671;《文书行政的汉帝国》,页188—191。

[6] 《文书行政的汉帝国》,页215。

简中出现的橐他候官情况看，形式皆为"橐他某某亭"，橐他为候官，隶属于肩水都尉府，与民政系统的县无涉。另外，简73EJT5：16有"肩水橐他累山亭长"[1]，合理的解释是肩水都尉府橐他候官的累山亭长。所以边塞的亭还是归属军政系统管理，或者说是属于肩水都尉府的某某亭，居延收降亭长或可同理视之。我们所要讨论的就是这类边亭。

和西北简牍的发现相呼应，学界对河西汉代的考古发掘和遗址调查研究的资料不断增多，日渐详细、准确。[2] 并且肩水金关汉简等重要资料的陆续公布，为讨论边亭问题注入了新的活力。本文拟从边塞亭与隧的异同、边亭分布与传递信息的

[1] 甘肃简牍保护研究中心、甘肃省文物考古研究所、甘肃省博物馆、中国文化遗产研究院古文献研究室、中国社会科学院简帛研究中心编《肩水金关汉简》（壹），中西书局，2011年，页54。

[2] ［瑞典］弗克·贝格曼考察，［瑞典］博·索马斯特勒姆整理，黄晓宏等译《内蒙古额济纳河流域考古报告》，学苑出版社，2014年；甘肃居延考古队《居延汉代遗址的发掘和新出土的简册文物》，甘肃省文物工作队、甘肃省博物馆编《汉简研究文集》，甘肃人民出版社，1984年，页476—499；黄仕杰《汉代居延遗址调查与卫星遥测研究》，台湾古籍出版有限公司，2003年；吴礽骧《河西汉塞调查与研究》，文物出版社，2005年；魏坚《额济纳旗汉代居延遗址调查与发掘述要》，收入其主编《额济纳汉简》，广西师范大学出版社，2005年，页1—21；邢义田《全球定位系统（GPS）、3D卫星影像导览系统（Google Earth）与古代边塞遗址研究——以额济纳河烽隧及古城遗址为例（增补稿）》，收入其著《地不爱宝：汉代的简牍》，中华书局，2011年，页205—255。但上述著作除贝尔曼和吴礽骧外，多偏重于甲渠塞或居延都尉府辖区调查，对肩水都尉府辖区措意不多。

特点等角度来重新认识汉代西北边亭问题。同时，因为汉代张掖郡辖区是面对北方部族的前哨，且出土屯戍简牍较多，因而我们的讨论也以这些史料为基础展开。

一、亭与隧的职能重合

汉代边地部隧作为防御边疆部族的前线，军事防御是其主要职能。边亭同部隧一样，也具有这一职能。首先，亭有日迹的职责。日迹是边地隧卒日常工作之一，日复一日的巡视天田，检查有无人马兰越，以保证边境的安全。在肩水金关汉简中有亭的日迹簿："驿北亭迹簿□□(73EJT24：69)。"[1] 目前虽然没有发现亭卒日迹的具体记载，但在肩水金关遗址出土了形制为觚的日迹椿：

(1) ▉ ▎驿北亭卒日迹椿▉ ▎   73EJT23：286A、B、C、D(四面字体相同)[2]

(2) ▉ ▎驿北亭卒日迹椿▎▉   73EJT27：44A、B、C、D（四面字体相同）[3]

[1] 甘肃简牍保护研究中心、甘肃省文物考古研究所、甘肃省博物馆、中国文化遗产研究院古文献研究室、中国社会科学院简帛研究中心编《肩水金关汉简》(贰)下，中西书局，2012年，页142。
[2]《肩水金关汉简》(贰)下，页77。
[3] 甘肃简牍博物馆、甘肃省文物考古研究所、甘肃省博物馆、中国文化遗产研究院古文献研究室、中国社会科学院简帛研究中心编《肩水金关汉简》(叁)，中西书局，2014年，页72。

甲渠候官出土的简牍中也有类似记载，如简"第六迹梼（EPT 49：21）"[1]，"第六日中迹梼（EPT 49：24）"等。论者认为所谓"迹梼"就是"日迹时使用之梼"[2]。而"梼"则是"日迹时所持之'符''筹'"[3]。这就说明亭具有日迹的职能。另外，从驿北亭的位置看，位于肩水金关南部 T169 地点（具体论说详后）。肩水金关和南部的 T170 距离为 3.6 公里，和 T173 距离接近 2.6 公里[4]，比起甲渠塞烽燧之间 1.3 公里[5]和肩水塞烽燧之间的平均距离 0.75—2.3 公里都要长[6]。因此驿北亭同样需要承担日迹的工作。此外，敦煌汉简中的一条材料提供了直接证据："□檄辶日亭□一人候望缴迹画治天田人力不足☑（2017）[7]。""缴迹"为"徼迹"之

----

[1] 杨眉《居延新简集释》（二），甘肃文化出版社，2016 年，页 468。

[2] 中国简牍集成编辑委员会编《中国简牍集成》（第十册），敦煌文化出版社，2008 年，页 8。

[3]《中国简牍集成》（第十册），页 5。不过薛英群认为："两燧结合部以'梼'为界，所谓'梼'，《说文》：'断木也。'也就是半截木桩，以此为巡迹的终点标志，如'第六日中迹梼。'"参见薛英群《居延汉简通论》，甘肃教育出版社，1991 年，页 139。但我们从图版看，这两个日迹梼均为四面体觚，形制较普通简牍短，且上下两端各有一至两道墨笔画线，似乎并不像木桩，《说文》所说的断木似指梼的长度而言。形制较短，作为符便于把握。

[4] A32 到 T169 之间距离根据我们后面的计算为 0.89 公里，据吴礽骧的调查，T169 到 T170 之间的距离为 2.7 公里。参见《河西汉塞调查与研究》，页 165。

[5] 魏坚、昌硕《居延汉代烽燧的调查发掘及其功能》，孙家洲主编《额济纳汉简释文校本》，文物出版社，2007 年，页 117。

[6]《河西汉塞调查与研究》，页 189。

[7] 甘肃省文物考古研究所《敦煌汉简释文》，中华书局，1991 年，页 298。

误，这条简文提到亭卒的任务之一就是"缴迹画治天田"，即巡视天田。

作为边塞上的节点，亭同样也承担传递烽火的任务：

(3) 入诟火一通南　七月乙未夜蚤食六分驿北亭长襄受莫
　　当隧长禹　☑　72EJC：3[1]

(4) 四月丁酉鸡鸣五分时肩水驿北亭受橐他莫当队诟火一
　　通　驿北亭长襄移　73EJC：591[2]

(5) 四月辛丑夜诟火天风填宦不知时驿北亭受橐他莫当隧
　　驿北亭长襄移　73EJC：611[3]

"诟火"，尚无的解。论者多从字面解释，认为是"表示斥责、警告、责问某种错误或违法行为的信号"[4]。从上面这几支简的文意看，为某种烽火信号当无问题。

作为边塞的军事机构，亭和隧一样，也要配备武器。如：

(6) 河平三年正月庚寅朔庚寅驿北亭长□☑
　　守御器簿一编敢言之　73EJT30：34A[5]

[1] 甘肃简牍博物馆、甘肃省文物考古研究所、甘肃省博物馆、中国文化遗产研究院古文献研究室、中国社会科学院简帛研究中心编《肩水金关汉简》(伍)，中西书局，2016年，页85。
[2]《肩水金关汉简》(伍)，页123。
[3]《肩水金关汉简》(伍)，页125。
[4] 薛英群、何双全、李永良释校《居延新简释粹》，兰州大学出版社，1988年，页78。
[5]《肩水金关汉简》(叁)下，页107。

（7）　　　　　　　七石具弩一伤二角　稾矢五百五十
　　　　　　　　　服一　　　　　　　梜九三　臬长弦二
　　　驿北亭长王禹　六石具弩一伤三角　陷坚矢百五十
　　　　　　　　　兰二完四　　　　　　大黄承弦二
　　　士吏　　　　六石具弩三完　　　　亶矢四百
　　　　　　　　　□□张铁弦各一　枪一□梜各三
　　　　　　……　　　　　　　　73EJT21：46[１]

简（6）是守御器簿的呈报简，简（7）是折伤兵簿的明细简，在
形式上与一般隧别无二致。并且上级机构对亭和隧的武器管理
一视同仁：

　　（8）道人谨案亭隧六所惊糒皆见毋少不足当实敢言之□
　　　　　　　　　　　　　　　　　　73EJH2：42[２]
　　（9）元康四年十月乙卯朔　肩水右前候长信都敢言之谨移
　　　　亭隧
　　　　守御器簿一编敢言之　329.1[３]

从语气看，简（8）的内容是应书的一部分，主亭隧六所的规模
应是部一级机构。简（9）明确显示肩水右前候长在向上级呈报

----

[１]《肩水金关汉简》（贰）下，页13。
[２] 甘肃简牍博物馆、甘肃省文物考古研究所、甘肃省博物馆、中国文
　　化遗产研究院古文献研究室、中国社会科学院简帛研究中心编《肩
　　水金关汉简》（肆），中西书局，2015年，页134。
[３] 简牍整理小组编《居延汉简》（肆），“中央研究院”历史语言研究
　　所，2017年，页25。

被兵簿时，亭、隧不加区分，说明二者在武器配备方面无区别。亭与隧同样也有军事防御候望的功能：

(10) 案立官吏非乘亭候望而以弩假立＝死不验候当负记到趋备弩言·谨案　EPF22：289[1]

(11) ☑人凡卒百廿七　　　　　　·候长广主卒卅人
　　　七十七人东见乘亭隧当劳　　其十二人作强落☐
　　　四人为卒漕　　　　　　　　二人为卒漕
　　　作强落……　　　　　　　　定见乘亭卒☐☐☑
　　　　　　　　　　　　　　　　　73EJT7：80A[2]

这里都提到"乘亭"或"乘亭隧"的勤务。"乘"在在此有"防守、守卫"[3]或"瞭望"[4]之义。因此，"亭"和"隧"一样，也是边塞防御设施。

亭的吏卒构成也基本与隧相同。一方面亭卒也来源于戍卒：

(12) 初元二年　　　　戍卒淮阳国陈莫剺里许湛舒年卅一
　　　正月　　　　　　戍卒淮阳国陈大宰里陈山年卅一

---

[1] 张德芳《居延新简集释》（七），甘肃文化出版社，2016年，页499。
[2] 甘肃简牍保护研究中心、甘肃省文物考古研究所、甘肃省博物馆、中国文化遗产研究院古文献研究室、中国社会科学院简帛研究中心编《肩水金关汉简》（壹）下，中西书局，2011年，页83。
[3] 李天虹《居延汉简簿籍分类研究》，科学出版社，2003年，页147。
[4] 中国简牍集成编委会编《中国简牍集成》（十二），敦煌文艺出版社，2001年，页125。

骍北亭　　　　戍卒淮阳国陈桐陵里夏寄年廿
　　　戍卒符　　　　73EJT27：48[1]

亭的戍卒都来源于东方的淮阳国，为内郡服兵役者。这和其他
烽燧的戍卒一样，而与内郡邮亭来源于本地专门的亭卒不同。
而且从戍守职能角度，他们也可以径称为戍卒，甚至可以在亭
隧之间递相服役：

（13）■骍北亭戍卒五石弩糸承弦四完
　　　■骍北亭戍卒五石弩糸承弦四完　　73EJD：309A B[2]
（14）☑戍卒居延昌里石恭三年署居延代田亭三年属武成
　　　☑隧五年因署受絮八斤　　　　二月丁丑自取
　　　　　　　　　　　　　　　　　　　　EPT4：5[3]

前一支简记录武器配置，与戍守任务有关，即便是亭，也可以
称为戍卒。后一支简戍卒石恭先后在代田亭和武成隧服役，并
且其服役时间可以连续计算。同样，亭长和隧长的身份亦同。
比如隧长和亭长可以相互徙补，身份的转换毫无障碍：

（15）第十八隧长郑强徙补郭西门亭长移居延　　·一事一
　　　封　六月戊辰尉史惪☑　258.15[4]

----

[1]《肩水金关汉简》(叁)下，页73。
[2]《肩水金关汉简》(伍)下，页78。
[3] 孙占宇《居延新简集释》(一)，甘肃文化出版社，2016年，页263。
[4] 简牍整理小组编《居延汉简》(叁)，"中央研究院"历史语言研究
　　所，2016年，页138。

简文中的门亭长虽然未必是塞亭，但既然可以担当城中亭长，那么担任职责相近的塞亭之长自然也无问题。另外使用"徙补"二字，而不是"迁补"，说明亭长和隧长之间是平级调动。

从上级机构管理角度，亭、隧也被视为一类：

(16) 广地候敢言之己酉平旦列亭隧举逢燔薪从北□ □

73EJT30：244[1]

(17) □堨涂亭隧　EPF22：672[2]

(18) □□亭今候长亭队长皆不居治所毋吏卒橐他莫当隧候长　73EJF3：112[3]

这里亭、隧并称，应该是两种机构合而称之。不过也有学者认为，亭隧就是亭的异名。然而从下面这两支简看，两者区别还是比较明显：

(19) 右前部隧亭□　73EJT23：287B[4]

(20) □畜产诣近所亭隧鄣辟收葆止行者□　539.2[5]

简(19)不称"亭隧"，而称为"隧亭"，表明"亭隧"并不是一个固定的词，而是亭和隧的合称。简(20)"亭、隧、鄣、

[1]《肩水金关汉简》(叁)下，页123。
[2]《居延新简集释》(七)，页569。
[3]《肩水金关汉简》(伍)下，页11。
[4]《肩水金关汉简》(贰)下，页77。
[5]《居延汉简》(肆)，页212。

辟"四种建筑并列，鄣、辟是单独的建筑，则"亭、隧"也应分别指代不同的建筑。另外，亭长有主管隧的职责，汉简中也有明示："☐亭长以主隧☐（73EJT23：489）。"[1] 简文虽然残缺，但不论"隧"后接何内容，至少可以主理隧中的一部分内容当无疑问。

二、边塞亭隧的差异

由上所述可知，边塞亭、隧在军事防御方面承担相同的职能，所以常亭隧连称，但是这不意味着二者没有差别。亭除了执行军事任务以外，还有特有的一些职责。从简文看，至少有这样几种特殊的功能。一是厎藏物品，如：

（21）☐官袍一领甲　　官裘一领甲
　　　☐官袭一领甲　　官绔一两在亭　　EPT5：12[2]

袍、裘、袭、绔这些官府发放的衣物，如果不领走则放在亭中，至少说明亭具储存、保管政府公物的职责。

二是保管茭草。茭是西北边塞的重要战略物资，伐茭是戍卒勤务之一。这些茭草有一部分也放在亭附近。

（22）·右鉼庭亭部茭八积五千　　丨一积茭四百一十石
　　　五百卅六石二钧　　　　　鸿嘉四年伐丿

----

[1]《肩水金关汉简》（贰）下，页92。
[2]《居延新简集释》（一），页306。

┃一积茭……

EPT65：382[1]

（23）之万世亭部载茭骑士夏良言博盗良茭时党

EPT20：13[2]

（24）☑一人积茭亭北君教[使]亭卒茭册☐　68.96[3]

简（22）鉼庭为部名，为塞上军政单位，所以此亭为塞亭，而非民政系统所属之亭。简（23）中，夏良身份为骑士，是边地中成建制的兵种[4]，故万世亭部也是归候部这套军政系统管理。简（24）则反映了茭草堆放在亭的附近。简（22）显示鉼庭亭部囷积的茭草数量可观，折合现代重量单位，达 300 余吨。对其日常管理，责任自然重要。还要注意到，简（22）（23）这两条材料均提到"亭部"，这和内地的亭相同。内地的亭部表示其具有地域意义[5]，所以边亭亭部的"部"字至少说明亭有一定管辖范围，肩水金关简也有"谨移亭广袤一编☑（73EJH2：30）"[6]，"广袤"或许即指此事。隧则没有这方面的功能。

---

[1] 张德芳、韩华《居延新简集释》（六），甘肃文化出版社，2016 年，页 315。

[2]《居延新简集释》（一），页 477。

[3] 简牍整理小组编《居延汉简》（壹），"中央研究院"历史语言研究所，2014 年，页 212。

[4] 参见[日]大庭脩著，徐世虹译《汉简研究》第一篇第四章《地湾的骑士简册》，广西师范大学出版社，2001 年，页 70—90。

[5] 周振鹤《从汉代"部"的概念释县乡亭里制度》，《历史研究》1995 年第 5 期，页 36—43。

[6]《肩水金关汉简》（肆）下，页 133。

三是有的亭是驿站所在：

（25）▨驿北驿骑俙受稽落驿骑则□▨　73EJT22：110[1]

驿北亭有驿骑，说明是驿站所在。居延汉简 149.27 更有"●
道上亭驿▨"的记载。这大概和亭传递文书的功能有关。还需
要说明的是，亭比隧多出的上述职能，可能并非所有亭都有，
比如囤放茭草，很难想象塞上亭都会堆放数量如此庞大的
茭草。

　　亭比普通的隧更重要，还表现在都尉府的命令可以直接下
达到亭：

（26）三月辛未府告驿北亭长广▨
　　　与俱车十六两马三匹·人廿八□▨　73EJT23：349A
　　　府记予驿北亭长　▨　73EJT23：349B[2]

简（26）都尉府以"记"这种形式给亭下达命令，是因为"记"
是较书、檄更灵活的通行文书形式[3]。而亭还有过关案验的
职能，如传致中的文书用语："▨□侯国门亭河津毋苟留如律
令敢言之（73EJT37：592）。"[4] 亭与关门、河津并列，是检
查流动人口的重要节点，因而都尉府可以越级直接下达到亭，

----

［1］《肩水金关汉简》（贰）下，页 52。
［2］《肩水金关汉简》（贰）下，页 82。
［3］李均明《简牍文书学》，广西教育出版社，1999 年，页 265。
［4］《肩水金关汉简》（肆）下，页 54。

不必按照行政规程逐级传达。

正因为亭的职能众多，地位重要，所以其规模也比隧大。

（27）以食亭卒四人四月庚申尽戊子廿九☑　11.3[1]

（28）七月癸亥朔以食亭卒五人癸亥尽辛卯廿九日积百卅

五人＝六升　308.43+263.13[2]

（29）出麦三石以食亭吏卒五人☐☑　73EJT24：220[3]

这三枚简可能是一个亭的口粮支出。每亭的亭卒四人到五人。
而隧卒从日迹簿看，一般为2—3人，则亭卒人数稍多，这与
其职能多相匹配。亭的规模也较大：

（30）私去署之它亭聚会［群戏］饮☑　403.10[4]

（31）☑孝信到上亭饮酒　EPT50：92[5]

这两条材料都提到亭是聚饮的场所，既然亭可以"聚会群戏
饮"，至少说明它比普通烽燧要开阔一点。

三、以亭行：亭的列置和传递功能

在西北汉简中，屡见"以亭行"，如：

[1]《居延汉简》（壹），页39。
[2]《居延汉简》（叁），页269。
[3]《肩水金关汉简》（贰）下，页153。
[4]《居延汉简》（肆），页70。
[5] 杨眉《居延新简集释》（二），甘肃文化出版社，2016年，页504。

（32）甲渠塞候以亭次行⊠

　　董登印　EPT52：809[1]

（33）甲渠候官以亭行

　　十二月辛卯第八卒长以来　EPT52：389[2]

因为都是针对军政机构而言，所以这里的"亭"并非专司警察邮驿职责的县属之亭，而是塞亭。对于"以亭行"的传递形式，论者通常认为是通告各亭之文书，依亭传递。[3] 但对于细节并没有过多论说。我们根据新出材料，并结合学界对该地区实地调查报告，对这一问题做一补充。

　　在考察这一问题前，首先看亭的分布。

（34）·右亭长十六人隧长十三人　73EJT9：84[4]

简（34）是某一机构对下属亭隧长的统计，从数量看应该是候官。亭长和隧长对比，二者比例大致相等，这是从结计简得出的结果。肩水金关汉简中，反映临近橐他塞的材料较多，其中能确定所属橐他候官的亭名如下：

　　累山亭（73EJT23：763、73EJT29：50、73EJT5：16）、稽北亭（73EJT31：69、73EJT24：960、73EJT31：69）、石郓亭（73EJT9：105）、石南亭（73EJT9：87、118.5）、圣宜

［1］李迎春《居延新简集释》（三），甘肃文化出版社，2016年，页789。

［2］《居延新简集释》（三），页700。

［3］陈公柔、徐苹芳《关于居延汉简的发现与研究》，《考古》1960年第1期，页49。

［4］《肩水金关汉简》（壹）下，页107。

亭（73EJT9：275）、曲河亭（73EJT11：28、73EJT37：1464）、驰（驳）马亭（73EJT32：12）、驰（驳）南亭（73EJT28：97、73EJT37：310、73EJT37：787、75.1、75.30）、通道亭（73EJT37：1059）。

以上合计有九个亭。根据吴礽骧的统计，橐他塞共有18个烽燧和1个障城。[1] 这一比例和上面简(34)某候官的比例相近。又如简517.18："亭长廿四人。"这支简出土于A33地点，这一地点被推断为肩水都尉府所在地。而根据吴礽骧对肩水塞的调查结果，本地共有44个亭隧，[2] 这样24：44的亭、隧比例，比较接近上面的数值。此外，还有一支对亭名进行单独统计的简：

(35) ☑□□□□阅簿多亭名五通塞□☑　EPT4：74[3]

这支简出土于甲渠候官，应该是甲渠候官所辖亭名的统计簿，根据吴礽骧的调查，甲渠候官有76个烽燧地点，[4] 而永田英正根据简文统计有140个隧，统计数字中关于"亭"多出5个的误差，应该是以这样的烽燧规模为前提的。

那么这些亭在烽燧线是如何分布的？我们以记录了肩水金关附近相互位置关系比较明确的亭、隧简牍为例进行分析。先看这一支简：

[1]《河西汉塞调查与研究》，页158。
[2]《河西汉塞调查与研究》，页160。
[3]《居延新简集释》（一），页285。
[4]《河西汉塞调查与研究》，页133—147。

（36）☑道行书南去沙头十一里去金关隧六百卅步去莫当

隧四里 73EJT28：28[1]

这是说某亭隧距离沙头（亭）、金关隧、莫当隧之间的距离。
吴礽骧曾认为金关隧也称金关，与肩水金关是一回事[2]。不
过侯旭东却据这条材料认为，这是指驿北亭，它设置在肩水金
关内，而金关隧在另外的地点。他主要是从肩水金关出土的日
迹梼、出土名籍以及系在武器上的"楬"等简牍来确认的[3]。

从与三地邮书往来的关系看，这一地点应该是驿北亭没有
疑问。一是驿北亭向北发送邮书第一站是莫当隧：

（37）南书一封居延都尉章诣张掖大守府十月戊子起　十

月庚戌夜人定五分驿北受莫当　73EJT21：201[4]

南书一封张掖□□塞尉　诣肩水都尉府十一月□□

日下铺时驿北亭卒贺受莫

当隧

卒赏　73EJT23：873[5]

（39）四月癸丑鸡鸣时□表火一通驿北亭长武受橐佗莫当

隧　73EJT32：26[6]

----

[1]《肩水金关汉简》（叁）下，页82。

[2]《河西汉塞调查与研究》，页162。

[3]侯旭东《西汉张掖郡肩水候官驿北亭位置考》，《湖南大学学报》2016
年第4期，页32—40。

[4]《肩水金关汉简》（贰）下，页27。

[5]《肩水金关汉简》（贰）下，页118。

[6]《肩水金关汉简》（叁）下，页144。

驿北亭向南传递邮书第一站是沙头亭：

（40）☑　二月丁酉日出时驿北亭卒顺受沙头亭卒勋

73EJT26：98[1]

（41）☑居延都尉三年　　正月己丑起

☑年正月乙巳日下饭　时驿北亭卒贺受沙头

☑……北亭卒贺受沙头卒☐　73EJF3：460A B[2]

（42）六月戊申驿北卒党日下餔时受

沙头卒同　73EJT4H：4[3]

（43）南书一辈一封张掖肩候　·六月廿四日辛酉日蚤食

时沙头亭长 受驿北卒音

诣肩水都尉府　　日食时二分沙头卒宣付驿

马卒同　505.2[4]

还有以驿北亭作为中转站，在莫当隧和沙头亭之间传递：

（44）☑府正月癸未起　　正月己丑东中时良受莫当卒

良八分时付沙头卒益有良行

73EJT24：627A[5]

二合檄张掖城司马毋起日诣设屏右大

尉府

[1]《肩水金关汉简》（叁）下，页55。

[2]《肩水金关汉简》（伍）下，页35。

[3]《肩水金关汉简》（伍）下，页45。

[4]《居延汉简》（肆），页147。

[5]《肩水金关汉简》（叁）下，页9。

（45）南书五封　一封诣右城官

　　　　　　　一封诣京尉候利

　　　　　　　一封诣谷成东阿

　　　　　右三封居延丞印八月辛卯起

　　　　　　八月辛丑日餔时驿北受橐佗莫当卒单崇付

　　　　沙头卒周良　288.30A[1]

　　　　　　　　　五月癸亥日中时驿北卒党受莫

（46）南书一封居延都尉闰月丁酉起行诣张掖大守府

　　　　　　　　　当卒同八分时付沙头卒同

　　　　　　　　　73EJT4H：12[2]

（47）☑　十月丙午夜人定二分驿北卒富受沙头卒

　　　☑　护人定六分付莫当卒禹　73EJT4H：27[3]

另外，驿北亭还有过书刺：

（48）·驿北亭河平三年四月过书刺　己未朔

　　　　　　　　　　73EJT24：34[4]

（49）·驿北亭永光四年十月过书☑　73EJT22：8[5]

所谓过书刺，亦称邮书刺，简要记载邮书过往基本情况，以便

----

［1］《居延汉简》（叁）下，页238。
［2］《肩水金关汉简》（伍）下，页46。
［3］《肩水金关汉简》（伍）下，页47。
［4］《肩水金关汉简》（贰）下，页139。
［5］《肩水金关汉简》（贰）下，页46。

督查考课[1]。这也从一方面反映出驿北亭是一条重要的文书中转站。

以上各简说明在肩水金关附近，文书传递一定沿着莫当隧—驿北亭—沙头亭这样的路线。但驿北亭是否就设在肩水金关中，我们还存有疑虑。假设它在金关中，还有一些需要解释的问题：一是在亭隧命名上，为什么要将肩水金关同名的金关隧另置他处，而将名称不同的驿北亭放到肩水金关中？在西北汉简中，同一处地点的命名通常一致，比如殄北部和殄北隧。又如侯文所举悬泉置的例子，虽然多个机构置于一处，但皆以悬泉命名。二是简（36）中作为亭间道里簿，"南去沙头十一里"和"去莫当隧四里"就可以确定坐落于金关内的驿北亭的位置，"去金关隧六百卅步"则显多余。如果驿北亭设置在金关外，则金关是作为这一区域的重要地标写进来，这样解释或更妥帖。

我们再回到简（36）所标识的距离，折合成现代长度单位与三者距离分别是3.3公里、0.9公里、1.7公里[2]。吴礽骧认为，在额济纳河流域汉代亭鄣分布图中，T168是橐他候官的莫当隧，也是橐他候官的最南界[3]。如果A32是驿北亭（肩水金关），它到T168的距离是1.7公里，它向南有3.3公里，这样找不到沙头亭对应的地点，所以侯先生将其拟定在A33和A34之间。

----

[1] 中国简牍集成编辑委员会编《中国简牍集成》（第十二册），敦煌文化出版社，2008年，页186。

[2] 从金关出土的两个尺子看，分别是23.2厘米和23.6厘米，我们取其中值23.4厘米，这样十一里为0.234×6×300×11＝3300米；六百卅三步为0.234×6×633＝888.7米；四里为0.234×6×300×4＝1684.8米。

[3]《河西汉塞调查与研究》，页159。

我们回到旧有的说法，即驿北亭假定在肩水金关外的某一位置，金关隧在金关内。从位置图看，莫当隧南面第一个地点就是 A32，即肩水金关，肩水金关南面第一个地点是 T169，虽然调查报告中没有标注它和 A32 之间的距离，但是从示意图看，两者距离很近。如果这是驿北亭的位置，那么结合简文和示意图看，它到 A32 的距离为 0.9 公里，到 T168 的距离为 1.7 公里是相符的。我们再接着向南找沙头亭的位置。沙头亭不似紧挨着驿北亭的 T170，因为两者的实测距离是 2.7 公里，这也是额济纳河上游肩水都尉府辖区烽燧距离的平均值，而简（36）却说二者之间距离大约 3.3 公里。据唐俊峰考证，A35 这一地点在汉末前是肩水都尉府所在地，后来变成肩水北部都尉府。从 A35 这一点发出的邮书沿驿马、沙头、驿北等地依次传递[1]。从烽燧分布图看，从 A35（肩水都尉府）到 A32（肩

陈梦家：额济纳河流域汉代亭障分布图（局部）

[1] 唐俊峰《A35 大湾城遗址肩水都尉府说辨疑》，武汉大学简帛研究中心主办《简帛》（第九辑），上海古籍出版社，2014 年，页 223—240。

水金关）或 A33（肩水候官）的最短距离经过的烽燧为 F177—A34—T173—T169。根据吴礽骧的测量，T173 到 A34 的距离为 1.7 公里，T169 到 T173 的距离虽然没有标注，但从示意图看，比 T173 到 A34 距离略短，两者相加，大约小于 3.4 公里，那么 A34 的位置可能就是沙头亭。这样沙头亭就可以在已有实地踏查的示意图上落实。

如果我们以上对金关附近亭燧分布位置地点推测成立，那么驿北亭（T169）和沙头亭（A34）之间隔着 T173 这一烽燧。这就反映出被称为亭的烽燧设置是和普通的燧相间隔。

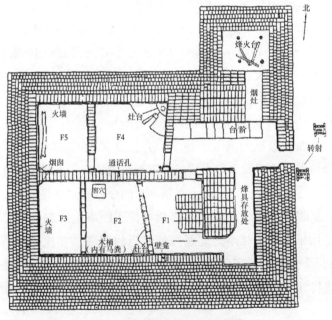

图一　居延甲渠塞第十六燧平面图
图来自魏坚、昌硕：《居延汉代烽燧的调查发掘及其功能初探》

居延第十六燧有详细的发掘记录。根据发掘者的记述：烽燧的平面呈长方形，东西长 14 米，南北宽 11 米。在烽燧的东北角向北延伸出烽火台，东西长 4.5 米，南北宽 3 米，方向 355 度。烽燧的建筑结构由外墙、过道、房屋、台阶和烽火台等组成[1]。

从上述描述可以看出，标准的烽燧是由值勤者居住的坞和烽火台两部分构成。其中居住区约 100 多平方米，烽火台底面积 10 多平方米。吴礽骧的调查报告中，记录各地点数据中，有一部分记载有坞和烽火台的数据，与此接近。可惜的是，因为时代久远，多数地点只有烽火台面积，而坞大约因为比烽台低而被湮没，没有测量的数据或数据不全。只有卅井塞有一小段相对连续的数据，我们将其整理如下：

T125（13.5 米 × 7.5 米 = 97.5 平方米）——T126（不详）——T127（19 米 × 11 米 = 209 平方米）——T128（10 米 × 10 米 = 100 平方米）——T129（14 米 × 13 米 = 182 平方米）——T130（不详）——T131（不详）——T132（不详）——T133（不详）——T134（16 米 × 16 米 = 256 平方米）[2]

有面积数据的坞大小不一，并且从 T125 到 T129 看，这几个地点坞的面积又大小相间，因为亭的功能和人数多于普通的隧，这些或许也可以成为考量亭相间分布的一个线索吧。

从邮书交接距离看，边塞邮书传递距离也远超出烽燧间距，徐乐尧指出邮亭之间要保持相当的距离，并找出从 7 公里到 30 多公里的实例[3]。也就是说，它们并不是按照烽燧依次传递，而是可以跨隧传递。冨谷至说以亭行"是一种通

［1］《居延汉代烽燧的调查发掘及其功能初探》，页 118。
［2］《河西汉塞调查与研究》，页 143—144。
［3］《居延汉简所见的边亭》，页 316。

过亭而不借助邮的传递方式"[1]。那么因为亭和隧是参差相隔，所谓"以亭行"的传行方式，就是跨过间隔的隧，在亭间走行。EPF22：56B 有"甲渠•此书已发传致官亭间相付前"[2]。所谓"官亭间相付"，大约就是这种传递方式。另外，还有一枚记录"亭间道里簿"：

> （50）☒亭间道里簿　　　　　　☒
> 　　　☒去第四隧九百奇百一十七步　☒
> 　　　☒去河二百卌三步　　　　☒
> 　　　☒河广二百二步　☒　　EPS4T2：159[3]

虽然因为残缺我们无法知道亭间道里间的距离这些关键信息，但从"亭间道里簿"这个标题看，只统计亭间而不言及"隧"，或与"以亭行"这种传递方式有关系。以亭行和其他文书传递方式的区别大概是，它可以传递紧急文书。如：

> （51）张掖甲渠塞尉
> 　　　甲渠官亭次急行
> 　　　十月癸巳隧长尚以来　EPT48：118[4]

但在文书传递方式中，却没有发现"隧次急行"的方式，尽

---

[1]《文书行政的汉帝国》，页211。
[2]《居延新简集释》（七），页443。
[3]《居延新简集释》（七），页718—719。
[4]《居延新简集释》（二），页452。

管"隧次行"也是一种文书走行形式。

这还有一个问题，即莫当隧与骓北亭距离如此之近，为何还要依次传递呢？这可能是因为莫当隧处于橐他候官的最南界，成为橐他候官信息发往南部肩水候官的总收发地，而骓北亭则可能是肩水塞北界的总收发地，甚至担负着肩水金关和肩水候官收发中转地的职能。比如简73EJT6：14 A："▢令延印十一月乙卯骓北卒毄以来▢。"[1] 因为这枚封简的出土地为肩水金关，所以这是骓北卒中转送金关，而不是由莫当隧或沙头亭直接送达，尽管这样做更为合理。其中的原因可能就是冨谷至所说的"界亭"，即候官边界的亭[2]。因此，骓北和莫当地位特殊，才导致他们在彼此之间近距离传递文书。

行文至此，我们再回头讨论边亭和隧的关系。从前面的考察看，边亭是隐含在部隧这一边地军政体系中，并非独立于军政体系之外的又一套民政系统。边亭数量众多，在边境线上于烽燧系统之外再单独设置一套如内郡一样的邮驿警察机构，不仅无此必要，而且也会徒增行政成本。另外，从隶属关系看，对亭进行管理、统计都是在候官、部这一军政体系中。但是这也并不意味着亭完全等于隧。一是简（34）亭长、隧长分开统计，说明从官方角度就把两者二分；二是从亭的额外职能和亭长与隧长地位的差异，也能显示出边亭和隧的区别；三是边塞邮书传递方式既有"隧次行"，也有"以亭行"，也暗示着亭隧有别。

但是，在西北汉简中，也出现同一地名亭隧混称的现象。劳

---

［1］《肩水金关汉简》（壹）下，页63。

［2］《文书行政的汉帝国》，页209。

幹认为亭、隧名称的使用是前后相继关系，并明确指出了时间点：
"武帝时至昭帝元始三年四月，隧长的职名是'亭长'。到了昭帝
元始三年六月，隧长的职名改为'坞长'。到了宣帝时代，一直
到东汉时期，隧长的职名都是'隧长'，不再用亭长或坞长的称
呼。"[1] 不过我们认为亭隧混称现象可以从其各自使用的场合着
眼。以沙头亭为例，沙头称为亭，无一例外都是出现在邮书传递
的简中，如简73EJT26：98："☐二月丁酉日出时驿北亭卒顺受沙
头亭卒勋。"[2] 此外还有简73EJT21：83、73EJT23：933、73EJT23：
938、73EJT23：1021、73EJT26：53、73EJT28：57、73EJT33：68 等。
而沙头隧相关的名称则有二处，一是作为处所[3]，一是描述个人

----

[1] 劳幹《再论汉代的亭制》，收入其著《古代中国的历史与文化》，中华
　　书局，2006 年，页180。另外，徐苹芳在考察瓦因托尼廪食简时发
　　现："通泽第二亭"与"珍北第二隧"是先后不同时期的名称。大
　　约在始元五年到元凤三年之间（公元前82 年—前78 年），通泽第二
　　亭改为珍北第二隧。参看徐苹芳《瓦因托尼出土廪食简的整理与研
　　究》，收入其著《中国历史考古学论集》，上海古籍出版社，2012 年，
　　页378。
[2]《肩水金关汉简》（叁）下，页55。
[3] 73EJT28：63A 状公乘氏池先定里年卅六岁姓乐氏故北库啬夫五凤元
　　　　　年八月甲辰以功次迁为肩水士吏以主塞吏卒为职☐
　　　　　戍卒赵国柏人希里马安汉等五百六十四人成诣张掖署
　　　　　肩水部至☐☐到酒泉沙头隧阅具簿☐
　　73EJT28：63B 乃五月丙辰戍卒赵国柏人希里马安汉成诣张掖署肩水
　　　　　部行到沙头隧阅具簿☐☐☐☐☐☐☐☐☐☐☐亡若
　　　　　三☐
　　　　　甘露二年六月己未朔庚申肩水士吏弘别迎三年戍
　　　　　卒……候以律令从事☐☐☐
　　☐《肩水金关汉简》（叁）下，页84。

的身份[1]。因此这种情形也是亭隧关系的写照[2]。

边亭在职能上亭、隧功能叠加，在边防线上亭、隧相间分布的存在形态，皆因亭作为警察、邮驿机构的特质与边塞军事管理体制相融合导致的。厘清边地亭的性质以及亭、隧关系，不仅能进一步清楚地认识汉代西北边塞的防御体系，而且也可能为解决汉代亭制这一复杂问题提供帮助。

原载《简帛》（第十五辑），上海古籍出版社，2017 年

---

[1] 73EJT26：39 沙头隧长虞明　　毋奉未出　《肩水金关汉简》（叁）
　　　下，页 51。

73EJH1：19 沙头隧长氏池临市里冯贤友　　☒　《肩水金关汉简》
　　（肆）下，页 127。

73EJT24：28 建始二年七月丙戌朔壬寅觻得□佗里秦侠君贳买沙头
　　　戍卒梁国下邑水阳里孙忠布值□☒　《肩水金关汉简》
　　　（贰）下，页 138。

除此以外，驿北亭卒在表示身份时也称为亭卒，如简 73EJF3：467：
"肩水驿北亭卒觻得新成里公士李谭年三☒。"在目前所见西北简中，没有称为驿北隧的例子，这或许也反映了驿北"亭"的属性更强，因而只能称为亭卒。

[2] 负责邮书传递的还有径称沙头卒，而省略亭字，冨谷至认为是沙头隧的省称，因为简 276.8：

察微卒杨寅	遮房卒张□	制房卒
驷望卒□□	递胡卒苏□	望房卒
沙头卒范禹	惊房卒王□	

因为其他都是燧卒，所以沙头卒也是隧卒。参见《文书行政的汉帝国》，页 201。李天虹认为这支简是省卒名籍，参见《居延汉简簿籍分类研究》，页 14。但这只是说明了戍卒的所属机构，至于亭隧似未严格区分。

西北汉简所见军政系统官俸问题补遗

西汉王朝占领河西地区后，为巩固统治，设置了严密的烽燧体系，配备了从都尉、候到候长、隧长一系列的军政系统官员，依秩级高低发放相应的俸禄。这在西北简牍中有很多记述。学界根据这些记载，从不同角度进行了研究，基本复原了西北边地军政系统官吏俸禄发放的程序、数量等[1]。当然，

[1] 与西北汉简官俸问题直接相关的主要成果有：陈梦家总结出西北汉简中俸例的基本问题，参见陈梦家《汉简所见奉例》，《文物》1963 年第 5 期，页 32—41，又收入其著《汉简缀述》，中华书局，1980 年，页 135—148。陈直也关注到俸禄的基本情况，参见《居延汉简综论·俸禄与口粮》，收入其著《居延汉简研究》，天津古籍出版社，1986 年，页 20—23。20 世纪 90 年代以后，王廷洽考察了俸禄发放的周期、标准、方式，见王廷洽《居延汉简中的俸钱名籍》，《青海师范大学学报》1996 年第 2 期，页 53—57；施伟青对居延简中官俸发放的期限、种类、王莽时期官俸发放的情况，以及官吏同官异俸等问题做了研究，参见施伟青《汉代居延官俸发放的若干问题》，《中国经济史研究》1997 年第 1 期，页 103—113，《关于汉代居延官吏同官异俸的问题》，《中国社会经济史研究》1997 年第 2 期，页 1—6；赵沛则考察了俸金来源、发放流程、标准、时间等，见赵沛《居延汉简所见边军的现金管理和军官的俸金》，《甘肃社会科学》2006 年第 5 期，页 211—214。此外，永田英正与李天虹做居延汉简集成时，也做了专门梳理并对相关问题做了阐发，分别见[日]永田英正著，张学锋译《居延汉简研究》，广西师范大学出版社，2007 年，页 113—120；李天虹《居延汉简簿籍分类研究》，科学出版社，2003 年，页 25—41。

因为汉简中一些记述模糊，使得与俸禄相关的问题还有进一步探讨的空间。故本文拟对赋钱与官俸的关系、实物俸禄发放与使用，以及俸禄体系下基层官吏的生活水准等问题补充前贤之说。

一、赋钱与俸禄

西北汉简中，官吏俸禄通常以赋钱充任。比如：

☑出　赋钱三千六百☑
　　　以给士吏王相四月尽六月奉☑　73EJT4：5[1]
出赋钱六百　　　给万岁候长王凤六月奉☑　EPT4：59[2]
　　　　　　　　　未得五凤元年十月尽二年正
　　　　　　　　　月辛酉积三月八日奉用钱千
　　　　　　　　　九百六十·凡未得积十二月
　　　　　　　　　十九日奉用钱七千五百八十
居延甲渠第卅八隧长王承明　已得赋钱千九百六十
　　　　　　　　　　　　　　已得赋钱七千五百八十
　　　　　　　……　EPT51：238[3]

前两枚简是按月度或季度支付给隧长和士吏的俸禄。第三枚

---

[1]甘肃简牍保护研究中心、甘肃省文物考古研究所、甘肃省博物馆、中国文化遗产研究院古文献研究室、中国社会科学院简帛研究中心编《肩水金关汉简》(壹)下，中西书局，2011年，页38。
[2]孙占宇《居延新简集释》(一)，甘肃文化出版社，2016年，页280。
[3]李迎春《居延新简集释》(三)，甘肃文化出版社，2016年，页479。

简，李迎春曾列举了两种意见：李均明认为是官方拖欠及偿还官吏个人俸禄名单，并命名之为"吏未得俸及赋钱名籍"；李天虹认为是"吏奉赋名籍"的正文[1]。无论如何，至少可以认为赋钱能够抵偿逋欠的俸钱。因为俸钱发放常和赋钱相联系，《汉书·食货志》又有"赋供军马兵车"，因而对汉简边地军吏俸禄的先行研究中，俸禄和赋钱的关系是讨论的重点之一，并提出了各种可能性。这些观点大体可分为两类：一是俸钱皆来源于赋钱[2]；二是部分来源于赋钱[3]。我们从赋钱使用角度来考量两者之间的关系。

首先，赋钱是官俸的主要来源，如上引诸简皆以赋钱作为官俸。如果从汉代国家财政收入看，赋钱亦在其中占最大比例。根据王毓铨对汉代国家收入的归纳，大约有以下几种：田租、刍稿、算赋、口赋、献费、贡、力役等，其中现钱重于田租，是国家财政主要的收入来源。[4]军费是重要财政支出之一，因此边地军吏的俸禄也当主要来源于赋钱。

其次，赋钱并非官俸的唯一来源。这表现在两个方面：一是以实物充当俸禄，主要有帛、粟、絮等（详下节）。这一时

---

[1] 《居延新简集释》（三），页 479。

[2] 郭浩《汉代地方财政史》，山东大学出版社，2011 年，页 173。简 EPT4：36 "出赋泉千八百☐"，孙占宇说："赋泉，即赋钱……此处似指月奉钱。"参见《居延新简集释》（一），页 271。

[3] 李天虹从"钱出入簿""赋钱出入簿"入手，认为二者有区别，用赋钱支付的名册，称"奉赋名籍"，见《居延汉简簿籍分类研究》，页 36。马怡认为主要来源于更赋，参见马怡《汉代的诸赋与军费》，《中国史研究》2001 年第 3 期，页 35。

[4] 王毓铨《"民数"与汉代封建政权》，收入其著《莱芜集》，中华书局，1983 年，页 33—64。

期的西北地区虽然实物有充当货币的功能，但未必就能作为赋缴纳到官府。一方面，汉代没有以实物替代钱作为赋的记载；另一方面，有的实物来源于本地，容易替代俸钱，比如"粟"，西北地区有屯田，或许有的俸钱就来源于此。

二是除赋钱外，还有来源于均输物资：

始元三年九月某日以佐受均输长甲帛若干匹直若干以给始
元三年正月尽八月积八月奉　509.19[1]

按照传世文献记载，均输是将各地应缴纳给官府的特产辗转贩卖运到中央。其来源不仅局限于赋钱，还包括贡献等。中央将以均输途径而来的帛运到边地充任俸禄，说明作为实物帛的性质并非"赋"。并且从行文看，其中"帛若干匹直若干"是书写的"式"[2]，表明为一种常制而非特例。因而这也是实物俸禄的重要来源，特别是非本地规模化生产的帛、絮。

另外，从简牍行文也可以看出俸禄的来源不止于赋钱，这一点李天虹已指出[3]。关于赋和俸相关的简牍还有：

居延甲渠第卅七隧长赵辅进　未得正月尽三月积三月奉用
钱千八百

[1] 简牍整理小组编《居延汉简》（肆），"中央研究院"历史语言研究所，2017年，页169。
[2] 邢义田《从简牍看汉代的行政文书范本——"式"》，收入其著《治国安邦：法律、行政与军事》，中华书局，2011年，页450—472。
[3]《居延汉简簿籍分类研究》，页36。

始元五年八月辛酉除　　　　已得赋钱千八百

　　　　　　　　　　　　　　　　　　EPS4T2：12[1]

居延甲渠次吞隧长徐当时　未得七月尽九月积三月奉用钱

　　　　　　　　　　　　　千八百

神爵二年正月庚午除　　　已得赋钱千八百　57.8[2]

隧长被拖欠俸用钱，后言"已得赋钱若干"，用赋钱来充当俸禄，言外之意还有其他来源的钱。

　　从边地赋钱的使用看，俸钱也不是唯一用途。简EPT59：166："出赋泉八百　付郡库奉质直。"其中"奉质直"，肖从礼解释为："因郡库主管财物，近水楼台，极易不廉，立此'奉质直'奖励，赖以养廉，这也是一项从实际情况出发而制定的必要措施。"[3] 也就是说，这是和俸禄不同的一项支出。此外赋钱也支付给平民："出赋钱五十　赋昭武久长里大女刘直君户人（86EDT5H：53）。"[4] 虽然无法看出赋钱的用途，但其支出对象是大女，数额仅为50钱，与官俸相去甚远，故与俸禄无关。赋钱亦有单独的出入账簿[5]。另外，这些钱的调拨由金曹完成："金曹调库赋钱万四

［1］张德芳《居延新简集释》（七），甘肃文化出版社，2016年，页682。

［2］简牍整理小组编《居延汉简》（壹），"中央研究院"历史语言研究所，2014年，页183。

［3］肖从礼《居延新简集释》（五），甘肃文化出版社，2016年，页295。

［4］甘肃简牍博物馆、甘肃省文物考古研究所、出土文献与中国古代文明研究协同创新中心中国人民大学分中心编《地湾汉简》，中西书局，2017年，页172。

［5］《居延汉简簿籍分类研究》，页42—43。

千三☐（139.28）。"[1] 这枚简出土于破城子，但考虑到候官这一级机构不可能分曹，那么这只能是与其往来的居延都尉府或居延县。金曹处理多种财政事务，对赋钱的调拨不可能仅限于俸禄。

二、以实物为俸的原因及意义

西汉中后期，谷和帛也充当货币职能的倾向。西北边地以实物替代现钱作为俸禄在简牍中也常见，其中最大宗的是谷和帛：

郭卒田悍　受阁帛一匹　　出帛一匹从客民李子春买☐

EPT65：130[2]

次吞隧卒李业　甲渠尉取直谷卅三石　　出谷十五石买☐纬一

今毋余☐　EPT65：229[3]

受阁帛一匹　　　　　出谷十六石五斗五

升布买绛

临木隧卒程当　甲渠尉取直谷卅三石　　出谷三石三斗买纻三

斤庄缋

出谷三石五斗买履一两

·凡出谷廿三石三斗五升

今余谷九石六斗五升　食　当已给　EPT65：330A[4]

[1] 简牍整理小组编《居延汉简》（贰），"中央研究院"历史语言研究所，2015年，页93。
[2] 张德芳、韩华《居延新简集释》（六），甘肃文化出版社，2016年，页262。
[3]《居延新简集释》（六），页283。
[4]《居延新简集释》（六），页303。

上述简牍中，帛和谷可以直接购买商品，起到货币作用，特别是简 EPT65：330A，多种衣物都可用谷物购买。米可以以零头出现，布帛同样也有裂帛而贾：

> 鄣卒王放……　出帛一丈买韦绛一
> 　　　　　　出帛一丈买枲八斤　今毋余帛
> 　　　　　　　　　　　　　　　EPT65：107[1]

所以作为俸禄发放的布帛，也可以分割支付：

> 　　　　　　　六尺计　九尺适
> ☑☑　黍月禄帛三丈三尺　　　　　　　　　卪
> 　　　　　　　黍尺谦　丈一尺自取
> 　　　　　　　　　　　　　　　EPT6：5[2]

这一现象说明帛表现出强烈的货币特征。因而以帛和谷充当吏的月俸，同样起到现钱一样作用。然而，这只是问题的一面；另一方面，除了帛和谷之外，其他实物也可以作为月俸：

> 　　　　　　其十四人已前出　用羊韦八十三件
> 最凡吏九十七人　定受奉八十三人　交钱五万九百八钱
> 　　　　　　用绛一匹
> 　　　　　　用布十八匹　EPT40：6B[3]

----

［1］《居延新简集释》（六），页255。
［2］《居延新简集释》（一），甘肃文化出版社，2016年，页370。
［3］杨眉《居延新简集释》（二），甘肃文化出版社，2016年，页281—282。

97 人是整个甲渠候官的吏员数。所支出的这一批次俸禄，种类多样。除了钱，还有羊韦、绛、布等。羊韦、绛显然没有充当货币的功能，只是其工作的酬劳。故实物作为俸禄发放的原因，除了和当地商品交换经济发育程度相关以外，应该也与当时财政状况也有关。

我们比较以实物代替俸钱和直接发放俸钱的差别，来观察实物俸禄的意义。首先可以看出实物作为月俸，主要对象是底层的候长、候史、隧长等基层官吏。其次，将作为俸禄的实物，按当时物价折算成钱，与正常发放的俸禄标准对比。以实物作为俸禄并且可以计价的简牍有以下几枚：

当曲隧长刑晏　泰月禄帛三丈⊿　EPT6：2[1]

⊘月禄帛三丈三尺　八月癸卯妻取　卩　EPT6：6[2]

次吞隧长时尚　泰月禄帛三丈三尺　八月戊申母任取　卩
EPT6：76[3]

⊘□王丰　泰月禄帛三丈三尺　八月癸卯自取　卩
EPT43：46[4]

不侵隧长高仁　泰月禄帛三丈三尺　八月甲寅自取　隧长孙昌取　卩　95.7[5]

第十八隧长田恽　九月禄县絮二斤十二两⊘　EPT6：81[6]

[1]《居延新简集释》（一），页369。
[2]《居延新简集释》（一），页370。
[3]《居延新简集释》（一），页387。
[4]《居延新简集释》（二），页353。
[5]《居延汉简》（壹），页270。
[6]《居延新简集释》（一），页388。

发给隧长的实物有帛和县絮两类，因为皆称为"禄"而不称"奉"，这是新莽简。帛的数量整齐划一，皆为三丈三尺。新莽时帛价，根据简 201.27 为每匹 800 钱，那么三丈三尺折算成钱为 660 钱。絮的价格，据丁邦友和魏晓明的梳理，絮分成不同的种类，按斤计算价格不一：絓絮每斤 160、络絮 70 钱、堵絮 150 钱、丝絮 64 钱、鲁絮 130 钱，以及单称絮 170 钱。[1] 因无法判断哪一个数字是新莽时期絮的价格，我们取最高值每斤 170 钱，那么月俸絮折合成钱为 468 钱。按陈梦家排比考证，西汉神爵元年(前 59 年)边地底层官吏益奉，隧长由月奉 600 钱变为 900 钱。[2] 李天虹则认为边地稍晚一些，在绥和二年(前 7 年)。[3] 皆在王莽之前，无论是 660 钱还是 468 钱，皆少于西汉时期的 900 钱。

发放给佐史实物俸禄见下简：

出河内廿两帛八匹一丈三尺四寸大半寸直二千九百七十八给佐史一人元凤三年正月尽九月积八月少半日奉　303.5[4]

这枚简直接给出了八个月的总价，平均每个月 322 钱，佐史月俸在元凤三年为 600 钱。也低于正常俸禄标准。

百石有秩吏的实物俸禄数据如下：

[1] 丁邦友、魏晓明《秦汉物价史料汇释》，中国社会科学出版社，2016年，页 230—233。
[2]《汉简缀述》，页 142。
[3]《居延汉简簿籍分类研究》，页 38。
[4] 简牍整理小组《居延汉简》(叁)，"中央研究院"历史语言研究所，2016 年，页 250。

出广汉八稯布十九匹八寸大半寸直四千三百廿给吏秩百一
人元凤三年正月尽六月积六月　　303.30+90.56[1]

■右庶士＝吏候长十三人　　禄用帛十八匹二尺一半寸　　直
万三千三百三十三　　210.27[2]

简 303.30+90.56 平均每月折合成 720 钱，而同一时期候长月
俸为 1200 钱；简 210.27 中 13 人总计 14443 钱，平均每人
1111 钱，因为是王莽时期，在西汉益俸之后，当为 1800 钱。

另外还有几枚不清楚职务的俸禄简牍：

☑[长]赵就　　正月禄帛一匹　　二月癸巳自取　　394.1[3]

☑九月禄用帛一匹四寸　☑　　266.15[4]

☑二月禄布二匹☑　　EPT59：297[5]

六月尽七月奉絮七斤八两十八铢

李广利　　　　　　　　　　　　　　　凡十四斤八两一铢

八月尽九月奉絮六斤十五两七铢　　1408[6]

前三枚简为新莽简，考虑到这一时期隧长的禄帛为三丈三尺，
前两枚简一匹帛或稍多，应该比隧长稍高。在汉简军政系统中
秩级比隧长高而称"长"的官吏，只有候长。一匹帛为 800

[1]《居延汉简》(壹)，页 266。

[2]《居延汉简》(贰)，页 258。

[3]《居延汉简》(肆)，页 64。

[4]《居延汉简》(叁)，页 166。

[5]《居延新简集释》(五)，页 326。

[6] 甘肃省文物考古研究所《敦煌汉简》(下)，中华书局，1991 年，页 272。

钱，因此候长的俸禄远低于西汉的 1800 钱。简 EPT59：297 中，禄布前面虽然没有职官，但根据丁邦友和魏晓明的梳理，王莽时期西北布价为每匹 350 钱[1]，每月为 700 钱。那么即使按照最低的隧长月俸看，依然不足西汉时期的 900 钱。简 1408 使用"奉"字，当是西汉简，絮价按照前揭最高价，每斤 170 钱计算，平均到每个月大约 616 钱，只比益俸前的隧长稍高一点。

所以就边塞底层吏员而言，实物俸禄的价值低于现钱。其原因不能用王莽改制来解释。在上述的例子中，简 303.30＋90.56 和简 303.5 有明确的元凤三年纪年。根据《汉书·昭帝纪》，这一年与西北边地相关的记载有：

> 罢中牟苑赋贫民。诏曰："乃者民被水灾，颇匮于食，朕虚仓廪，使使者振困乏。其止四年毋漕。三年以前所振贷，非丞相御史所请，边郡受牛者勿收责。"[2]

因为此前发生水灾，所以采取赈济灾民、暂停漕运、免除债务等救灾措施。其中特别提到"边郡受牛者，勿收责"。颜师古注引应劭曰："武帝始开三边，徙民屯田，皆与犁牛。后丞相御史复间有所请。今敕自上所赐与勿收责，丞相所请乃令其顾税耳。"也就是说作为减灾措施，除了丞相、御史请求派发的耕牛，其他以皇帝名义下发的耕牛也不予收债，以减轻边民负担。内地情况似乎也不乐观，此前一年：

----

[1]《秦汉物价史料汇释》，页 212。
[2]《汉书》卷七《昭帝纪》，中华书局，1962 年，页 229。

六月，赦天下。诏曰："朕闵百姓未赡，前年减漕三
百万石。颇省乘舆马及苑马，以补边郡三辅传马。其令郡
国毋敛今年马口钱，三辅、太常郡得以叔粟当赋。"[1]

颜师古对此注曰："诸应出赋算租税者，皆听以叔粟当钱物
也。"减漕运数量、省苑马，这些都是简省人力和物力的措
施。和本文密切相关的是"其令郡国毋敛今年马口钱，三辅、
太常郡得以叔粟当赋"。免掉郡国马口钱，三辅以叔粟当赋，
这些会直接影响到边郡现钱的调拨。如上节所述，边吏俸禄除
一部分来源于当地赋钱，还有一部分来源于调拨，但两个来源
都出现困难的情况下，以实物充当俸禄成为唯一可以替代的选
项，并且因为灾荒，实际价值也打了折扣。王莽时期大批出现
的以实物充当俸禄亦可作如是观。因此边地出现以实物抵充俸
禄，且数量少于正常现钱数量，其原因主要和当时财政状况恶
化关系密切。

边地底层官吏收到的实物俸禄低于现钱价值。但与此相
照，特殊时期给长吏发放实物俸禄，则体现的是对其经济利益
的保护。

建武三年四月丁巳朔辛巳领河西五郡大将军张掖属国都尉
融移张掖居延都尉今为都尉以下奉各如差司马千人候仓长
丞塞尉职间都尉以便宜财予从史田吏如律令　F22：70
六月壬申守张掖居延都尉旷丞崇告司马千人官谓官县写移

---

[1]《汉书》卷七《昭帝纪》，页228。

书到如大将军莫府书律令　撩阳守属恭书佐丰

EPF22：71A

已雠　EPF22：71B

居延都尉　奉谷月六十石　EPF22：72

居延都尉丞　奉谷月卅石　EPF22：73

居延令　奉谷月卅石　EPF22：74

居延丞　奉谷月十五石　EPF22：75

居延左右尉　奉谷月十五石　EPF22：76

·右以祖脱谷给岁竟壹移计　EPF22：77

居延城司马千人候仓长丞塞尉　EPF22：78

·右职间都尉以便宜予从史令田　EPF22：79[1]

据陈梦家总结，都尉丞的月俸为6000钱，候为3000钱。县令虽然没有记录，考虑到和候秩级相同，也应该是3000钱。照此比例，则居延县丞和县尉为1500钱。根据居延新简中《候粟君责寇恩事》简册，建武三年谷价为每石3000到4000钱，比照西汉承平时期的谷价，自然是非正常物价。在这种恶性通货膨胀的背景下，如果照实发钱，每月只够买半石到两石的谷物，这些长吏难以维持生计。如果直接发放谷物，不仅可以保证长吏的口粮供应。即使将口粮之外的谷物变卖，亦可有远高于现钱的收入。以谷物作为俸禄，可以最大程度地保障其经济利益。

---

[1]《居延新简集释》（七），页452—456。

三、底层军吏月俸与生计

从上述简 EPF22：70—79 建武三年长吏月俸数量看，俸禄能够保证其过上优渥的生活。但是对于底层官吏来说，特别是候长、隧长、佐史等百石以下的军吏，其月俸收入是否能维持其生计呢？

在月俸额定的前提下，先看这些吏员的日常支出。候长及其以下的候史、隧长等，其口粮按月度由国家统一供给。但除此之外的日常开销，包括随其在屯戍地的家属开销，则均由其个人负担。益俸前后月俸的年收入，隧长和候史为7200钱或10800钱；候长为14400钱或21600钱。从西北汉简记载看，官吏每年的支出包括以下诸项目：

一是衣装费用，汉代边地吏卒的衣装皆由其自行置办：

阜单衣毋鞍马不文史诘责骏对曰前为县校弟子未尝为吏贫困毋以具阜单衣
冠鞍马谨案尉史给官曹治　簿书府官繇使乘边候望为百姓潘币县不肯除　EPT59：58[1]

"未尝为吏贫困毋以具阜单衣、冠、鞍、马"，说明正常情况下，阜单衣、冠、鞍、马这些应该自备。在汉简的记录中，马的价格4000到15000钱不等[2]；和阜单衣类似的有阜布章单

---

[1]《居延新简集释》（五），页256。
[2]《秦汉物价史料汇释》，页141—143。

衣，其价格为 350 钱（262.29）[1]，皁布衣 390 钱（EPT52：91B）[2]。隧长一般不需要马匹，但候长巡视天田则需自备马匹，按最低马价估算。也需要其年收入的 28% 或 19%，加上衣冠和鞍的支出，这种基本配置占比还要多些。还有一枚简完全是衣物的支出金额：

出钱五十贷吏　　　袍千四百
吏买单袜九十　　　绨一匹直五百
复绔五百八十　　　·凡钱二千六百六十　在吏所
　　　　　　　　　　　　　　EPT53：52[3]

这些衣物的总额为 2660 钱。

二是祭祀费用。边地社祭等常规祭祀，官吏的花费通常由政府供给：

具移部吏卒所受腊肉斤两人　EPF22：202
☑☐☐☐　　见吏施刑腊用肉致斤　EPF22：203
临木候长上官武　十二月腊肉直石二斗　十二月己未女取
　　　　　　　　　　　　　　EPF22：204
☑钱百廿　十二月庚申妇母佳君取　EPF22：205
不侵隧长石墅　腊钱八十　十二月壬戌妻君宁取
　　　　　　　　　　　　　　EPF22：206

[1]《秦汉物价史料汇释》，页 247。
[2]《居延新简集释》（三），页 619。
[3] 马智全《居延新简集释》（四），甘肃文化出版社，2016 年，页 300。

吞北隧长吕成　　腊钱八十　十二月壬戌母与取

EPF22：207

第十一隧长陈当　腊钱八十　十二月乙丑妻君间取

EPF22：208

第卅二隧长徐况　腊钱八十　十二月壬戌妻君真取

EPF22：209

俱南隧长左隆　　腊钱八十　十二月己巳☑　EPF22：210

止北隧长窦永　　腊钱八十　十二月辛酉妻君佳取

EPF22：211

第九隧长单宫　　腊钱　　　十二月辛酉母君程取

EPF22：212

第四隧长王长　　腊钱八十　十二月己巳自取

EPF22：213

☑腊钱八十　十二月庚午君赋　EPF22：214

☑腊钱八十　十二月壬戌妻君曼取　EPF22：215

☑腊钱八十　十二月辛酉☑　EPF22：216

☑□　　　　　腊钱八十　十二☑　EPF22：217

☑腊钱卅　十二月甲子自取　EPF22：218[1]

官府给每位隧长腊钱80钱，整齐划一。亦可以看做是其额外收入，但相比月俸比例不高。类似的还有祖道钱：

候史褒予万岁候长祖道钱　　出钱十付第十七候长祖道钱

[祖]道钱　　　　　　　　出钱十付第廿三候长祖道钱

---

[1]《居延新简集释》（七），页485—487。

[祖]道钱　　　　　　　　　　出钱十

　　　　　　　　　　　　　　出钱　104.9+145.14[1]

祖道，陈直解释说："《小尔雅·广言》：'祖，送也。'《诗·
烝民》：'仲山甫出祖。'郑笺：'将行犯轵之祭也。'《左》昭七
年《传》：'梦襄公祖。'注：'祭道神。'盖由祭道神演变为祖
送之仪。"[2] 这似只支付给候长，斗食吏候史、隧长无此收
入。但除此之外的特殊祠祀活动，则需由官吏自行支付。

　　甲渠官吏君以下百七人　祭魏将军一月禄用钱十万八千八
　　百五十　286.10A[3]

在西北汉简中，君通常指候官的长官"候"，如"候粟君"
等。"甲渠官吏君以下百七人"指甲渠候官所有的吏员。祭魏
将军的祭祀活动，其花费使用的是禄钱，平均到每个官吏是
1017钱。祭魏将军不见于其他秦汉文献记载，或是边地特别
祭祀，故这一费用由官吏自行承担。

　　三是官吏因失职行为导致的罚没支出。秦汉法律中，官员
渎职、失职等行为要受到相应的处罚，罚金就是其中重要内
容。在西北汉简中不乏其例：

　　亭长□□　　九月甲辰丁夜尽时臽火不和適二百钱

[1]《居延汉简》(贰)，2015年，页8。
[2]《居延汉简研究》，页360。
[3]《居延汉简》(叁)，2016年，页230。

73EJT22：27[1]

坐发省卒部五人会月十三失期　毋状今適

载三泉茭二十石致城北

第十候长傅育

賸给驿马会月二十五日毕　EPT59：59[2]

简 73EJT22：27 为亭长没有应和烽火，简 EPT59：59 是候长傅育发省卒失期，皆被处罚。適即谪，以运输茭草作为处罚方式。对官吏的经济处罚，有时也需要从其月俸中抵扣：

出钱二千[八]百　[正月尽三月]　给廿六隧长□□正月尽三月奉　二月丁亥令史严输府偿罚金钱　279.18[3]

这枚简明确说用三个月的俸禄补偿罚金。又如前引 EPT6：5，即使是以帛为俸，作为罚金，也要裂帛缴纳，从月俸中支出。

四是上级官吏对小吏的侵渔或上级机构的不时之敛。

始建国三年十二月丙辰朔丁丑不侵候长茂敢言之官檄曰部吏九人＝一鸡重六斤

输府遣候史若祭酒持诣官会月二十日·谨案部吏多贫急

［1］甘肃简牍保护研究中心、甘肃省文物考古研究所、甘肃省博物馆、中国文化遗产研究院古文献研究室、中国社会科学院简帛研究中心编《肩水金关汉简》（贰）下，中西书局，2012 年，页 47。

［2］《居延新简集释》（五），页 258。

［3］《居延汉简》（叁），页 208。

毋□

EPT59：56[1]

候官要求下属各部的吏缴纳重六斤的鸡，让候史交到候官去，这应非常制。但即便如此，因为小吏贫寒，似乎也无法缴纳。底层官吏还要支出小畜钱：

第四候史郅临　十二月奉钱九百　十一月尽十二月小畜钱
未出　286.5[2]

小畜钱要从月俸中支出。小畜钱含义不明。不过，居延汉简有隧长买官畜的名单：

第六队长常业　第十六隧长郑阳
买官畜吏名
第八队长孙知　第二隧长九百诩

EPF22：461[3]

小畜或许与此相关，这也有强制的可能。俸禄支出中还有"顾茭"：

候史靳望　正月奉帛二匹直九百　其一匹顾茭

----

[1]《居延新简集释》(五)，页255。
[2]《居延汉简》(叁)，页230。
[3]《居延新简集释》(七)，页532。

定受一匹　89.12[1]

● 凡吏十人　用帛廿二匹　　其三匹顾芟

定受廿匹　137.21[2]

"顾芟"含义不明，不过汉代文献中"顾"字含义与"雇佣"相关。如《汉书·食货志下》："法使天下公得顾租铸铜锡为钱。"颜师古注："谓雇佣之值，或租其本。"[3] 汉代有女徒顾山制度，就是女性罪犯每月交 300 钱，找人代替服役。[4]这里"顾芟"的含义或与此相类，即出钱雇佣某人伐芟。

此外，在政府各种活动中，也不乏有官吏上下其手，徇私舞弊，侵渔小吏：

> 建始元年九月辛酉朔乙丑张掖大守良长史威丞宏敢告居延都尉卒人言珍北守候塞尉护甲渠候谊典吏社受致糜饭黍肉护直百卅六谊直百卌二五月五日谊以钱千五百偿所敛吏社钱有书护受社糜不谨谊所以钱千五百偿吏者审未发觉谊以私钱偿毋罪名书到如　EPT52：99[5]

如前所言，官府要给予基层小吏社祭补贴，这笔钱也被候贪污。除了日常生活支出和不时之敛，对于边吏来说，还有成人

---

［1］《居延汉简》（壹），页 262。

［2］《居延汉简》（贰），页 90。

［3］《汉书》卷二四下《食货志下》，页 1154。

［4］广濑薫雄《长沙五一广场东汉简牍中所见的"山徒"小议》，收入其著《简帛研究论集》，上海古籍出版社，2019 年，页 173。

［5］《居延新简集释》（三），页 623。

需要交纳的算赋。西北汉简所处的时代，成年人口每年 120 钱。虽然没有边地吏家庭人口的具体统计，但是施伟青统计过居延汉简中戍卒家庭人口，其结论是三人户和四人户最多，合计三分之二以上。[1] 基层官吏当与此相近。这样每户需要两个成年人纳算，共需 240 钱。

我们虽然无法精确地计算出汉简官吏家庭支出数目，但从上述支出项目看，相对年收入来说，可能会影响其日常生计的维持，甚至入不敷出：

> ☑凤一年十一月庚子朔丙辰尉史尚敢言之廼月十三日到居
> 延将候长芎良及
> ☑业等还胡苍责即日候长芎良傅育并妻业责已决遣・隧长
> 　　　　　　　　　　　　　　　　　　　EPT4：1[2]

这里的候长和某人已经发生债务关系。在居延简中有一类"卒责故吏名籍"，如简 EPT50：131"☑☑年三月卒责故吏名☑"[3]。按照李天虹的分类，其正文为"某人责某人若干钱（物）"，如：

> ☑收虏隧卒丁守责故隧长石钦粟泰斗皂布三尺
> 　　　　　　　　　　　　　　　　　EPT59：114[4]

------

[1] 施伟青《汉代居延随军戍卒家庭人口的若干问题》，《中国社会经济史研究》1998 年第 3 期，页 7。
[2]《居延新简集释》（一），页 261。
[3]《居延新简集释》（二），页 510。
[4]《居延新简集释》（五），页 278。

"责"字前面是债权人，后面是债务人。因为如果反过来，则使用"负"字，如，

吞远候史季赦之　负不侵卒□万年剑一直六百五十

负止北卒赵忠袭袠一直三百八十　・凡千卅　258.7[1]

与此相关，还有对这类债务纠纷进行调查审理的文书。我们将这些有关债务文书列表如下：

边地吏卒债务表

债权人		债务人		所欠物品		欠钱	备注	编号
身份	姓名	身份	姓名	种类	折钱数			
始安隧卒	韩诩	故东部候长	牟放			400		73EJT23：295
甲渠戍卒	姚乐	箕山隧长	周相			400	贷钱千已得六百	EPT4：92
终古隧卒	王晏	隧长	房			100	贷晏钱百	EPT40：6A
				胡鞍一	257			
鄣卒	尹赏	第廿一隧	徐胜之	长襦钱	2000		少二千	EPT51：8
第卅隧卒	王弘					311		
第卅三隧卒	陈第宗		徐充国			1100	以奉钱偿还	EPT51：214
令史	范卿	第十候长	辅			1200	愿以十二月奉偿	EPT51：225A
		却房隧长	徐意			100	居钱百	EPT52：247

---

[1]《居延汉简》(叁)，页137。

债权人		债务人		所欠物品		欠钱	备注	编号
身份	姓名	身份	姓名	种类	折钱数			
第七队卒	孔幸	高沙隧长	纪孝	缥襦一又皁缯	1350		正月尽二月奉钱千二百	T52：531
第廿二队卒	牛解事			剑一	900			
临之隧卒	尹宗	故临之隧长	薛忘得	铁斗一	90		凡直百卅五	EPT59：7
				尺二寸刀一	30			
				缇绩一	25			
同隧卒	吴故			三石布囊一曼索一具	皆蘵			
西河虎猛都里	赵武	甲渠候史	张广德	谷钱	2000			EPT59：8
		居延男子	张君孙襄	絮一枚	135			EPT59：38
		第卅七隧卒	尹禹字君伯	布一匹	750			EPT59：64
		第卅三隧卒	纪常富字子严	布二匹	1500			EPT59：70
收虏隧卒	丁守	故隧长	石钦	粟黍斗卑布三尺				EPT59：114
伐胡卒		广地次累隧长	陶子赐	练襦一领	830			EPT59：645
当欲隧卒	宾德成	临要隧长		卖布一匹	350		尽四月奉	838B
察适隧卒	王未央	察适隧长		卖绀一匹	370			
愿敢卒狐		造史		卖练一匹	490			
				布	134			
三墣燧长	徐宗	故覆胡亭长	宁襄	舍钱	2330			3.4

| 债权人 | | 债务人 | | 所欠物品 | | 欠钱 | 备注 | 编号 |
身份	姓名	身份	姓名	种类	折钱数			
隧长	徐宗	故三泉亭长	石延寿	荽钱	280		少二百八十	3.6
		殄北石燧长	王子恩	官袍一领	1500			157.5A
吞远隧卒	夏收	代胡隧长	张赦之	缣一丈	360			217.15+217.19
	季子	临之燧长	王君房			660		220.16
止北卒	赵忠	吞远候史	季赦之	袭裘一	380			258.7
不侵卒	万年			剑一	650			
隧卒	子章	第卅八隧长	赵护	官袍一领	450			甲附22
第廿三候长	赵佣	居延骑士	常池	马钱	9500			35.4
戍卒	左咸	故乐哉燧长	张中宾	卓练一匹	1200			35.6

我们观察这一表格，可以看出以下几个问题：其一，债权人身份多数为戍卒，也有少量官吏，但是他们所对应的债务人也是官吏。简35.4的身份是居延骑士，亦非士兵[1]。这反过来说，债务人皆为官吏。从下面这支呈报简看，这似乎是一种通例：

阳朔元年六月丙子朔戊子右后候长嘉敢言之官檄曰具移吏

----

[1] 详见本书《西北汉简所见骑士简二题》。

负卒责多少牒别

言会月廿日谨移部吏负卒责以六月奉钱偿如牒敢言之

86EDT65：1A^[1]

"具移吏负卒责多少牒别言会月廿日谨移部吏负卒责以六月奉钱偿如牒"，这句话是对上表现象的一种归纳，即吏欠卒债，需要定期清理，以俸钱偿还。这显然不是个别的例子。所谓"以奉钱偿"，也就意味着官吏很可能一直处于负债状态。其二，所欠债务中，有很大比例是以物折钱，这些实物以衣物、布帛为主，另外还有日常什器，反映了底层官吏日常生活捉襟见肘的一面。之所以债权人多为戍卒，一方面是因为隧长和隧卒二者在边地关系结合比较紧密。另一方面，戍卒从外地到边地屯戍，携有官府发放或自备的衣物等，除了卖给隧长以外，还有以贳卖的形式卖给其他人，这在简牍中有大量记载。其三，相对于候长以下官吏的月俸，其债务数额很大。其四，上述债务文书，是因为发生拖欠而需要从官俸中支付，因而被记录下来。若能如期支付，不需要经过官府的情况或许更多。这正反映了边地底层官吏生活窘迫。甚至还出现了官吏向刑徒借债的情况：

· 徒王禁责诚北候长东门辅钱不服移自证爰书会月十日

· 一事一封　四月癸亥尉史同奏封　259.1^[2]

---

［1］甘肃简牍博物馆、甘肃省文物考古研究所、出土文献与中国古代文明研究协同创新中心中国人民大学分中心编《地湾汉简》，中西书局，2017年，页140。

［2］《居延汉简》（叁），页141。

与此相关还有一枚简牍需要说明：

　　□□三年五月□□□己巳掾林临之谨移吏收卒责课一编
　　敢言之　EPT4：94[1]

对此，孙占宇解释：吏收卒责课，居延汉简所见塞上吏卒常因贳买或借债等原因产生债务纠纷，屯戍机构往往代为收债。此处"吏收卒责课"或即考核官吏收取戍卒债务工作的"课"类文书。这个解释比较模糊，不清楚具体债权人和债务人。我们认为，这可能就是对官吏集中处理戍卒债权的考课。一方面，如上表所言，在债务关系中，戍卒在债权人中占绝大多数，而官吏皆为债务人，这或许是保护戍卒的一种措施。另外，简 EPT4：92：

　　甲渠戍卒濮阳姚乐　当课　自言责箕山隧长周相从乐贷钱
　　千已得六百少四百[2]

从图版看，"当课"二字为后书，或为审核后的批阅意见，整枚简就是"吏收卒责课"的具体正文形式。

　　从债务表看，底层官吏负债已经成为普遍现象。并且作为本地人，他们可能一直担任戍吏，虽然也有俸禄以外的经济活动收入作为补充：

---

[1]《居延新简集释》（一），页293。
[2]《居延新简集释》（一），页291。

　　　　　　　　出笥一合付郑隧长卖

　　　☑二合付王士吏卖☑

　　　　　　　　出笥一合付苏诩卖　　EPT43：16[1]

即从事贸易买卖活动，但生活还是无以为继。所以在特殊情况下，出现了成规模的隧长等底层官吏贫寒罢休：

　　贫寒隧长虞☑等罢休当还入十五日食石五斗各如牒橥到☑
　　付　EPF22：294

　　☑☑☑官会月十五日毋以它为解须当言府遣还作如律令
　　　　　　　　　　　　　　　　　　　　　　　EPF22：295

　　第十队长田宏　贫寒罢休　当还九月十五日食
　　　　　　　　　　　　　　　　　　　　　　　EPF22：296

　　第十一队长张岑　贫寒罢休　当还九月十五日食
　　　　　　　　　　　　　　　　　　　　　　　EPF22：297

　　乘第十二卅井隧长桃丐　贫寒罢休　当还九月十五日食
　　　　　　　　　　　　　　　　　　　　　　　EPF22：298

　　乘第廿卅井隧长张翁　贫寒罢休　当还九月十五日食
　　　　　　　　　　　　　　　　　　　　　EPF22：301A

　　掾谭　EPF22：301B

　　第廿叁隧长薛隆　贫寒罢休　当还九月十五日食
　　　　　　　　　　　　　　　　　　　　　　　EPF22：302

　　☑☑恭　贫寒罢休　当还九月十五☑　EPF22：303[2]

---

[1]《居延新简集释》（二），页343。
[2]《居延新简集释》（七），页500—502。

·甲渠候官建武叅年叅月贫隧长及一家二人为寒吏

EPF22：651[1]

至少从西北边地的小吏处境来说，如果依靠国家俸禄，生活仍不免于困顿。尽管他们构成了边地防卫力量的主体和骨干，但就其生存状态来说，难免有卑微化的倾向，成为事实上的役吏；另一方面，汉代国家在战略上将西北边地作为防御重心，并从人力和物力上竭力保证供给。然而从基层军吏月俸这一角度可以窥知，在经济方面对西北边地的巩固已勉为其难。所以到了东汉前期，就有了战略性放弃河西地区的意见。这也可以从一个角度反映汉代经营河西地区的实态。

原载【韩】庆北大学人文学术院《东西人文》，2021 年 8 月

---

[1]《居延新简集释》(七)，页 566。

居延汉简习字简述略

　　已经发表的居延汉简当中，有一些简牍并非正式的文书内容，只是当时书写者无意中写下的一些字，如"候长长长候（180.9）"[1]。从内容看，书写者大约以习字为目的，为了熟悉文书中的字。我们将这些简称为习字简。居延新简的整理者也发现了这一现象，例如简 EPT51：168："甲渠官　孙猛　九月戊午卒☐以来。"整理者接着用括号标识出："简背面为习字书，字迹甚乱，此不释。"[2] 后来李迎春作《集释》又注明："本简正面下半段是习字……原释因本简背面是习字简，且字迹甚乱，故未释。"[3] 除了整理者已经指出的外，我们爬梳公布的居延汉简，又找出了更多类似简牍。本文从习字简的内容、形式、载体等几个角度，对与习字简相关的几个问题做一探讨。

一、习字简的主要内容

　　所谓习字简内容是指书写者具体要练习哪些字。这可以从

---

[1] 简牍整理小组编《居延汉简》（贰），"中央研究院"历史语言研究所，2015 年，页 199。

[2] 甘肃省文物考古研究所、甘肃省博物馆、文化部古文献研究室、中国社会科学院历史研究所编《居延汉简——甲渠候官与第四隧》，文物出版社，1990 年，页 185。

[3]《居延新简集释》（三），页 453。

一个角度透露出汉代边塞基层政治文化的一些信息。具体说来，习字简可以分为以下两类：

1. 文书用字。

汉简的书写者多是掾、史等边塞基层官吏。因为起草、誊写公文是其主要工作，所以相关的官名、地名、年号、文书习语等官文书中的常用字都是他们练习的对象。

官名简例：

☐史史　令史　史史　史史 158.12[1]
士吏　士吏
士吏备　262.35A、B[2]
候长长长候 180.9[3]
大司农　司农　司农 198.15[4]
曼近延近寺居延令日令日　EPT52：14[5]

年号简例：

元元康五年六年五五五五五 183.8[6]

----

[1]《居延汉简》(贰)，页145。
[2] 简牍整理小组编《居延汉简》(叁)，"中央研究院"历史语言研究所，2016年，页153。
[3]《居延汉简》(贰)，页199。
[4]《居延汉简》(贰)，页233。
[5] 李迎春《居延新简集释》(三)，甘肃文化出版社，2016年，页598。
[6]《居延汉简》(贰)，页208。

元元寿寿二年十月…… 229.5A[1]

地名简例：

甘露四年十二月□□甲渠渠渠渠伏□ EPT56：264A[2]
第第第四隧 EPS4T2：10[3]
居延延延延居遣居延都尉府…… 229.5B[4]

习语简例：

程程程程程律令令令律令令令令律□ 32.12B[5]
□□茭茭茭茭茭茭 EPT52：456[6]
叩=头=叩=头=叩头头叩头 EPT59：690A[7]

从以上例子可看出，习字简中出现的官文书用字，多是这些
掾、史等人频繁使用的字词，这样做是为了在书写公文过程中
更为准确流畅。除此而外，甚至一些人名也是他们练习的对
象，如："建昭三年五月癸未鉼庭隧长同伏诣宣忌守忌忌忌为

---

[1]《居延汉简》（叁），页60。
[2]马智全《居延新简集释》（四），甘肃文化出版社，2016年，页444。
[3]张德芳《居延新简集释》（七），甘肃文化出版社，2016年，页681。
[4]《居延汉简》（叁），页60。
[5]简牍整理小组编《居延汉简》（壹），"中央研究院"历史语言研究
    所，2014年，页99。
[6]《居延新简集释》（三），页719。
[7]肖从礼《居延新简集释》（五），甘肃文化出版社，2016年，页427。

忌忌（EPT51：83A）。"[1] 这大概是忌等人的名字当时书写者需要经常使用。

2. 字书。

在居延汉简中，还有为数不少的字书，包括《苍颉篇》《急就章》等，如简 185.20，EPT56：27AB，EPT48：154AB，EPT56：40，EPT48：49，EPT48：115，EPT6：90，EPT45：14AB，EPT19：1、2 等。这些字书本身可能并非基层吏卒习字书写。我们检视居延汉简中这些字书的图版，可以看出这些字书，有一些是用通行的隶书书写极为工整，这与大多数汉简潦草的笔迹相比不同，所以这可能是吏卒对照练习的范本。另外一支简可以印证这一判断："☐☐甲渠河北塞举二藻燔苍颉作书（EPT50：134A）。"[2] "苍颉作书"四个字和官文书放到一起，内容互不相属，所以合理的解释是，边塞吏卒利用废弃简牍练习字书上的字。与此相对应的，那些字书是习字的范本。

为什么边塞吏卒要学习字书的字呢？根据张家山汉简，这是因为国家对担任"史"等书记类官吏的素质要求有一定标准。《二年律令·史律》有："试史学童以十五篇，能风（讽）书五千字以上，乃得为史。"[3] 正因为如此，在西北边塞出土大批字书简也就在情理之中。

居延汉简习字简的内容为文书用字和字书，反映了边塞基

[1]《居延新简集释》（三），页 427。

[2] 杨眉《居延新简集释》（二），甘肃文化出版社，2016 年，页 510。

[3] 张家山二四七号汉墓竹简整理小组编《张家山汉墓竹简〔二四七号墓〕》（释文修订本），文物出版社，2006 年，页 80。

层吏卒生存的基本实态：一方面要应对国家对其从政素质的基本考核；另一方面，他们采取一种更为务实的态度，以便更好地完成誊抄公文等文书职责。

二、习字简的形式

除了字书而外，其他习字简都是边塞吏卒随手写下的字。因而在形式上也表现出很大的差异。具体说来有以下几种：

1. 重复正文中的一些字词。例如：

☑□□□记吏吏以以谊□掾☑　EPT53：262[1]

始建国天凤六年三月丁酉第十候长敢言之之之之之之旦
今旦　EPT59：333[2]

☑伏地伏地伏地居延　317.23[3]

建初初初建言言言多言多言言多言　552.1[4]

在形式与此相似的简还有 117.14、214.15、317.23、EPT53：262、EPT53：48、77.76、218.7 等。

有的简甚至两面都是这种形式的习字内容。如：

☑烦等等等再拜子子遮癸卯卯

----

［1］《居延新简集释》（四），页349。
［2］《居延新简集释》（五），页334。
［3］简牍整理小组编《居延汉简》（肆），"中央研究院"历史语言研究所，2017年，页15。
［4］《居延汉简》（肆），页217。

☑民民长长取之之卯卯卯卯卯尽书始建

EPT59：535A、B[1]

伏地再拜伏

伏伏伏大受受　35.24A、B[2]

另有简 43.31A，B，282.16A、B，EPT56：21A、B，690A、B 等形式类似。

这些简之所以重复书写正文中的字词，我们推测大约是书写者书写公私文书时，出现衍文或错字时，索性重复这些字。并且重复的字多为边塞吏卒常用字，也可借此熟悉各种文书用字。

2. 在报废的正式文书背面或其他空白处习字。如：

☑年六月丙辰朔☑酉城北候长☑☑

☑☑敢言之☑

☑☑丁　以以以以以以☑　EPT40：45 A、B[3]

从行文看，这支简 A 面是一件正式的公文，而在其背面，则重复"以"字。从图版观察，两面的笔迹亦不相同，习字的一面较为潦草，因此我们判断这部分是后来书写在报废的正式文书上。这类简还有 24.9A、B，25.18A、B，28.21 A、B，160.5 A、B，183.11 A、B，EPT52：149 A、B，157.24 A、B，507.2 A、B 等。

----

[1]《居延新简集释》（五），页381。
[2]《居延汉简》（壹），页113。
[3]《居延新简集释》（二），页296。

另外还有在简末端习字的例子：

居延平明里王放就人昌里漕阳　车一两粟大石廿五石　居
延平明里王放就人昌　　EPT49：53A[1]

新简的整理者指出，"五石"以后为后书字。后书字的内容是重复简端开始的 10 个字，这说明后来者模仿前面的字。简的背面是连续四个"史"字，这是在习字简上经常出现的字，也是一个佐证。类似者还有 EPT51：383、279.4。

从习字简的两种形式看，边塞吏卒习字都是在写废的或已经作废的简牍上，这与当时通行的书写材料——简牍的限制关系很大。当然，作为字书的习字简不在此列。

三、用以习字的废弃简牍

上述第一类习字简并没有作为正式文书出现，而字书的功能本来就是供习字之用。故二者均毋须讨论。可做习字载体的废弃简牍稍稍复杂，还可进一步申说。为便于说明问题，我们将在居延汉简中所检核到的相关简牍分类列表如下：

废弃文书简牍分类习字表

类别	简号
吏卒名籍	EPT51：383A、B；220.4A、B；279.4
封检	EPT 6：42A、B；EPT50：245A、B；EPT61：329A、B

---

[1]《居延新简集释》（二），页 475。

类别	简号
债务类	EPT52：149A、B；26.9A、B；EPS4T2：52，EPS4T2：53A、B；EPT49：53A、B
上下行文书	EPT 40：45A、B；EPT51：92A、B；EPT53：66A、B；4.13A、B；14.26A、B；183.11A、B
日书	EPT5：57A、B
字书	EPT 48：154A、B；EPT50：1A、B；
私文书	EPT56：21A、B；EPT52：279A、B；EPT50：169A、B；25.18A、B；43.31A、B；157.24A、B；507.2A、B

　　根据这个表格所反映的情况，我们可以看出：用于练字的简以不定期文书为多，原因是其内容有很大的不确定性，存档方面亦不如定期文书有规律，私文书甚至不需要留存。定期文书在已见的居延汉简中所占比重甚大。然而除了吏卒名籍外，其他类别习字简比较少见。我们以为这种情况是由两个因素导致的：一是定期文书需要呈报、汇编，作为档案来保存而易形成制度，所以不易被用来随意练字。二是除吏卒名籍外，其他簿籍类的定期文书多涉及政府各部门之间或个人与政府之间发生的联系。如卒廪食名籍有两种，一种是申请廪食由部编制而上报到候官，一种是发放名籍，是各仓在发放时编制的。[1]这类简是候官和各仓之间，戍卒同政府之间的口粮发放关系。又如迹与功劳两类文书在出土的居延简中常见，也未发现习字简，这是因为迹产生的功劳是官吏升迁的重要途径。功与劳的累积是仕进依据之一。因而需要严格保存这类档案。因为吏卒

----

[1] 李天虹《居延汉简簿籍分类研究》，科学出版社，2003 年，页 63。

的流动性比较大，普通的吏卒名籍只反映其自然情况，所以从存档的角度看，同其他簿籍相比，要求自然也不那么严格。它成为习字简的载体，也就是情理之中的事情。

在居延汉简中还有一部分简虽然形式上与此一样，但还不能肯定它们一定是习字简。如："拘迫部吏不得永始五年四月壬子居居延延都尉万岁丞嘉尺（276.6）。"[1] 不能排除是正式文书中出现的误笔。因为从图版观察，这支简除了衍两字外，与正式文书一样，没有区别。

从以上考察可以看出，习字简的存在可以反映出边地乃至整个汉代基层的文化教育，是探究当时人们的精神生活途径之一。

原载《古籍整理研究学刊》2006 年第 1 期

----

[1]《居延汉简》(叁)，页 199。

吴简所见孙吴县级草剌类文书处置问题考论

目前所见秦汉魏晋简牍资料中，反映地方政府日常行政运转的档案文书数量所占比例最大，对其进行分类观察是研究这类材料的重要切入点。永田英正曾将西北汉简中的文书分成定期文书和不定期文书两类。定期文书指以日常事务为中心的账簿、名籍之类，不定期文书是指定期文书以外的其他官方文书。后来他将这两个概念分别改成"簿籍类"和"文书类"，即非定期制作、整理的簿籍类材料为"文书类"[1]。作为孙吴前期县级政府的档案文书，从文书学角度看，吴简和居延汉简颇为相似。其中的各种簿籍，因为出版信息中有层位和揭剥位置示意图等文字以外的出土信息，学界以簿书复原为核心对其做了细致、可靠的整理和研究工作。在《长沙走马楼三国吴简·竹简[柒]》出版之前公布的吴简中虽然也有非簿籍类文书，但体量不大，并且和簿籍类文书相比，整体上其内容庞杂，从文书制度角度进行综合考察的材料基础并不充分，所以已有相关成果多从文书个案角度研究。李均明从文书学角度做过讨论[2]。徐畅在考察吴简中列曹设置问题时，也对这类文

---

[1] [日]永田英正著，张学锋译《居延汉简研究》，广西师范大学出版社，2007 年，页 48—49。

[2] 李均明《走马楼吴简"草剌"考校》，《史学月刊》2008 年第 6 期，页 86—89。

书做了必要分析[1]。《竹简[柒]》中出现了成批格式统一的记录上报文书底案，在归档过程中自名为"草刺"[2]。草，《汉书·王莽传上》："为崇草奏，称莽功德。"颜师古注："草，谓创立其文也。"[3] 刺，是汉代文书中常见类型之一，李均明称之为"用于禀报的文书"，并列举了出土文献中"刺"的各种类型[4]。据此，草刺是指草拟的各类禀报文书。这类文书虽然格式单一，但其数量多，且有一部分成坨出现，这就为观察吴简中因事呈报的非簿籍文书管理及其涉及的行政运转问题提供了可能。

一、草刺类和封发类文书的格式与功能

《竹简[柒]》中有数量较多的草刺类文书，并且在整理者所标示成坨简牍中，共有多个和草刺类简相关。数量众多的草刺类简，格式较为统一。我们首先通过观察格式中的各种要素来分析其性质和功能。为后文叙述方便，我们将草刺类文书格式称为格式一：

草言府(草答、草白)+事由(某某事)+时间(某月某日)+

---

[1] 徐畅《走马楼吴简所见孙吴临湘县廷列曹设置及曹吏》，长沙简牍博物馆等编《吴简研究》(第三辑)，中华书局，2013年，页290—300。

[2] 如《竹简[贰]》8889："·右言府草刺廿五□□□。"简叁·471："⬚五月一日⬚五日⬚⬚□□□草刺。"李均明亦以此命名这类资料。参见李均明《走马楼吴简"草刺"考校》。

[3]《汉书》卷九九上《王莽传上》，中华书局，1962年，页4053。

[4] 李均明《秦汉简牍文书分类辑解》，文物出版社，2009年，页417—425。

某曹掾史+姓名+白

"草",李均明认为是向临湘侯府报告相关事宜的草稿。徐畅认为是"起草""撰写"之意,其根据是邢义田、汪桂海等关于简牍草稿的研究以及传世文献的记述。[1] 后一种解释,即做"起草"意更准确一些。因为一是上引《汉书·王莽传上》颜注的例子,是最直接的文献证据;二是在"草言府"这个词组中,"草"解释为动词性的"草拟"比名词性"草稿"说得通。不过,邢义田以西北边塞简牍为例,认为"需要起草者多为文书主题内容较复杂、敏感或非例行性者。例如边郡太守上奏中央,尤其是奏报军情,必得小心拿捏分寸,字字斟酌。……此外司法文书因涉刑罪和权益,记录案情需字字计较,案情部分应该也要起草"[2]。吴简中"草言府"文书,从事由看也有复杂或临时性的事务,和有固定程序、毋须起草的账簿、名籍不同。其中部分文书或许也要经过起草这个步骤。

简文中的"府",李说认为是临湘侯府,徐说认为是长沙郡府。我们赞同徐说[3]。不过徐说认为,这种格式应是呈太

----

[1]《走马楼吴简所见孙吴临湘县廷列曹设置及曹吏》,页296。

[2] 邢义田《汉代简牍公文书的正本、副本、草稿和签署问题》,收入其著《今尘集》,中西书局,2019年,页246。

[3] 吴简中可以称"府"的机构还有太常府、将军府等。考虑到为了保证不出现歧义,在行政文书中,"府"一定有特指对象。"草言府"出现频繁,那么是临湘侯府或长沙郡府的可能性更大。在后文引用"录事掾潘琬死罪白"一块木牍中,有"草言郡"字样,则排除了临湘侯府的可能。另外,也可看出"草言府"之"草",非草稿之意。

守府，正本公文发出后，县廷保留的起草公文记录。书明公文撰写日期，撰写人，有的撰写人姓名为本人签署，以备县廷核查。但我们认为这种"言府"并不是由县曹掾、史直接上书郡府，而是指所言之事需郡府处理。要到达郡府，至少需要两种途径，其一是要经过县廷长吏的审核、签署，和下面封发类格式相关；其二是经过督邮，吴简中有这样一种格式的简：

　　☑□人为生口 送 □屯事对封府督邮
　　　　二月 廿 日 谢 □ 兵 曹 史 ☑
　　　　　　　　　　　　　壹·1002[1]

郡督邮的职责为出监诸县，代表郡太守。他们通过郡府督邮来建立与郡府的联系。另外，在目前已公布的吴简里面这种形式并不多见，且"府督邮"三字与简文其他字体不同，为两次书写。和同类格式比较，这是一种特殊的与郡府连接方式，或许是与所言事情的特殊性有关。或者可以这样认为，这类文书本应遵循列曹—县廷—郡府这样一个处理流程，但因为某种原因，由府督邮来处理。反过来说，如果这些文书不经过中间环节地过滤，直接上呈太守府，就意味着太守要面临属县所有列曹发来的文书草稿，工作量很大，而属县长吏则只剩下上传下达的职能。

　　每县诸曹所"草"之事，在简文后面要注记上该曹掾史白。从郡府、县廷、列曹三者关系看，至少有两点值得注意：

----

[1] 长沙市文物考古研究所、中国文物研究所、北京大学历史学系编《长沙走马楼三国吴简·竹简[壹]》，文物出版社，2003年，页915。

一是在有些文字清楚的竹简中，这一列字常在左下角小字书写，目的是起到标识作用，如果有问题可以追责到具体责任人，说明了需经过县廷审核这一程序。二是如果这些掾史直接面对郡府，越级向郡府陈情，难以想象郡府会面对如此众多的县曹属吏[1]。县列曹所要面对的应是县廷。因而综合上面这些分析，这类草刺所指具体文书，是列曹起草交到县府审核、签署，需要郡府来处理的事情。当然文书正文已经根据需要，做了进一步处理：转移到郡府或有其他的处置方式。简言之，这类草刺类文书是列曹起草、撰写，提请县长吏进一步处理文书的登记记录[2]。

这种格式在书写时间时皆不标年份，只言某月某日，表明这类草刺文书是以年度为统计单位[3]。

这类草刺类简依起首语词不同，还有以下几种：一是"草言"，如"草言私学谢稚庐（卢）金正户民推求□□无有张违知□□□□五月十一日⊘（贰·6912）"[4]，这种形式还有简柒·2468、柒·4412、柒·3097、叁·129、叁·479、叁·496、叁·3463、叁·5541、叁·7329等；二是"草白"，如

---

[1] 根据徐畅对吴简的梳理，仅临湘一县就设置了至少十四曹。参见《走马楼吴简所见孙吴临湘县廷列曹设置及曹吏》，页302—346。

[2] 李均明认为这些草刺还兼有发文登记的功能，不过将居延简中的发文登记简和吴简对比，无论形式还是内容，都和下面所列举的封发类格式极为相似。参见《走马楼吴简"草刺"考校》，页86—89。

[3] 只有一个特例：草言府……事嘉禾□年……月廿一日兼金曹史李□白（柒·3167）但书写者为"兼金曹史"，非专职，或许不熟悉金曹史的业务导致书写有误，故以特例视之。

[4] 长沙简牍博物馆、中国文物研究所、北京大学历史学系编《长沙走马楼三国吴简·竹简[贰]》，文物出版社，2006年，页858。

"草白理出叛吏五□子士子孖等三人付典田掾五陵□□□□事四月十八日兼中贼曹史象□白（柒·4471）"[1]，同样形式的简有柒·1438、柒·3157、柒·4431、柒·4470 等，从字面看，它们和"草言府"相比，缺少所言对象，或许直接呈报给县廷，由县廷自行解决，所要解决的事情与郡府无关；三是"草答"，如"草答□□遣马德妻三人封（?）居（?）事 十月廿五日……白（柒·3107）"[2]，同样的还有简柒·4523 等，这或许是针对上级或其他机构质询的答复文书[3]。

和这种草刺文书相类似的还有另一种格式，为叙述方便，我们称之为格式二：

某曹言某事+时间（多数标注某年某月某日）+书佐（或其他佐史）+姓名+封

对于这种格式文书，徐畅曾做了简单分析，认为结尾的"封"，表示发文登记；书佐或其他掾、史、干等为县门下属吏[4]。我们在此基础上，通过它和草刺简格式差异来分析其特点：首先言事主体，草刺简是以列曹掾史来指代诸曹，而这里直言某曹，直接以机构起始而不涉及具体人员。这说明从县廷角度来说，前者是对列曹呈报文书所做的摘要，是面对下级起到备案、追责作用；后者所对应的具体文书由县廷统一封

［1］长沙简牍博物馆、中国文化遗产研究院、北京大学历史学系、故宫博物院古文献研究所编《长沙走马楼三国吴简·竹简［柒］》，文物出版社，2013 年，页840。

［2］《长沙走马楼三国吴简·竹简［柒］》，页804。

［3］在吴简中类似格式文书还有"草乞告"（柒·4431）、"临湘言"（肆·1164）等形式，大约也都是有特定的对象和语境。

［4］《走马楼吴简所见孙吴临湘县廷列曹设置及曹吏》，页296、298。

缄，并登记、发送，县廷变成发文的主体，因而我们姑且称之为封发类简。这是根据文书的内容，做出准确的归口，起到备案作用。至于是哪位县列曹掾、史上呈，对接收方来说没有意义。徐畅将它和汉代发送文书对比，区别是没有发文对象。我们推测，其发文对象是郡府。因为作为垂直领属关系的郡、县之间公务往来是一种常态，县廷向郡府发送的文书自然比例颇高，所以若无特殊情况，以郡为发文对象因此而省略。

两类简牍的形制也有所不同。我们按照整理者公布的图版，抽测一部分两类简的宽度，草刺简大约为 7—8 mm，封发类大致为 14—20 mm，大约是前者的两倍。这似乎也说明两种文书为不同性质，尽管我们尚不清楚为什么在形制上会有如此差异。

两种文书格式十分相近，功能不同。这从它们出土时的位置关系也可以看出：《竹简［柒］》记录的这两类简多成坨出现，整理者在附录里均做了揭剥位置示意图。从这些图可以看出：一类是两种格式分别单独出现，如竹简揭剥位置示意图二十六、图三十九只有格式一，没有格式二；第二类虽然两种格式出现在同一坨简中，但是每种格式各自集中，如图二十五，全部 31 支简中，只有一支是第二种格式，并且在这组简的边缘，格式一整体出现；图二十九和图二十五类似，只有两支格式二的简，出现在边缘，其余 27 支格式一的简挤压在一起，并且没有掺入其他内容的简；图三十七恰恰相反，两种简虽然数量相当，但是格式二集中夹在这坨简的中间位置，格式一分布在两侧。另外还有其他一些包含这两种格式的成坨简，如图十、图二十三、图二十四、图三十八，但它们互相混入。我们想可能是这些成坨简被挤压所致，如图二十四的 62 支简中，能够判明其内容的除了这些草剌类简外，尚有 11 支入米记录简和 15 支户籍文书类简；有些或是在废弃过程中掺入了一些记录其他内容的简，比如图二十三中间就整齐的掺入了四条入皮记录。尽管如此，也能隐约地看出两种格式相对集中在一起。因而这并不会影响到两种格式简单独存放，并进而得出是两种功能、性质不同简的结论。

格式二在标注时间方面除了少数只写月日外，绝大多数年月日俱全。这些少数特例中，还有两人是"领书佐"，非专门的书佐。或许意味着这类文书较少，是跨年度归档[1]。

除了上述两种基本类型外，尚有一些格式相似，辞例、用语介于两者之间的简，对此，要针对不同情况做具体分析：

一种形式为前半部分为某曹言某事，和上述第二种格式相同，但后面的署名却是该曹掾、史，以"白"结尾，又和第一种格式相同。如下简：

> 仓曹言壄阁马维仓吏武河遗(?)玉(?)官印从科俗(?)□□
> 　　　　　　　　　　　　　罪法事
> 　　四月四日仓曹史吴王白　柒·1441[2]
> 户曹言□遣私学谢达本正户民不应□遗脱□□事
> 　　　　　　□月八日领户曹……白
> 　　　　　　　　　　　　柒·1464[3]

---

[1] 若以坨为单位看，跨度在两三年不等，单简更需要标注上年份。
[2] 《长沙走马楼三国吴简·竹简[柒]》，页 761。
[3] 《长沙走马楼三国吴简·竹简[柒]》，页 762。

我们还是将其归属列曹上言县廷类的第一种格式，虽然起首为某曹言，但从责任人划分看，还是县曹的曹吏。如前所言，正常情况下郡府是不可能直接面对县曹吏。此外，简柒·2954"金曹言……事……月廿日……白"亦属此类文书，而且从它所在的揭剥位置示意图看，恰好被包裹在一组"草言府"开头的格式简中，亦可作为旁证。

为什么会出现这种不一致的格式？我们推测是所言事情特殊，比如上面简柒·1441 事情涉及邸阁、仓吏等，所以要以仓曹的名义发出。那么是否有可能是书手的书写习惯所致呢？从下面"赵野白"字样的草刺简看，可能性不大：

□曹言答府部吏区光等料实今年下 户 未 讫 事 　　十一月廿日 户 曹 掾兼□曹史赵野白　柒·4466[1]

草 言 府 部吏 徙 送武陵作唐□仓吏 刑 鈇 父……事 　十一月六日 田 曹 史 赵 野 白 　柒·577[2]

简柒·4466 虽开头缺一字，但是按照辞例，为列曹的名称。可是柒·577 中却是格式一的辞例，并且在与赵野相涉属格式一例证在竹简中还有很多，如柒·574、柒·584、柒·2953、柒·4458、柒·4481、柒·4495 等。也就是说，以"草言府"开头，以某曹掾、史白结尾的格式还是常态。

还有一种形式，即以"草言"开头，以"书佐吕承白"结尾：

---

[1]《长沙走马楼三国吴简·竹简[柒]》，页839。
[2]《长沙走马楼三国吴简·竹简[柒]》，页744。

草言……事

　　……书佐吕承白　柒·3110[1]

草言……事

　　五月十八日□□□书佐吕承白　柒·3106[2]

从形式看，也是格式一。因是作为县廷门下书佐的吕承直接写
就，不需要标明是何曹起草。他所白之对象，或许就是县长
吏。另外这一形式的简数量不多，除了上述两例外，还有柒·
1332、柒·1351，但只残存了后半部分。

二、吴简不定期文书的处理流程

政府档案文书在秦汉简牍中占有很大比例，所以学者们通
常认为文书行政是秦汉帝国运行的主要手段之一。魏晋时期虽
然进入了简纸并用的时代，但简牍依然是主要日常书写载体。
孙吴政权早期在制度方面基本因袭了汉制，所以走马楼吴简所
展示的孙吴地方政权文书行政较之前代并没有太大改观。大量
简牍文书仍然是当时行政的重要承载手段。

吴简中的簿籍类文书，根据书写格式、揭剥位置示意图等
外缘信息，已基本理清了其程序、编联方式、整理周期等问
题。从整理和研究的结果看，在行政程序上，这些簿籍都是基
层胥吏按照既定制度，例行公事机械的执行，不需要做出任何
决断，甚至连书写都有固定模式。除了忠实、客观地记录下来

----

[1]《长沙走马楼三国吴简·竹简[柒]》，页805。

[2]《长沙走马楼三国吴简·竹简[柒]》，页804。

这些规定信息外，他们需要进一步做的工作至多是将统计数字定期汇报到相关机构，其实这也是一种程序。上级机构需要做的是能够及时、准确地了解到这些数字，并辅之以相应的审核和监察机制，将其中的明细存档即可。

吴简簿籍显示的是按照既定规则常态化运转的政府行政模式。但是面对纷繁复杂的社会事务和众多的国家机构而言，可能会随时出现各种不确定的事情。这些需要政府做出灵活、动态的应对，针对这种不按既定规定出现的事务就会生成非簿籍类文书。

许迪割米案审理过程及相关文书是目前已公布吴简中不多的典型例证。王彬从司法运作角度，以许迪割米案为中心找出四块木牍和若干支单简，并作了分析和研究[1]。本文以他整理和讨论的资料为基础，来观察县级政权如何处理这批文书。

他举出的四块木牍，其中有一块内容是：

录事掾潘琬死罪白：被敕，重考实许迪坐割盗盐米意。状言：案文书，重 实

（核），迪辞：卖余盐四百廿六斛一斗九升八合四勺，得米二千五百六十一斛六斗九升，前列草

言郡，但列得米二千四百卅九斛一斗（升），余米一百一十二斛六斗八升，迪割用饮食。前□（见）

都尉虚言用备摛米，迪实割用米。审实。谨列迪辞状如

[1] 王彬《吴简许迪割米案相关文书所见孙吴临湘侯国的司法运作》，《文史》2014 年第 2 辑，页 73—91。

牒，乞曹列言 府 。

琬 诚惶诚恐叩头死罪死罪

诣 金 曹

十一月廿八日白[1]

王彬将它和简柒·4419"草言府县不 枉 考 入吏许迪 罪 法 傅前解行☐军法事四月廿九日金曹掾☐☐白"联系起来，判断它可能是上一块木牍的后续，向长沙郡汇报考实的结果。从"不枉考""诣金曹"等类似字样看，这种可能性是存在的。不过，简柒·4419也有可能和早先公布的J22—2540的那条木牍内容相关：

录事掾潘琬叩头死罪白：过四年十一月七日，被督邮敕，考实吏许迪。辄与核事吏赵谭、

都典掾烝若、主者史李珠，前后穷核考问。迪辞：卖官余盐四百廿六斛一斗九升八合四勺，得米

二千五百六十一斛六斗九升已。二千四百卅九斛一升，付仓吏邓隆、谷荣等。余米一百一十二斛六斗八升，迪割用饮食不见。为廖直事所觉后，迪以四年六月一日，偷入所割用米毕，付仓吏黄瑛受。

前录见都尉，知罪深重，诣言：不割用米。重复实核，迪

---

[1] 对王彬的原释文，承《文史》匿名外审专家指出：第1行"坐割"下脱"盗"字，第4行最后"（簿?）"应作"草"字，第7行"☐"应为"迪"字，最后一行"三月"应为"十一月"之误。这段简文以王彬释文为基础，并参以外审专家意见写定。

故下辞，服割用米。审前后搒押迪凡百

卅下，不加五毒，据以迪今年服辞结罪，不枉考迪。乞曹

重列言府。傅前解，谨下启。琬诚

惶诚恐，叩头死罪死罪。

若（浓墨草书）　　　　　　　　　　　二月十九日戊戌白[1]

上一块木牍末尾虽然明确写出文书的流向是"金曹"，但这块
木牍没有明确指明提交到哪一曹，是金曹亦未可知。而且
"傅前解"一词，在两个文书中都出现过。牍J22—2540提到
"四年十一月七日，被督邮敕，考实吏许迪"，而上一块木牍
呈报的时间是十一月廿八日，则简柒·4419呈报日期"四月
廿九日"当为五年，故从时间看，牍J22—2540和简柒·4419
更接近。并且草剌和内容的对应关系同样密切。因为许迪案屡
经反复，比较复杂，王素和宋少华据《长沙走马楼三国吴简·
竹简[捌]》指出："本卷关于许迪割米案的竹简多达1000余
枚，不少竹简内容重复，而简的长短、宽窄及墨色、书法不尽
相同，推测包括多个不同级别审讯单位的'解状'。"[2] 因而
也有可能这枚草剌和这两块木牍皆不对应。但是有一点可以肯
定，这样的草剌简只能对应其中的一种文书，而不是一组文
书，因为与许迪案相关的草剌简还有：

---

[1] 这枚木牍有多位学者作过释文，本文采用王素和宋少华的释文，参
　　见王素、宋少华《长沙吴简〈录事掾潘琬白为考实吏许迪割用余米
　　事〉释文补正》，《文史》2015年第1辑，页279—282+218。

[2]《长沙吴简〈录事掾潘琬白为考实吏许迪割用余米事〉释文补正》，
　　页279。

草言被……五行大男许迪陈佐事
　　　　……五日……书史……
　　　　　　　　　　柒·2468[1]

　　许迪案的木牍内容是由基层胥吏详细记录事件完整过程的文书，它构成了上级机构掌握情况、生成其他文书的前提。但简牍作为书写载体，这些来自诸曹的文书若累计到一起，放到县廷，数量很多，内容复杂，不便于长吏迅速熟悉、查找、核对。因而它们需要门下书佐做出二次整理，方便归类查核。这便形成了草刺类的文书。可以认为，记载详情的文书是基层行政文书的第一个层级，而草刺是经过归纳总结后的第二个层级。它具有双重功能：从文书管理角度看是收文记录，从日常行政角度看是行政事务概览。

　　除了案件审理这类事务外，一部分经济类文书也可以视之为不定期文书。凌文超曾经复原了一组收取生口买卖税的简：

都市史唐玉叩头死罪白：被曹敕，条列起嘉禾六年正月一日讫三月卅日吏民所私卖买生口者收责估钱言。案文书，辄部会郭客料实。今客辞：男子唐调、雷逆、郡吏张桥各私买生口三人，直钱十九万，收中外估具钱一万九千，谨列言。尽力部客收责送（逆）调等钱，传送诣库，复言，玉诚惶诚恐叩头死罪死罪

　　　　　　　　　　　诣 金 曹
　　　　　　　　　　四月七日　肆·1763〈1〉

---

[1]《长沙走马楼三国吴简·竹简[柒]》，页789。

☑市史唐玉谨列起嘉禾六年正月迄三月卅日受 吏 民卖贾

（买）生口…… 人 名 簿 　肆·1758

☑士文钱卖女生口易，直钱四（ 八 ）万，嘉禾六年正月廿

□ 日 贷（?）男子唐调收中外 　肆·1759

做 （ 估 ）具钱八千 　肆·1760

大女依汝卖女生口叶，直钱六万，嘉禾六年正月廿日贷男

子雷逆收中外做（估） 　肆·1761

具钱九（?）（ 六 ）千 　肆·1762

大女刘佃卖男生口得，直钱五万，嘉禾六年三月廿八日□

县（ 郡 ）吏□□（□ 桥 ）收中外做（估） 　肆·1763[1]

从简肆·1763（1）呈报内容看，虽然是一个季度的总结，却是
依据金曹之敕所做的统计，而不是例行公事定期汇总工作。这
大概和当时生口买卖数量较少有关。另外，从草刺类文书罗列
的事由看，也有一部分来源于经济类文书：

草言府部□□□ 米 有入□千六百七十六斛一斗……事

十一月六日仓曹史李□白　柒·1454[2]

言贼黄勋财物钱五万三千三百卅事

……　柒·1627[3]

……有入合三百四十三万二千五百三…… 事

---

［1］凌文超《走马楼吴简中所见的生口买卖——兼谈魏晋封建论之奴客
　　相混》，《史学集刊》2014 年第 4 期，页 74、76。

［2］《长沙走马楼三国吴简·竹简［柒］》，页 762。

［3］《长沙走马楼三国吴简·竹简［柒］》，页 768。

三 月 八日兼户曹史□□白　　柒·2942[1]

这类经济文书和日常出入财物记录还有所不同，其数额较大，应该是临时性收支，所以也会出现在草刺简文字中。

作为二次文书的"草刺"简生成方式，从现有简牍资料中也可以做出推测：一是从文书的开头、结尾和关键词中提炼出草刺内容，即时间、事由、职官、责任人等，许迪案的文书就是一个例子。

二是一些"君教"的小木牍，也能提供便捷的帮助：

　　　　　　丞缺录事掾潘　琬校
君 教 若
　　　　　　　　　　嘉禾四年八月廿二日兼
　　　　　　　　　　田曹史
兼主簿蔡　忠省　莶捃白料诸乡粢租巳入未毕
事　柒·3197(1)[2]

这块木牍除了批示、校对等责任信息外，后面"嘉禾四年八月廿二日兼田曹史莶捃白料诸乡粢租巳入未毕事"所提供的内容完全可以形成草刺文书[3]。

----

[1]《长沙走马楼三国吴简·竹简[柒]》，页800。
[2]《长沙走马楼三国吴简·竹简[柒]》，页807。
[3] 在《竹简[柒]》中也曾出现过一种只标注了责任信息，但没有关于事项的记录，简柒·4236(1)：
　　君教若　　丞他坐期会掾烝若录事掾谢　　韶校
　　主簿郭　宋省　正月二日　　丁巳白（转下页）

通常情况下，每一种事务都由对应的列曹负责，所以文书的生成以所处理事务为中心，由一个机构发出。但也有特例，如一事由多曹共同呈报：

草言府□□糵运传送别部□□□□事　十月廿五日兼户
曹史张惕田曹史吕□白　柒·3174[1]
草言府依科结正叛士谢客罪法□□事
　　　　　四月十九日兵曹史监宗关掾□□白
　　　　　　　　　　　　　　　柒·4447[2]

原因在于事件本身要牵扯到相关几个机构共同处理。也有一曹同一天呈报两事写在一枚草刺简上：

言战具十种事　七月七日仓曹史□□白　柒·1625[3]
言入水牛皮二枚事
移☒□校尉周成事　九月七日贼曹□□□□白
记……近……事
　　　　　　　　　　　　柒·1631[4]

这些特例说明，草刺类文书除了做备查摘要外，还有方便检索

（接上页）门下书佐在登录这些信息时，对于事由一项，也许要通过总结简或呈报文字获取。
[1]《长沙走马楼三国吴简·竹简[柒]》，页806。
[2]《长沙走马楼三国吴简·竹简[柒]》，页839。
[3]《长沙走马楼三国吴简·竹简[柒]》，页768。
[4]《长沙走马楼三国吴简·竹简[柒]》，页768。

的实用目的，因而并不强求形式的完全统一。

　　无论哪一种文书，为了保证其准确，都要经过核对这道程序。如上述简柒·4236（1）、柒·3197（1）中出现"校""省"等字样。这是针对第一层级的原始文书。经过整理后的草刺类文书同样也有这样的痕迹，《竹简［贰］》中有两支草刺简，整理者在旁边均有注释：

已□□□□

草言府隐核市贾顷□以（？）有卖买缯织（？）者□人□知明
除□□□□所（？）　　　　嘉禾三年正月六日金曹……白

贰·8896[1]

【注】"缯织者"右侧有"已□□□□"等字，似为竹简本文的批注文字或补充文字。

□□□□子□人四斛□□人合十斛一斗事

已□五月九日□□□□白
贰·8947[2]

【注】"十斛"之"斛"字左侧有"已"字，"已"字与"五月"等字之间另有一字，似为"见"字之残。"已"字意义待考。

根据这些正文之外有旁注文字并且结合其中文意，表明对草刺所说的有些内容还要进行核查，或写下后续处理的情况，具体结果简要记录下来。

------

［1］《长沙走马楼三国吴简·竹简［贰］》，页898。
［2］《长沙走马楼三国吴简·竹简［贰］》，页899。

格式二和格式一虽然形式相近，所言之事差别不大，但比例为 20∶58，格式二的数量少于格式一。我们推测，县廷可能将列曹呈报的文书做进一步审查、过滤，有选择的将其提交到太守府。这也可以找到旁证。陈苏镇曾将张家山汉简《奏谳书》进行了分类分析："《奏谳》所载十六篇汉初司法文书中，前五篇是县道所谳的疑难案件，皆详细描述相关案情，故篇幅较大，最短的 175 字，最长的 355 字。下有'吏当'或'吏议'云云，当时廷尉掾史提出的处理意见。再下有'廷报'云云，是廷尉作出的决定。有时作'廷以闻'，当时廷尉奏明皇帝后所作的决定。中间八篇是郡守所谳的疑难案件，皆寥寥数语，最短的只有 22 字，可能是将县道上报的案情加以简化后上报廷尉的。"[1] 也就是说，郡府对需要上报的奏谳文书要视情况做出繁简归类处理，然后再发送给廷尉。其实，县廷在选择哪些案件需要上报本身也是对文书的整理、过滤的程序。

三、草刺类文书的归档整理

簿籍可以通过"右""凡"起首等带有提示性的总结简，看出作为档案的日常行政文书如何整理、分类。同样，草刺文书虽然不是按照流程定期书写，但为了便于查询、调阅，同样需要按照一定规则归类整理与存放。因此解决这个问题的突破

---

[1] 陈苏镇《汉初王国制度考述》，收入其著《两汉魏晋南北朝史探幽》，北京大学出版社，2013 年，页 152—153。

口，和其他文书一样，还是要找寻总结简、标题简等关键信息。

文档的整理是逐级归类。我们先寻找最小类别的归类简：

起 五月一日 讫 五日 付 畲 □□□□ 草刺　叁·471[1]

残缺的四个字虽然遗失了关键信息，但不影响分析格式。这条简是某一小类草刺五天内的合计，从吴简会计文书看，最短的会计周期是半个月。按照常理草刺类文书远少于账簿，估计五天统计并不涉及会计周期，而是出于某种特殊目的，将同一种事情的草刺做一梳理，同一事类优先考虑。与这种格式配合使用的是下面这种右类简：

·右言府草刺廿五□□□　　贰·8889[2]

虽然结尾缺三个字，但从容字看估计是校验核对等用语。这种右类总结简中，不涉及项目、时间断限等，应该是承标题或册书的开头而省略，并且数量也不多。可认为是规模更大简册下一个子目的总结。

秦汉文书中还有以"凡"字开头的结尾简，吴简草刺类文书中同样找到了一支：

九十三事兵曹封

[1] 长沙简牍博物馆、中国文物研究所、北京大学历史学系编《长沙走马楼三国吴简·竹简[叁]》，文物出版社，2006年，页728。
[2]《长沙走马楼三国吴简·竹简[贰]》，页898。

凡草及答书合一百五十三事其　六十事田曹封　☐

柒·1621[1]

　　简文中的"草及答书"，说明"草言"和"草答"两类性质相同，编在同一卷宗内，其中自然会包含"言府草刺"下面这个小类。我们推测这是一个完整册书的总结简。目前发现的草刺，皆一简标示一件或两件事不等，所以一百五十三事，所用简一定少于一百五十三支，即使加上标题、总结简，也不会有太大出入。这里也有一个疑问，为什么结尾使用"封"字而不是简中的"言"或"白"字呢？如前所言，"封"字有"发文登记"意思，那么对这些草刺类简作最后整理归档的时候，说明是由哪些机构发文，使用"封"字则更显正规。

　　文书收藏也是档案管理的一个方面。吴简资料发表时，以揭剥位置示意图的形式，将一组简之间的相互空间位置做了描述，一定程度上还原了简牍原始出土形态。这使我们考察吴简档案文书的收藏管理除了可以依靠文字内容外，还可以从这些外缘角度做进一步地推测。

　　这批简牍放置在 J22 中，发掘和整理者认为："这不是一个水井，而是一个仓库……是窌、窖之类的仓井……简牍也不是随意丢弃的，而系有意的存放。……按照我们的理解，从已经清洗出来的材料看，这些简牍大都是孙吴时长沙郡如田曹、户曹、仓曹与库等有关机构的档案文书，其中许多是契约合同的凭证，必须妥善保存，在事隔多年之后，有目的

---

[1]《长沙走马楼三国吴简·竹简［柒］》，页 767

地将它们放置在空仓里，既有到期失效、就此作废的意思，也有郑重封存、避免流失的意思。"[1] 这种解说有一个疑问，如果是作为正在使用的档案，这样保管方式会存在不便检索查阅的问题。然而如果退一步，将它看成是定期作废的文书，每一坨的体积不大[2]，当大批量的投入到井中时，很大程度上会保持庋藏时的相对位置。以此假说为基础展开以下的讨论：

本文第一部分通过揭剥位置示意图看出草刺本身自成一类，单独收卷。而前面从文书关键简牍的分析中又能够看出在草刺类内部是以事类为中心收卷。我们再将每一坨包含草刺类的简牍做整体观察，看这类简内部的摆放规律和周边简牍的相关关系。

首先来看草刺类内部情况。图二十九中，草刺简多与人事管理相关，有逐捕叛民、调吏民造船、遣散吏父兄子弟、死亡人口等。门下书史封发文书虽然少，但也呈现出了这样的规律。图三十八多为封发类和草刺类简，大约受到挤压，两类简插接在一起，但也皆和人口管理、人事等有关。图四十中，简号 4501—4534 为一坨，除了 4527 和 4533 外，其余均和人口相关。

其次，和同坨的其他简相比较。图三十九中这坨简编号为 4472—4499，签牌 4476（1）就在其中，内容是"诸曹元年九月

---

[1] 胡平生、宋少华《长沙走马楼简牍概述》，《传统文化与现代化》1997年第 3 期，页 84—85。

[2] 我们从揭剥示意图给出的比例尺计算成坨简宽度，每坨简宽度为 3.8—28 厘米，有草刺类简的宽度为 6.7—23 厘米。

所言府众期钱米杂物草刺事"。而相对完整的草刺文书中，简柒·4494"草言府首得帅王喜妻□□□□□□出息事 九月十七日兼仓曹史荅宜白"[1]，时间吻合，的确也和其排列在一起[2]。这坨简中还包括入米记录。由此我们推测，县廷在文书归档的时候，不仅将草刺内容以类相从，并且有可能将草刺文书所涉及的具体文书也分类堆放在一起。官吏在查询时，从事类入手按图索骥。

图三十七所包含编号 4379—4418 这组简中，简柒·4395"租民答言书 诣 仓 田 曹"，恰好夹在封发类简牍内容中间，如果认为挤压掺入难以说得通，它和外层竹简内容相关，但格式不类，是对相关问题回复文书的标题。这似乎表明相关文书的处理结果也要编入其中，以类相从。

当然因为散乱和挤压的关系，其中自然也混入了其他简牍，并且因为多有残断，事由一项也不清楚，因而上述这种归类只是大致轮廓。

行文至此，还有一个疑问，即作为摘要的草刺数量较多，目前所见大约有 60 条左右，而和它对应含有具体内容的文书出土极少，不成比例。我们想最大的可能性是这些初次书写的第一层级文书，经过县级长吏审查，分类处理，需上报的事情或为疑难事，或职权超出县的范畴，审核、签署后直接送到郡中，只留下格式二的内容摘要作为底案。或者正文已发出，作为底本档案，庋藏于别处；甚至还可能被县廷直接处理掉，毕

---

[1]《长沙走马楼三国吴简·竹简[柒]》，页840。
[2]另外几支竹简虽然时间与签牌不吻合，但也和米粮事情相关。为何集中在这个签牌下，原因不清楚。

竟在简牍书写时代，若事事皆留底本，文书保存空间压力太大。[1]

我们将目前所见草刺类简搜集出来，以之为起点，推测了吴简中部分非簿籍类文书的处置和流向。从文书行政角度，能够反映出县之列曹、县廷、郡府之间在处理基层事务方面的职责分工：曹吏负责具体事务的处理，将草撰好的文书上报，县廷根据内容，有的需要上报到郡府，或郡府通过委派督邮等方式进行处置。在这一流程中，县廷是日常行政运转的枢纽，是地方行政重心所在，这和徐畅在考察诸曹时得出的结论一致。[2] 此外，韩树峰曾推测汉魏时期户籍文书的收藏机构主要在县、乡两级，郡只掌握数字。[3] 这也就意味着对人户的控制，县级政权有很大的主动权，从户籍文书角度印证了县级政权在地方行政体系内的中枢地位。综上，具体地方政务由县廷依靠其下列曹来处理，郡则是通过呈报的文书来掌握实情。

本文曾提交 2014 年 10 月 11 日北京吴简研讨班讨论，蒙各位指正，投到《文史》杂志后，匿名评审专家亦提出宝贵的修改意见，并致谢忱。

----

[1] 邢义田在总结西北屯戍文书能够确定的草稿较少的原因之一就在于此。吴简文书底本的保存或可作如是观。参见邢义田《汉代简牍公文书的正本、副本、草稿和签署问题》，页 246。

[2]《走马楼吴简所见孙吴临湘县廷列曹设置及曹吏》，页 300。

[3] 韩树峰《论汉魏时期户籍文书的典藏机构的变化》，《人文杂志》2014 年第 4 期，页 72—80。

附录：草刺等类别简在揭剥示意图中位置

下列各图以《长沙走马楼三国吴简·竹简［柒］》附录简牍揭剥位置示意图为基础绘制而成。竹简类别对应颜色：草刺—黑色；封发—灰色；其他或不明类别—白色。

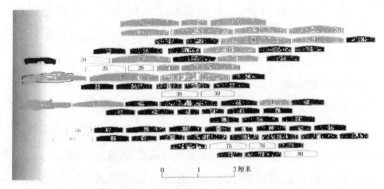

图十　Ⅱb52简牍揭剥位置示意图

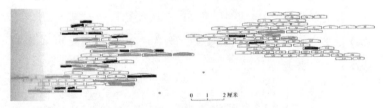

图二十三　Ⅱc6简牍揭剥位置示意图

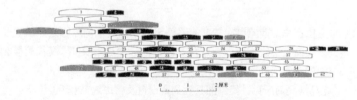

图二十四　简牍揭剥位置示意图

图二十五　Ⅱc⑧简牍揭剥位置示意图

图二十六　Ⅱc⑨简牍揭剥位置示意图

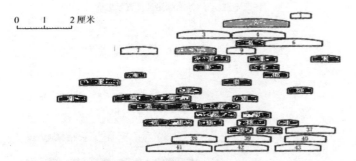

图二十九　Ⅱc⑫简牍揭剥位置示意图

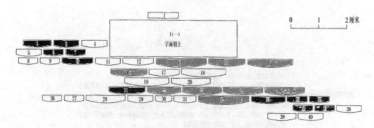

图三十七　Ⅱc⑳简牍揭剥位置示意图

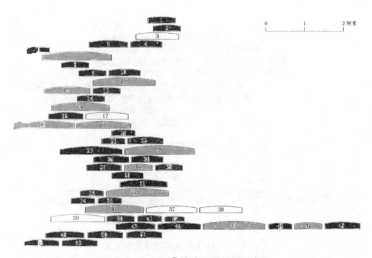

图三十八　Ⅱb㉑简牍揭剥位置示意图

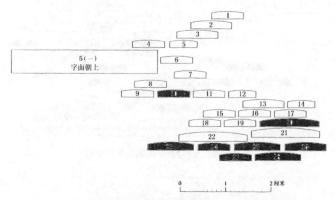

图三十九　Ⅱc㉒简牍揭剥位置示意图

图四十　Ⅱc㉓简牍揭剥位置示意图

原载《文史》2016年第1辑

长沙走马楼隐核州吏、军吏父兄子弟木牍拾遗

　　汉末三国，各割据势力为了征战和政权建设需要，竭力敛取社会资源，人口控制为其中重要的内容。走马楼吴简中的户籍类简再现了孙吴前期临湘地区人口管理实况。除了这种定期整理、登记的簿书外，吴简中还出现了几种内容、格式比较接近，事关隐核州、军吏父兄子弟的木牍，也与人口管理相关。这类木牍在发掘简报中首先披露[1]，此后又间或刊布了几种，引起学界的注意，从格式、内容、性质等方面进行了讨论。徐畅在总结吴简竹木牍刊布与研究情况时，将此作为破莂保据类，专门对其著录和研究情况作了介绍和梳理。[2] 后来刊布的《竹简[捌]》中也出现了一枚同类木牍。凌文超对走马楼吴简隐核州、军吏父兄子弟簿做了系统地整理和研究，并且又补充了两枚同类木牍。[3] 另外，他对《竹简[肆]》中的一组

----

[１] 长沙市文物工作队、长沙市文物考古研究所《长沙走马楼 J22 发掘简报》，《文物》1999 年第 5 期，页 19。

[２] 徐畅《走马楼吴简竹木牍的刊布及相关研究述评》，武汉大学三至九世纪研究所编《魏晋南北朝隋唐史资料》(第三十一辑)，上海古籍出版社，2015 年，页 25—74。后面附有《吴简竹木牍图文及研究索引》以及《围绕木牍的几个研究热点》，对于这类材料的研究现状均有涉及，可参看，本文不再赘述。

[３] 凌文超《走马楼吴简隐核州、军吏父兄子弟簿整理与研究——兼论孙吴吏、民分籍及在籍人口》，《中国史研究》2017 年第 2 期，页 81—104。

命名为"隐核新占民簿"的相关文书，做了系统地梳理，内容也与此类木牍相关。[1] 本文即以这些材料为基础，观察孙吴地方政权对特殊人口问题管理的一些方面。

一、隐核州、军吏父兄子弟木牍补论

在目前已公布的吴简中，关于隐核州、军吏父兄子弟内容的木牍有四枚，因为公布时间不一，学界对释文和解释也不断修正。本文将其中先期发表的三块木牍以徐畅最新发表的释文为基础[2]，结合后来《竹简[捌]》刊布的另外一块木牍和凌文超补充的两枚木牍，来观察这类文书，并对木牍内容中涉及的一些问题进行补充论说。为叙述方便，我们先将四块木牍释文移录如下：

(1) ▨广成乡劝农掾区光言：被书，条列州吏父兄子弟状、处、人名、年纪为簿。辄隐核乡

▨界，州吏七人，父兄子弟合廿三人。其四人并踵聋欧病，一人被病物故，四人真身已送及

▨随本主宫，十二人细小，一人限佃，一人先出给县吏，隐核人名、年纪相应，无有遗脱。

▨若后为他官所觉，光自坐。嘉禾四年八月廿六日破

---

[1] 凌文超《走马楼吴简隐核新占民簿整理与研究——兼论孙吴户籍的基本体例》，北京大学中国古代史研究中心编《田余庆九十华诞颂寿论文集》，中华书局，2014年，页174—201。

[2]《走马楼吴简竹木牍的刊布及相关研究述评》，页38—41。

荊保据。

(2) ▧南乡劝农掾谢韶，被书，条列乡界州吏父兄子弟 年
一以上，状、处为簿。辄部岁伍潘祇、谢
▧黄、巨力、谢琿、陈鲁等，条乡领州吏父兄子弟合
十二人。其二人被病物故，一人先给郡吏，一人老
▧钝刑盲，七人细小。谨破荊保据，无有遗脱、年纪
虚欺。为他官所觉，韶自坐。嘉禾四年
▧八月廿六日破荊保据。　捌·3342(一)[1]

(3) ▧都乡劝 农 掾郭宋言：被书，条列军吏父兄子弟人
名、年纪为簿。辄隐核乡界，军
▧吏 八人 、父兄 子
▧弟合十一人。其一人被病物故，四人叛走，定见六
人。其三人蹄踵，二人守业，以下户民自代，一人
▧给吏 。隐核人名、年纪、死叛相应，无有遗脱。若
为他官所觉，宋自坐。嘉禾四年八月廿六日破
荊 保据 。

(4) ▧东乡劝农掾殷连[言]，被书，条列州吏父兄人名、
年纪为簿。辄料核乡界，州吏三人，父
▧兄二人，刑踵、叛走，以下户民自代。谨列年纪以
审实，无有遗脱。若有他官所觉，连
▧自坐。嘉[禾]四年八月廿六日破荊保据。

(5) ▧广成乡劝农掾区光言：被书，条列军吏父兄子弟状、

[1] 长沙简牍博物馆、中国文化遗产研究院、北京大学历史学系、故宫
博物院古文献研究所《长沙走马楼三国吴简·竹简[捌]》，文物出版
社，2015年，页732。

处、人名、年纪为簿。辄料核乡界，军吏五人，父兄子弟十七人，其四人老钝刑盲踵病，一人宫限佃客，一人为獠狩(禽兽)所害杀，一人给郡吏，九人细小，一人给限佃客、下户民代。隐核人名、年【纪】相应，无有遗脱。若后为他官所觉，光自坐。嘉禾四年八月廿六日破莂保据。(编号不详)

(6) ▨平乡劝农掾区光言：被书，条列军吏父兄子弟状、处、人名、年纪为簿。辄隐核乡界，军吏十八人，父兄子弟合七十八人。其十八人老钝盲踵病，一十四人被病物故；十一人各前后叛走；一人先给郡吏；四人随本吏在宫；三人给子弟佃帅，为宫限佃；五人任给吏；三人吏父，老钝；十九人细小。隐核人名、年纪、死、叛相应，无有遗脱。若后为他官发觉，光自坐。嘉禾四年四月廿六日破莂保据。[1]

这几枚木牍，皆有合同符号。说明这是"破莂保据"后保留下来的两份莂券之一。从简(2)和简(4)图版看，为左侧剖开，也就是这是莂的右半部分，它收藏在政府手中。简文中"条列州吏父兄子弟状处人名年纪为簿"，其中所言簿书似乎和莂是分开的。简捌·3342(一)周围伴出的简，皆为米出入记录，找不到一支相关的简。这种"州吏父兄子弟状处人名年纪簿"虽然在这块木牍周围没有找到配套的簿籍，但在《竹简[叁]》

----

[1] 简(5)(6)照录凌文超引文，故格式与前四枚不同，无分行，合同符号只在段首标出。见凌文超《走马楼吴简隐核州、军吏父兄子弟簿整理与研究——兼论孙吴吏、民分籍及在籍人口》，页88—89。

编号从 2939 到 3117 除了中间一小部分（叁·2982—2997）为入米记录外，其余为户口记录。在这批户口记录中，户主与其他多为公乘某某不同，多数为州吏或军吏。其中州吏出现 11 次，军吏出现 8 次，还有两次州故吏。简文还涉及州吏男性亲属的自然情况，如"细小"（叁·2944 等 15 次）、"老钝"（叁·2968）、"在宫"（叁·2950 等 5 次）、"叛走"（叁·3039）、"限佃"（叁·3053）、"以下户民自代"（叁·3028）等。

更重要的是，在这组简中，还有几条呈报总结类简：

集凡平乡领州吏三人 父 子 兄 弟 合五人　叁·3032[1]

右 都 乡 军吏 八 人……　叁·3043[2]

集凡中乡州军吏四人父 子 兄弟三人　中　叁·3012[3]

簿如牒尽力重复 审 实 无有遗 脱 □簿保□君诚惶诚恐叩头叩头死罪　叁·3011[4]

临 湘 □□□□□□□□十人父兄子弟十九人其二人被病物故一人叛走□　叁·3017[5]

户人 见 一人任吏□□ 刑 肿 叛 走 以下户民自代□□□□人名年纪为簿　叁·3003[6]

[1] 长沙简牍博物馆、中国文物研究所、北京大学历史学系编《长沙走马楼三国吴简·竹简[叁]》，文物出版社，2006 年，页 788。
[2]《长沙走马楼三国吴简·竹简[叁]》，页 789。
[3]《长沙走马楼三国吴简·竹简[叁]》，页 788。
[4]《长沙走马楼三国吴简·竹简[叁]》，页 788。
[5]《长沙走马楼三国吴简·竹简[叁]》，页 788。
[6]《长沙走马楼三国吴简·竹简[叁]》，页 788。

总结简是以乡为单位统计的合计，其统计内容与蒭正相呼应。呈报类的三支简虽然不完整，但其中涉及"被病物故""任吏""刑肿叛走""以下户民自代""人名年纪为簿"等也与蒭的记录相吻合。遗憾的是，这批是采集简，本卷后没有这部分对应的揭剥图。但整理者有意识地将它们排到一起，那么这很可能是同一簿书中的部分简牍。而且这个簿书就是蒭书中所说的"州（军）吏父兄子弟状处人名年纪簿"[1]。另外同样在《竹简［叁］》中，侯旭东还初步复原出"某乡州军吏父兄子弟人名年纪簿"中的四家名籍，亦可佐证[2]。

从隐核对象看，四枚木牍皆为"州（军）吏父兄（子弟）"。接下来列出州（军）吏父兄（子弟）的人数。从"条列州（军）吏父兄子弟人名、年纪为簿"这句话的字面看，有两种可能：一是隐核对象包括吏及父兄子弟，二是仅为吏之父兄子弟。侯旭东认为是后者[3]。从分析其后的分类统计明细更能坐实这一点。简（1）父兄子弟23人，分列项目中物故、叛走与定见人数之和恰好为23人。简（3）（5）（6）也同样吻合。简（2）中2人没有具体说明，大概是因为人数较少，不需要一一罗列。简（2）有些特殊，州吏父子兄弟共12人，而明细累加共11人，但凌文超认为是原释文将"州吏二人"的"二"误释为"三"，如此也无窒碍了。

-----

［1］凌文超已对这批簿籍做了复原和研究，参见凌文超《走马楼吴简隐核州、军吏父兄子弟簿整理与研究——兼论孙吴吏、民分籍及在籍人口》，页86—95。

［2］侯旭东《长沙走马楼三国吴简所见给吏与吏子弟》，《中国史研究》2011年第3期，页36。

［3］《长沙走马楼三国吴简所见给吏与吏子弟》，页37。

父兄子弟皆为男性，而不统计女性，说明是以敛取吏父兄子弟劳动力资源为目的。州吏为政府服役，而其父兄子弟亦被严格控制，这暗示着有空户从役的倾向[1]，至少州吏之父兄子弟也是州吏的后备军。这几份蒭券，在开头或结尾处皆强调年纪、人名、无有遗脱，说明这样审核州、军吏男性亲属的目的，在于保证州吏、军吏队伍的稳定，逐一核实其下落。强调年纪，或与其服役（或起役）年龄有关，达到一定年龄，州吏出现空缺就要补充进来。

从隐核的内容看，简（1）"状、处、人名、年纪为簿"表明具体为姓名、年龄、居处、现状。不过从后面记述看，这几件文书的主体内容只是重点强调了"状"这一项目，其他并没有体现。这可能是因为在配套的"簿"上有详细记述，为常规统计项目，毋须在蒭券中特别说明。"状"包括病、死、叛、徙、给役等几种情况，其共同特点是因某种原因无法提供力役，因而可以进一步认为隐核州、军吏之父兄子弟的目的在于强制这类人口服役。而且从"先给郡县吏"看，服役者的身份和一般给役还有所区别，即使已经给郡县吏，但也要兼有州、军吏男性家属的身份，反映了政府对州、军吏家庭的特殊控制，与郡县吏还是有所区分。特别是简（3）（4）中提到"以下户民自代"，说明这批人服役种类或劳动量额定不变，即使无法服役，出现缺额也要找下户民递补。就州吏、军吏而言，二者也不尽相同，简（1）和简（5）均是劝农掾区光在嘉禾四年

---

[1] 韩树峰《走马楼吴简中的"真吏"与"给吏"》，长沙简牍博物馆、北京吴简研讨班编《吴简研究》（第二辑），崇文书局，2006年，页25—40。

八月廿六日同一天对广成乡州吏和军吏进行隐核，但是需要分别编制簿书统计，这些都反映了吴简中诸种吏役的差别。

简（2）中有"辄部岁伍潘祗、谢黄、巨力、谢琕、陈鲁等条乡领州吏父兄子弟"，其他几枚简并无这句话，但这不能说明这枚简有特殊性。在基本内容相同的情况下，这只是南乡劝农掾谢韶个人书写习惯所致。其他几乡劝农掾也应交由岁伍来完成隐核任务，但这一程序不是破荕保据必须书写的内容，故而省略。[1]

为何由岁伍来完成操作呢？以前我们曾推测岁伍是负责丘中人口的胥吏[2]，但也有一个疑问：为何吴简中丘的数量众多，而岁伍出现人数极少？通过简（2）看，岁伍可能是由乡统一设置，而非每丘一个岁伍。凌文超认为岁伍和里魁分别负责不同系统的人口管理。[3] 不过，我们认为还可以有另外一种解释：里魁负责社会人口的日常管理，岁伍则在人口核查等特殊情况下行使职责。因为里中户口记录虽然明确而整齐，但因为人口移动，记录在案的人口可能散居于不同的丘中，呈现动态的变化，因而单单依靠户籍簿书上的记录未必能查到人口现状的真实情况。简（2）称"年纪虚欺"，这就需要实地调查，

----

[1] 黎石生曾指出劝农掾不是"走家串户计点人口、清查民户的直接当事人"，但因为当时《竹简[贰]》以后部分尚未公布，他推测是乡啬夫、里魁负责此事。参见黎石生《长沙走马楼简牍所见户籍检核制度及其相关问题》，《东南文化》2002 年第 9 期，页 60。

[2] 沈刚《长沙走马楼三国竹简研究》，社会科学文献出版社，2013 年，页 177。

[3] 《走马楼吴简隐核新占民簿整理与研究——兼论孙吴户籍的基本体例》，页 178。

而不是从簿书中得来。这样就体现出岁伍行使实地调查的职能，而作为县吏的劝农掾若亲自对散居各处的特殊人口一一核实则颇有难度，乡中多名岁伍就成为连接劝农掾和基层社会的纽带。

二、隐核州、军吏父兄子弟的程序保障与效果

以上几件木牍最后都有"若有（为）他官所觉，自坐"的字样。魏斌认为："这反过来说明文书不实的情况必然经常出现，所以要立莂存证。"[1] 不过我们认为，这虽然是莂书中类似约誓部分，但也非具文。揆诸吴简，其中亦有相应的配套措施作保证。

首先，对吏之父兄子弟叛走，皆有相应的机构和官员负责处理。若叛逃之后，政府会布置追捕：

草言府逐捕叛士□籥不还县界 长 留 今 □事　六月十四日兵曹掾 谢 韶 白　柒·558[2]

草言府被书部吏唐王等逐捕叛□ 简 □ 张 □ □ 事　　五月廿二日中 贼 曹 史 张惕 白　柒·3162[3]

---

［1］魏斌《"原除"简与"捐除名簿"》，长沙简牍博物馆、北京大学中国古代史研究中心、北京吴简研讨班编《吴简研究》（第三辑），中华书局，2011年，页195。

［2］长沙简牍博物馆、中国文化遗产研究院、北京大学历史学系、故宫博物院古文献研究所编《长沙走马楼三国吴简·竹简［柒］》，文物出版社，2013年，页548。

［3］《长沙走马楼三国吴简·竹简［柒］》，页806。

兵曹、贼曹逐捕叛逃者，虽然没有明言是州吏父兄子弟，但应该包含在内当无问题。而叛逃者自首事宜则由部曲田曹负责：

草言府 叛 士 □ 关 □ □ 等三人自首事　☑　捌·293[1]
草言府 条 列 叛自首士五人为簿事　八月十九日部曲田曹史蓉　柒·4434[2]

前一支简是说叛士除了被逐捕，也可以自首。后一条说明由部曲田曹负责，并单独编为簿籍。

叛士的处理也归由兵曹：

草言府依科结正叛士谢客罪法□□事　四月十九日 兵 曹史监宗关掾□□白　柒·4447[3]

依科之"科"，当指旁书科令，为颁下文书的旁边书写（附录）了相应的法令科条[4]。结正，定案判决。同期文献《三国志·魏志·陈矫传》："曲周民父病，以牛祷，县结正弃市。"[5] 这也就是说，兵曹依据旁科律令对叛士谢客某种行为做了判决。对叛走吏民处理的各个环节有多个部门参与，如

[1]《长沙走马楼三国吴简·竹简［捌］》，页 670。
[2]《长沙走马楼三国吴简·竹简［柒］》，页 839。
[3]《长沙走马楼三国吴简·竹简［柒］》，页 839。
[4]《走马楼吴简隐核新占民簿整理与研究——兼论孙吴户籍的基本体例》，页 184。
[5]《三国志》卷二二《魏志·陈矫传》，中华书局，1959 年，页 643。

果劝农掾在核查州吏父兄子弟情况时弄虚作假，很容易在其他环节(即他官)暴露出来。

简(1)、简(2)在记录州军吏父兄子弟去向时，有一条为给郡县吏。同样也有与之相关的行政程序：

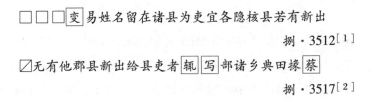

□□□变易姓名留在诸县为吏宜各隐核县若有新出

捌·3512[1]

☑无有他郡县新出给县吏者辄写部诸乡典田掾蔡

捌·3517[2]

虽然这两条简文均有残缺，但尚可看出基本内容。第一条是说要隐核出"变易姓名留在诸县为吏"，倘若劝农掾在隐核"父兄子弟"时没有列出给郡县吏者，在另外的隐核人口工作中就可能被发现。第二条也是和新给县吏者有关，这些都是出于不同目的所生成的行政文书，可以和劝农掾所书写的"州吏父兄人名年纪为簿"互相参证，防止隐核工作弄虚作假，流于形式。

这种周密复杂的行政文书，一方面可以防范官吏在隐核工作中出现失误，另一方面也可以为隐核工作提供帮助，甚至凭借。在户籍文书统计过程中，对不同身份的人口均有标注，分别统计，这就成为劝农掾核查州、军吏的材料基础。比如在户口统计里结计简中有一类情况值得注意：

[1]《长沙走马楼三国吴简·竹简[捌]》，页737。
[2]《长沙走马楼三国吴简·竹简[捌]》，页737。

集凡富贵里魁郑理领吏民五十户口食二百五十九人

柒·5593

其六十一人女　柒·5594

其八十五人男　柒·5595

右新占民□廿二户口食一百卅六人　柒·5597[1]

在这组简中，简 5594 和 5595 人数之和正好与简 5597 吻合，位置接近。也就表明在里计简中，新占民作为一类民户要再次单独统计。但吴简中一里的户数为 50 户左右，如："集凡 乐 安 里领吏民 五 十 户口食二百七十人　魁 文 当（?）　主（柒·373）。"[2] 22 户只是其中一部分，所以还应有和其相对称的民户，在吴简中里中结计简部分有这样的简文：

右黄簿民卅九户口食二百廿九人　捌·495[3]

黄簿民与新占民对称，在有的简文中称为故户，如"集凡魁区蓙领故户卅户合二百六十一人（捌·1569）"[4]。

在检核户口身份时，这样的记录的确也曾发生过作用。早先讨论较多的举番倚私学文书：

［1］《长沙走马楼三国吴简·竹简［捌］》，页 862。
［2］《长沙走马楼三国吴简·竹简［柒］》，页 740。
［3］《长沙走马楼三国吴简·竹简［捌］》，页 674。
［4］《长沙走马楼三国吴简·竹简［捌］》，页 694。关于黄簿民和新占民问题，连先用已经做了系统的研究，参见连先用《试论吴简所见的"黄簿民"与"新占民"》，《文史》2017 年第 4 期，页 89—121。

南乡劝农掾番琬叩头死罪白，被曹敕，发 遣 吏陈晶所举私学番

倚诣廷言。案文书：倚一名文。文父广奏辞："本乡正户民，不为遗脱。" 辄

操黄簿审实，不应为私学。乞曹列言府。琬诚惶诚恐，叩头死罪

死罪，诣功 曹

十二月十五日庚午白[1]

南乡劝农掾判断番倚是否为遗脱，其基本依据是"操黄簿"，知其为正户民，不是遗脱。这些档案为户曹掌管：

户曹言□遣私学谢达本正户民不应□遗脱□□事

□月八日领户曹……白　柒·1464[2]

正是因为户曹的这些底档，使得审实工作能够顺利进行。同理，对州吏、军吏父兄子弟身份及去向的隐核，也需要以户籍的记录为基础进行。另外，"以下户自代"，户等也是户籍类文书记载的内容：

其 十 户下户 之 下 新 占　柒·372[3]

---

[1] 释文标点引自《走马楼吴简竹木牍的刊布及相关研究述评》，页31。
[2] 《长沙走马楼三国吴简·竹简[柒]》，页762。
[3] 《长沙走马楼三国吴简·竹简[柒]》，页739。

右一户下户之下新占　柒·398[1]

劝农掾也可将这些内容相互核校，为其工作提供便利。

除了本文讨论的隐核州、军吏父兄子弟以外，吴简中也有隐核其他人口的记录，比如师佐：

兵曹言部诸乡典田掾蔡忠等重复隐核 锻 师事

嘉禾六年三月十四日 书 佐 吕 承 封

柒·2585[2]

锻师是师佐的一种，负责隐核的官吏与州吏、军吏不同，是典田掾，对不同人口的隐核工作是由不同的官吏负责。

另外，还有对叛走者的隐核：

□绞詭负者□□隐核逋出吏帅□依□□叛者

肆·1210[3]

简文有缺失，但根据已有的内容判断是隐核叛走逋逃吏民。在《竹简［肆］》中，有一批隐核"方远授居民"的简牍，凌文超进行了复原和研究：这些"方远授居民"包括两类人，一类是"诸郡生子远授居比郡县者"，即孙吴境内那些在相邻郡县

---

[1]《长沙走马楼三国吴简·竹简［柒］》，页740。

[2]《长沙走马楼三国吴简·竹简［柒］》，页792。

[3] 长沙简牍博物馆、中国文化遗产研究院、北京大学历史学系编《长沙走马楼三国吴简·竹简［肆］》，文物出版社，2011年，页650。

生子，且未上户籍的儿童；一类是"方远客人"，即外来的流民。[1] 也就是说，吴简中隐核的多是包括方远授居民、师佐、叛走等特殊人口。凌先生还通过复原的简册指出，隐核要求是由太常府发出，由郡县乡逐级下发。

以上均说明劝农掾隐核州吏、军吏父兄子弟的工作是孙吴政权众多类隐核人口工作中的一种，反映了政府对人口管理之严密，同时这也是国家人口控制复杂体系中的一个环节，通过对人口的分类管理、去向细节的追究、官吏追责等手段形成对人口的有效控制。

原载长沙简牍博物馆编《长沙简帛研究国际学术研讨会论文集》，中西书局，2017年

---

[1]《走马楼吴简隐核新占民簿整理与研究——兼论孙吴户籍的基本体例》，页184。

长沙走马楼三国吴简所见"生口"买卖问题补论

　　20 世纪学界在讨论中国古代社会性质时，对秦汉魏晋时代给予了颇多关注。不管其结论如何对立和纠结，至少说明魏晋时代是中国历史重要的转型期。社会阶层变动是观察社会转型的重要方面。而奴隶是讨论社会性质的一个标志阶层。尽管讨论热烈，但都是依据传世文献提供的只言片语所做出的推想和分析。对于观察奴隶身份的关键之处，如奴隶的法律地位、生存实态等，并没有足够的直接材料。近几十年来，秦汉魏晋简牍出土数量激增，其中的法律和档案文书对奴隶群体多有记载。走马楼三国吴简竹简部分也陆续披露了相关的资料。主要是"生口"和"户下奴婢"等简牍。这也引起了学界的注意，发表了相关成果，其基本路径是将简牍文本解读和当时社会背景相结合进行分析。[1] "生口"内容简牍，在前三册竹简部分，偶有涉及，但数量极少，只是

------

[1] 陈爽《走马楼吴简所见奴婢户籍及相关问题》，北京吴简研讨班编《吴简研究》（第一辑），崇文书局，2004 年，页 160—189；于振波《略论走马楼吴简中的户下奴婢》，《船山学刊》2005 年第 3 期，页 82—85；蒋福亚《长沙走马楼吴简所见奴婢杂议》，《首都师范大学学报》2006 年第 6 期，页 1—6；沈刚《走马楼吴简所见私奴婢剩义》，中国文化遗产研究院编《出土文献研究》（第十辑），中华书局，2011 年，页 291—297。

作为研究有关问题的佐证。[1] 在《长沙走马楼三国吴简·竹简[肆]》中[2]，则有一个散乱的册书，提供的信息更显系统。熊曲曾细致复原和解读了这一册书，将其和户下奴婢竹简联系起来，观察二者间关系的转化。[3] 凌文超也注意到这批材料，除了对文本进行解读外，还结合当时的社会背景，考察了奴、客关系问题等传统命题。[4]《长沙走马楼三国吴简·竹简[柒]》中[5]，也出现了一组关于"生口"的简牍，但描述的侧重点与《竹简[肆]》不同，二者互为补充，可以看出孙吴早期国家对这一社会群体管理方式及其生存实态的更多信息。

一、政府对生口的买卖与管理

《竹简[柒]》中所公布的这组和买卖生口相关的简牍，我

[1] 李鄂权、骆黄海《从长沙走马楼吴简看孙吴时期长沙郡的人口流动与民族融合》，《福建文博》2003年第4期，页35—41；李均明、宋少华《〈长沙走马楼三国吴简〉竹简[肆]内容解析八则》，中国文物研究所编《出土文献研究》（第八辑），上海古籍出版社，2007年，页182—195；罗新《王化与山险——中古早期南方诸蛮历史命运之概观》，《历史研究》2009年第2期，页4—20。
[2] 长沙简牍博物馆、中国文化遗产研究院、北京大学历史学系编《长沙走马楼三国吴简·竹简[肆]》，文物出版社，2011年。
[3] 熊曲《论长沙走马楼吴简中"生口"及相关问题》，中国文化遗产研究院编《出土文献研究》（第十二辑），中西书局，2013年，页327—339。
[4] 凌文超《走马楼吴简中所见的生口买卖——兼谈魏晋封建论之奴客相混》，《史学集刊》2014年第4期，页73—81。
[5] 长沙简牍博物馆、中国文化遗产研究院、北京大学历史学系、故宫博物院古文献研究所编《长沙走马楼三国吴简·竹简[柒]》，文物出版社，2013年。

们将其内容移录如下：

鄙(?) 男 子□□买生口大女郑铁直钱四万　柒·1633
醴陵男子杨英买生口大女张汝直钱五万五千　属□

柒·1634

……买 生 口 大 女 □朝直钱六万　柒·1635

……领……　□　柒·1636

临(?)湘(?)男子□□买生口大女□□直钱十二万　□

柒·1637

……入　□□ 县 ……　柒·1638

□□都尉周 湘 (?)买生口□□□□ 直 钱 □ 万 二 □已
入毕　柒·1639

本 主所属人名□牒年纪言君诚惶诚恐叩头死罪敢言之

柒·1640

□吏颜俭买生口…… 直 钱 ……　柒·1641

……入(?)买(?)……　柒·1642

有人复言君诚惶诚恐叩头死罪死罪敢□　柒·1643

三月　日关中部督邮　柒·1644

醴陵男子黄昭买生口大女□□直钱四万　柒·1645

其廿……□　柒·1646

□ 大 男……买生口一人直钱□万一千乞 以 □　柒·1647

□买……帛直钱一万五千　柒·1648

其七……区掾……收责已入悉毕　柒·1649

□□□□贤买生口大女□□□ 直 钱 四万　已入三万二千

未毕八千

柒·1650

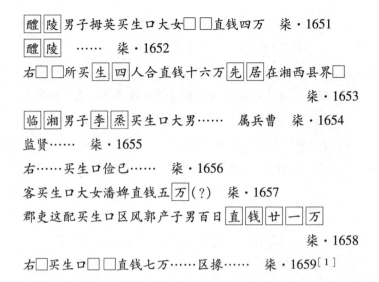

醴陵男子拇英买生口大女□□直钱四万　柒·1651

醴陵……　柒·1652

右□□所买生四人合直钱十六万先居在湘西县界□
　　　　　　　　　　　　　　　　　柒·1653

临湘男子李丞买生口大男……　属兵曹　柒·1654

监贤……　柒·1655

右……买生口俭已……　柒·1656

客买生口大女潘婢直钱五万(?)　柒·1657

郡吏这配买生口区风郭产子男百日直钱廿一万
　　　　　　　　　　　　　　　　　柒·1658

右□买生口□□直钱七万……区捸……　柒·1659[1]

这组简按照整理者标示，是在编号为1622—1677的一坨简中。从揭剥位置示意图看，它们是压在这坨简中间的相邻六层。并且这组简上面四层为草刺文书，其下五层为入米账簿，这组关于生口买卖的简包裹其中，因而基本可以判定这是一组以类相从编到一起的文书，但是因为受到挤压，无法判定整理编号是否还是原来的编联顺序。

为了叙述方便，我们将和生口有关字样的简按照明细和总结分开排列，明细部分按照县名顺序排列，当然这并不意味着是实际的顺序。另外，简1642、1644、1646、1648、1649、1655，因为残缺，或格式不类，暂存疑，不编入其中。这样调整后的顺序为：

---

[1]《长沙走马楼三国吴简·竹简[柒]》，页768。

鄢(?)男子□□买生口大女郑铁直钱四万　柒·1633

醴陵男子杨英买生口大女张汝直钱五万五千　属☒

柒·1634

醴陵男子黄昭买生口大女□□直钱四万　柒·1645

醴陵男子拇英买生口大女□□直钱四万　柒·1651

醴陵　……　柒·1652

临(?)湘(?)男子□□买生口大女□□直钱十二万　☒

柒·1637

临湘男子李烝买生口大男……　属兵曹　柒·1654

……买生口大女□朝直钱六万　柒·1635

□吏颜俭买生口……直钱……　柒·1641

客买生口大女潘婢直钱五万(?)　柒·1657

郡吏这配买生口区凤郭产子男百日直钱廿一万

柒·1658

□□□□贤买生口大女□□□直钱四万　已入三万二千

未毕八千

柒·1650

□□都尉周湘(?)买生口□□□□直钱□万二□已

入毕　柒·1639

□大男……买生口一人直钱□万一千乞以□　柒·1647

右□□所买生四人合直钱十六万先居在湘西县界□

柒·1653

右……买生口俭已……　柒·1656

右□买生口□□直钱七万……区掾……　柒·1659

本主所属人名□牒年纪言君诚惶诚恐叩头死罪敢言之

柒·1640

我们依据这些排列后的简牍来讨论。首先，简中涉及的县名醴陵、鄱、临湘等皆为孙吴前期长沙郡属县，也就意味着是由郡来从总体上掌握其属县生口的买卖活动。这种生口买卖是在政府与百姓之间进行的。简1650、1639有"已入毕""已入若干，未毕若干"字样，且数额和生口价钱相当，这些款项直接进入政府，为政府直接出卖生口所得，和下文中所言政府收百分之十估税不同。简1653、1656、1659三枚右类简，虽然都不完整，但是从数额看，只是一个小类总结。并且简1653"买生口四人"字样，我们怀疑极有可能是明细部分醴陵县出现的四次生口买卖，也就是说这里的"右"是指以县为单位的生口买卖小结。

其次，买卖生口明细格式为买主的籍贯、身份、姓名+买入生口的赋役身份、姓名、价格。与后文生口买卖估税的明细比较，其间的区别是：后者买主和卖主只标注性别、姓名，生口只标注性别和名字，但多出买卖时间和税款额度两项。从两者区别可以看出，政府卖出生口的信息更为详细：买主信息详细，是为了防止在买卖活动中出现弄虚作假的行为，生口标注出全名也是出于同样考虑；秦汉以来，大女、大男等在文书统计中的功能是显示年龄界限基础上的赋役义务。从吴简情况看，生口被私人买走后注籍成为民户的户下奴婢[1]，这样记载估计是出于两方面考虑，一是三国特殊时期，存在发奴为兵的可能。吴简中记载户下奴婢可以代主

---

[1]《论长沙走马楼吴简中"生口"及相关问题》，页332。

服役[1]；二是大男、大女显示的是劳动能力，这和生口的价格相关，并且这是考量的主要方面。而对于民间生口买卖，政府只是关心价格和交易时间，它和税款收缴有关，这是文书格式相异的根本原因。

还有两个问题需要说明。一是简1658郡吏这配买的生口为"区风郭产子男百日直钱廿一万"，从文意和价格推测，当是区风、郭产和其所产百日子男整体被这配买下。奴产子身份仍是奴隶，奴隶可以以家庭为单位被买下，对于了解当时的奴隶生存实态当有所帮助。或许说明奴隶地位上升，即便可以进行买卖，但也有人性化的考量。二是有的明细简还标注其他属性。简1654末尾单独写"属兵曹"三字。蒋福亚认为，吴简中的兵曹负责屯田事务，其中一部分劳动力为生口，而这部分生口又有一部分被卖到私人手中。[2] 兵曹直接出卖生口，似乎也反映政府出卖生口的流程是各下辖机构自行负责，其具体数据要定期汇报，为郡县政府掌握。简1653"先居在湘西界"，湘西其时隶属衡阳郡，不清楚其中缘由。不过，有学者曾指出，吴简中记载，移居到湘西的人口较多。如果从人口流动角度入手，或许是一个值得注意的方向。[3]

政府出卖生口的数量应该不多，这不仅是因为在吴简中较少见，还在于把一郡某一时段卖生口的数量放到一起统计，可能也不过十人左右。这是夹在一坨简的中间，同组简散落在别

---

[1]《走马楼吴简中所见的生口买卖——兼谈魏晋封建论之奴客相混》，页80。

[2]《长沙走马楼吴简所见奴婢杂议》，页5。

[3]《从长沙走马楼吴简看孙吴时期长沙郡的人口流动与民族融合》，页38。

处的可能性不大。为什么政府出卖生口数量如此之少？我们想主要和两点因素有关，一是来源少，这在后文会谈到。另一个原因是三国战乱频仍，国家对人口的控制和需求强烈。如前引蒋福亚文所言，屯田除了使用大量贱民以外，生口也是其中的补充。这组简中，生口大女较多，而作为主要劳动力的大男，比例却低得多。熊曲也指出，作为出卖的生口，多是弱口。[1]

除了政府直接出卖生口外，在民间也存在着生口买卖活动。《竹简[肆]》简1758—1763是一个较完整的政府管理民间生口买卖的简册，但按照原来释文，其中多有矛盾之处，熊曲和凌文超分别对这组简重新做了编联、订正，我们将凌文超订正过的简册胪列如下：

☐市吏（史）唐正（玉）谨列起嘉禾六年正月迄三月卅日受
☐吏民卖贾（买）生口……☐人☐名☐簿　　肆·1758
☐士文钱卖女生口易直钱四（八）万嘉禾六年正月廿☐☐日
贷（？）男子唐调收中外　　肆·1759
做（估）具钱八千　　肆·1760
大女依汝卖女生口叶直钱六万嘉禾六年正月廿日贷男子雷
逆收中外做（估）　　肆·1761
具钱六千　　肆·1762
大女刘佃卖男生口得直钱五万嘉禾六年三月廿八日☐县
（郡）吏☐☐（☐桥）收中外做（估）　　肆·1763
都市史唐玉叩头死罪白被曹敕条列起嘉禾六年正月一日讫
三月卅日吏民所私卖买生口者收责估钱言案文书辄部会郭

----

[1]《论长沙走马楼吴简中"生口"及相关问题》，页335。

客料实今客辞男子唐调雷逆郡吏张桥各私买生口三人直钱
十九万收中外估具钱一万九千谨列言尽力部客收责送
(逆)调等钱传送诣库复言玉诚惶诚恐叩头死罪死罪

　　　诣金曹

　　　　四月七日白

　　　　　　肆·1763(一)^[1]

　　两位通过这一简册，得出以下结论：竹简所列吏民私买卖生口
人名簿是都市史唐玉按金曹的指令向其呈送的。木牍则是按要
求把相关情况向金曹汇报的上行文书；生口身份是奴隶，来源
于没入和战俘；郭客是专门的生口中介人，参与政府和私人间
的生口买卖交易；估钱是交易税，比例为交易金额的 10%；
当时的生口价格偏高等。

　　除了上述结论外，这个简册还说明，政府对民间生口买卖
收取税金，意味着生口买卖的合法化。并且按照郡(或县)—
金曹—市吏—佪(中间人)的模式形成了一套比较成熟的管理
体系，按季度催缴、督察。这也是依托当时的行政体系框架。
从吴简竹简部分看，金曹主钱布、市租，在管理市场、收取市
场税、买调布等一系列环节上与市吏(市掾)有密切的合作关
系^[2]。市吏是具体的执行人员，但要通过实际操作的中间人
来实现，保证有效完成税收。

----

［1］《走马楼吴简中所见的生口买卖——兼谈魏晋封建论之奴客相混》，
　　　页76。
［2］徐畅《走马楼简所见孙吴临湘县廷列曹设置及曹吏》，长沙简牍博物
　　　馆等编《吴简研究》(第三辑)，中华书局，2011年，页340。

二、吴简中生口的身份与来源

生口的身份是奴隶，这一点殆无异议。但是对于一些细节，则因为所见材料多寡，意见有些分歧。蒋福亚根据早先公布的材料认为其身份就是官奴婢[1]；李均明、宋少华认为是战争中俘获的人口，有些或为家中奴婢，[2] 熊曲认为还包括官奴婢[3]。

秦汉以后文献中，"生口"一词也经常出现，学界对此亦有多种解释，已有学者做了总结和辩驳[4]。我们对吴简时代相近的汉代传世文献中的"生口"做一检索，观察其含义。有这样几种：一是与"死"相对，指活口。《东观汉记》卷九："贾宗，字武孺，为朔方太守。匈奴常犯塞，得生口，问：'太守为谁？'"[5] 从行文看，并没有强调生口的社会身份，是指活口。二是指战争中生俘的人口，既包括对异族的战争，也包括汉朝内部的战乱。前者如《后汉书》卷八七《西羌传》："永宁元年春，上郡沈氏种羌五千余人复寇张掖。其夏，马贤将万人击之。初战失利，死者数百人，明日复战，破之，斩首千八

---

[1]《长沙走马楼吴简所见奴婢杂议》，页5。

[2] 李均明、宋少华《〈长沙走马楼三国吴简〉竹简[肆]内容解析八则》，中国文物研究所编《出土文献研究》(第八辑)，上海古籍出版社，2007年，页189。

[3]《论长沙走马楼吴简中"生口"及相关问题》，页333。

[4] 参见范传贤《关于"生口"的社会身分问题》，《西南师范学院学报》1981年第2期，页53—59。

[5] 吴树平《东观汉记校注》，中华书局，2008年，页333。

百级，获生口千余人，马牛羊以万数，余虏悉降。"[1] 后者如《后汉书》卷四八《应奉传》："初平二年，黄巾三十万众入郡界，劭纠率文武，连与贼战，前后斩首数千级，获生口老弱万余人，辎重二千两，贼皆退却，郡内以安。"[2] 这些生口是和马牛羊一样的战利品，与一般投降的战俘不同。《后汉书》卷八九《南匈奴传》："南单于遣子将万骑，及杜崇所领四千骑，与邓鸿等追击逢侯于大城塞，斩首三千余级，得生口及降者万余人。"[3] 最后一句，"生口"和"降者"并列，说明二者不是一回事儿。生口是捕获的普通民众。

除通过大规模的战争掠夺生口外，外族贡献是生口另一个来源。安帝永初元年，"倭国王帅升等献生口百六十人，愿请见"[4]。

从汉代史料记载看，汉代的生口主要是以"生"字为出发点，生口主要是对掳掠敌对势力活口的称呼（异族奉献也可以看作是此种方式的特殊形态），并且其身份应该是官奴婢，比如金日磾的例子。不过，到了三国时期，生口已经在民间买卖，《三国志》卷二七《王昶传》注引《别传》：任昭先"又与人共买生口，各雇八匹。后生口家来赎，时价直六十匹。共买者欲随时价取赎，昶自取本价八匹。共买者惭，亦还取本价"[5]。生口价格随市场规律涨落，说明民间生口买卖比较常见。家人可以赎买，可以看出生口未必都是来源于战争掠

[1]《后汉书》卷八七《西羌传》，中华书局，1965 年，页 2892。

[2]《后汉书》卷四八《应奉传》，页 1610。

[3]《后汉书》卷八九《南匈奴传》，页 2956。

[4]《后汉书》卷八五《东夷传》，页 2821。

[5]《三国志》卷二七《魏志·王昶传》，中华书局，1959 年，页 748。

夺，因为如果来源于战争，生口很难保持完整的家庭。与此相应，生口的内涵也有了一定的变化。

向官员赏赐生口也是生口的另一条新出路，《三国志》卷一三《华歆传》："公卿尝并赐没入生口，唯歆出而嫁之。"[1]同书卷一五《贾逵传》注引《魏略》："赐其生口十人，绢百匹，既欲以励之，且以报干椹也。"[2] 两晋南北朝，生口的来源与出路亦未超出此路径。

生口的原始意义是与"死"相对，强调是以战争或掳掠等强制手段获得的人口。从吴简看，在孙吴早期这种特质依然存在。罗新据吴简材料指出，孙吴的生口市场来源于"部伍夷民"的官方行动。并更进一步指出这不排除是与长沙临近地区（武陵郡）的蛮族。从吴简涉及的军政事务来看，这些夷民更可能是来自长沙郡郡界以内。[3] 也就是说，这些生口是来源于对少数部族的战争所得，至少官方买卖的生口如此。他们能够被役使屯田，能够被买卖，其身份自然是奴隶。在吴简中表示奴隶身份的语词，除生口以外还有奴婢，即户籍类文书中出现的户下奴婢。熊曲认为是吏民买下生口入籍的反映。[4] 我们想，更准确的表述应为，在官文书中"奴婢"是注籍私家奴隶的称呼，而"生口"是对来源于掠夺并被官方控制的奴隶的称呼，也包括在市场中流通的奴隶。也就是没有被固定在私家名籍中奴隶身份人口的统称。

[1]《三国志》卷一三《魏志·华歆传》，页403。
[2]《三国志》卷一五《魏志·贾逵传》，页486。
[3]《王化与山险——中古早期南方诸蛮历史命运之概观》，页16—18。
[4]《论长沙走马楼吴简中"生口"及相关问题》，页335。

根据文献记载，六朝时期生口出路主要有出卖[1]、赏赐[2]等几途，如前文所述，吴简中的生口主要出现在两种语境中，包括官私买卖的册书，以及屯田简中。他们是否被用于赏赐，限于材料，我们并不清楚。

　　虽然孙吴前期有征伐山越等大规模的军事行动，而且也将其转化成控制人口，但是作为生口的数量应该不大。这是因为秦汉以来奴隶的农奴化走向[3]。同时期的曹魏政权也有奴隶减少的现象。郑欣曾比较过曹魏赏赐劳动人手身份的变化：前期是生口，后期是客户。并指出变化的原因是魏末随着战争的减少，官奴婢来源大为缩小。[4] 这些主要是从传世文献梳理出的线索，我们从后来出现大批的秦汉出土资料看，也与这条线索暗合。比如，在睡虎地秦简和张家山汉简中，"隶臣妾""奴婢"等语词出现的频率很高，到了汉末三国时代的吴简，则诸吏、私学、吏帅客等各种由国家控制的依附人口比例要大得多。

　　我们再回到吴简。和秦、西汉前期不同，政府部门直接控制的劳动力资源，有州郡县吏、卒、给吏等。他们缴纳限米，其地位低于普通吏民，这也就意味着挤压了先前官奴婢在生产领域中的存在空间。就前述生口的主要来源来说，也有衰减的

---

[1] 见上引《三国志》卷一三《魏志·华歆传》，页403。
[2] 《晋书·武帝纪》："赐王公以下吴生口各有差。"《晋书》卷三《武帝纪》，中华书局，1974年，页73。
[3] 陈连庆《试论魏晋时代奴隶的农奴化问题》，收入其著《中国古代史研究》，吉林文史出版社，1991年，页468—477。
[4] 郑欣《曹魏给客制度的形成与民屯制度的破坏》，《齐鲁学刊》1986年第2期，页31—33。

趋势。王素、罗新都注意到吴简当中的夷民和夷兵问题，罗新指出，"部伍夷民"的结果是"强者为兵、赢者补户"。[1] 若此，对异族战争俘获的人口，其主要出路已经不是生口。能够成为生口的源头活水已经不足，那么作为一个社会群体，他们在人口中所占的比例自然会降低。

　　三国时期是汉代统一帝国走向分裂时代的起点，政治上的巨变严重地改变了社会秩序。吴简中的生口和户下奴婢，反映了孙吴早期地方政府对官、私奴婢的管理制度，为我们从官方视角来观察奴婢阶层的生存实态提供了一个样本。若将其置于中古早期这个时段观察，可以看出这样一些特点：其一，户下奴婢被登录到主人的户籍中，其身份具有人与财物的双重属性，这是汉代以来的传统；其二，就生口来源而言，多来源于对异族的征服，犯罪没入的情况似乎不多，这同当时吴国讨伐山越有关。也因为国家劳动力资源的敛取有了其他效率更高的替代形式，因而和秦汉时期相比，奴婢占人口比例要小得多，已不是观察当时社会形态的主要群体，这与前贤从传世文献得出的结论大体吻合。另外，从材料角度看，吴简中关于生口管理简牍出现的意义，在于它是以档案的形式展示出汉魏时期国家对特殊人口管理的原生形态。

原载《烟台大学学报》2016 年第 2 期

---

[1]《王化与山险——中古早期南方诸蛮历史命运之概观》，页17。

再论吴简中的丘：从长沙五一广场东汉简牍谈起

　　走马楼三国吴简因其数量之巨，材料之新，自刊布以来就受到学界的关注，并形成了一些热点问题。其中丘的性质及其与乡里的关系即为其中之一。丘第一次在吴简中大量出现，和传世文献凿枘不合。尽管学界作了不懈的努力，对其面目的推索涵盖了各种可能性。不过，限于吴简材料的单一性质及其时限短暂，尚无法取得一致意见。

　　近年来长沙五一广场东汉简牍开始陆续公布[1]，其中一些简牍也记载了丘。这批材料与走马楼吴简出土地相近[2]，时代相接[3]，因而其中关于丘的信息为进一步理解吴简中的丘提供了启示。王彦辉在观察秦汉亭制变迁时，曾注意到亭在认识丘与乡里关系中的作用。[4] 本文亦从分析东汉简牍所记丘的特点出发，进一步观察吴简所呈现丘的性质、丘在行政体

---

[1] 已经公布的这批材料包括：长沙市文物考古研究所、清华大学出土文献研究与保护中心、中国文化遗产研究院、湖南大学岳麓书院《长沙五一广场东汉简牍选释》，中西书局，2015 年；《长沙五一广场东汉简牍》、（壹）（贰）、（叁）、（肆），中西书局，2018 年，2020 年。

[2] 《长沙五一广场东汉简牍选释·前言》。

[3] 虽然五一广场汉简时代为东汉中和帝至安帝时期，但东牌楼东汉简牍也记载了丘，时代为东汉灵帝时期，介于五一广场汉简和走马楼吴简二者之间，因而可以认为至少从东汉中期起丘一直存在。

[4] 王彦辉《聚落与交通视阈下的亭制变迁》，《历史研究》2017 年第 1 期，页 38—53。

系中的位置，以及东汉至孙吴早期国家地方统治方式等问题。

一、长沙五一广场东汉简牍所记丘的特点

根据整理者介绍，长沙五一广场东汉简牍是长沙郡与门下诸曹、临湘县及门下诸曹的下行文书和临湘县、临湘县下属诸乡和亭的上行文书，亦有外郡的往来文书[1]。从目前已经公布的数卷内容看，长沙五一广场东汉简牍所记丘出现的场合与吴简不同，通常在缉捕、审讯犯人的语境中，这样就表现出与吴简记载相异的一些特点。

丘体现的是地域空间特点。在五一广场东汉简牍中，丘出现的场合强调地域属性。简 CWJ1①：93：

皆曰：县民，占有庐舍长赖亭部庐蒲丘。弩与男子吴赐、杨差、吴山、备、芋
与男子区开、陈置等相比近。弩与妻锡、子女舒、舒女弟县，备与子女芋[2]

庐舍，即住宅。这枚简说相关人员的居住地在亭部之丘，所居庐舍也为官府承认。简中"相比近"，强调居住地点接近，也是描述居住空间特征。也就是说，丘是百姓实际居住地。有的简在提到居住地时虽以亭部为单位，但落实到具体地点，还是在丘中：

---

[1]《长沙五一广场东汉简牍选释·前言》。
[2]《长沙五一广场东汉简牍选释》，页127。

详弟终、终弟护；晨与父宫、同产兄夜、夜弟疑、疑女弟
捐；懿与母妾、同产

弟强；除与妻委、子女婴俱居自有庐舍伦亭部。尼、晨、
除，汉丘；懿，上辱丘，与　CWJ1③：292—6[1]

简中虽将亭部作为居住单位，但后面还要细化到丘。不仅如此，在文书中有时对丘表述也是以里程为标准，如"后贤举家还归本县长赖亭部杆上丘，去县百五十余里（CWJ1③：264-30）"[2]，这也是表达丘的空间特征。

这种居住地形成由来已久，不仅为官府承认，而且民间也以此为标志：

闲无事，宁、可俱行于樊爰丘求债，□小筭，请、可即持所有解刀，与当、非俱行，其日昼

时，到樊爰丘，求债不得，即俱前到横溪桥下浴。事已，俱于水旁偅，当谓请、非

　　　　　　　2010CWJ1③：265-220+264-77[3]

百姓到具体地点办事，不称"里"而称"丘"，说明丘作为居住地已经为时人所熟知。作为居住地的里不常出现在民众及官方的语境中，丘已经成为稳定的居住地。简2010CWJ1③：264-235：

----

[1]《长沙五一广场东汉简牍选释》，页140。
[2]《长沙五一广场东汉简牍选释》，页231。
[3]《长沙五一广场东汉简牍》（叁），页164，标点为笔者所加。

充、乐、辟则亡不见。其月不处日，赐、尤捕得充父负，
赐送负县。廿五日愈得病，六月

九日乐于所居丘东北徇田旁为愈祠，其日尤将斗、旷、俱
掩捕充，行道见乐祠。[1]

丘和田地连接，已经成为永久的居住地。其中也有一定规模的
市场，简 2010CWJ1③：264-275：

有庐舍。众、广、成、武僦都亭部女子黄圣舍一孔，月直
钱百五十，各以贩卖、绩纺为事，邯以

吏次署都亭长。今年六月三日，武从官市鲜鱼十斤，直钱
六十，众于所有田溏中捕得小鱼[2]

吴简中有"地僦钱"一词，颇为费解。宋超曾认为是摊位费
用，但限于材料，并没有直接的史料支撑。[3] 从这枚简看，
这一解释较为妥当。因为僦"舍一孔""贩卖"等字样，说明
这是市场摊位。在亭丘系统中存在着市场，这也是以相当数量
的人口聚集为前提。

作为居住空间的"丘"归亭管辖。在五一广场汉简中，
丘多和亭部相联系，是其下的一个组织。

[1]《长沙五一广场东汉简牍》(叁)，页187—188。
[2]《长沙五一广场东汉简牍》(叁)，页195。
[3] 宋超《吴简所见"何黑钱""僦钱"与"地僦钱"考》，北京吴简研
　　讨班编《吴简研究》(第一辑)，崇文书局，2004年，页240—247。

辄部贼曹掾黄纳、游徼李临逐召贤。贤辞：本临湘民，来
客界中，丞为洞所杀。后贤举家还归本县长赖亭部杆上
丘，去县百五十余里。书到，巫部吏与纳并力逐召贤等，
必得，以付纳　CWJ1③：264-30[1]

贤在向官府说明自己住所准确位置时称"县长赖亭部杆上丘"，
其体系是县—亭部—丘，丘归属相应的亭部。故而在说明某人
身份，除了籍贯属性之外，其实际居住地也是标注的特征之一。
如简2010CWJ1①：113："广亭部。董，上丘；旦，桥丘。与男
子烝愿、雷勒相比近知习。"[2] 这里说董居住在广亭部上丘，
旦居住在桥丘，再有比邻而居条件的进一步加持，就可以非常
准确地确定其住所。因此在日常行政中，这套体系能够切实提
高效率。比如下面这一文书描述的逐捕过程：

左贼史颜迁白：府檄曰：乡佐张鲔、小史石竟、
少郑平殴杀费柝，
亡入醴陵界。竟还归临湘不处，鲔从迹所断绝。
案文书，前部
君教若　贼捕掾蔡错、游徼石封、亭长唐旷等逐捕鲔、
平、竟，迹绝
醴陵梜亭部屶淳丘乾溲山中。前以处言如府书。
丞优、掾隗

[1]《长沙五一广场东汉简牍选释》，页231。
[2]《长沙五一广场东汉简牍选释》，页134。

议请□却贼捕掾错等白草。

2010CWJ1③：202-2[1]

这是贼捕掾、游徼、亭长掌管治安系统官员在逐捕嫌犯时，按照从县到丘来定位具体地点。说明亭丘体系已经比较成熟，并且相比传统的乡里，已在日常行政中经常使用。

亭、丘之间的统属关系还表现在，亭的一部分日常供给来源于丘：

> 缣，麛亭部，以佃作为事。良往不处年中娉取缣为妻。今年九月不处日，良以吏次
> 署杆亭长，将缣之亭。武为小伍长，俗往来亭助走使，十一月廿日，良入丘发刍给亭　　2010CWJ1③：199-3[2]

秦汉以来，亭除了担负治安职能以外，还负责邮传往来，因此需要供应外来官吏等人的刍藁。亭长良"入丘发刍给亭"，丘有供应亭粮草的义务，反映亭丘间的隶属关系。

丘作为民众的实际居住地，注意的是民众自然属性，有时径称其身份为丘民[3]。除了前述记载其住所信息外，丘也和生业相联系：

---

[1]《长沙五一广场东汉简牍》(贰)，页175。

[2]《长沙五一广场东汉简牍》(壹)，页250。

[3] 2010CWJ1③："266-6租长督□所部丘民男子陈尊(?)不输租□□□□☑。"参见《长沙五一广场东汉简牍》(肆)，页223。

父母皆前物故。往不处年中。姬、旦各嫁。姬为苏惠，
旦，良妻，自有庐舍。姬逢门，旦广

亭部，与男子吕窦、烝次、雷勤等相比近知习。惠贾贩，
旦、姬绩纺为事，到永初　2010CWJ1③：183[1]

以某种生业为事，和"相比近知习"等语词一样，是当时官文
书中的习语。五一广场汉简所记丘民的生业，除了贾贩、绩纺
以外，还有"贩鱼""田作""卖伞、带"等，皆为耕织贩卖等
基本生计。此时籍贯、体貌特征、爵级等乡里系统对人的描述
方式依然存在，如：

零陵湘乡南阳乡新亭里男子伍次，年卅一，长七尺，黑
色。持棑，船一楼（艘），绢三束，矛一只☐

CWJ1③：263—59[2]

旦人之泉陵，唯廷谒言府，移书邯单严都乡，削除汉、胡
爵为士伍……。　2010CWJ1③：201-31[3]

这种标识身份籍贯加上年龄、身高、肤色等身体特征，甚至爵
级的写法，和居延汉简、肩水金关汉简的名籍写法相同。不
过，这主要在描述县域以外人身份时使用。在具体案件审理、
追捕等问题时，还要以亭丘的实际居住情况为主。

东汉时代简牍中出现的丘作为一种新的地方统治单位，它

-----

[1]《长沙五一广场东汉简牍》（壹），页243。
[2]《长沙五一广场东汉简牍选释》，页177。
[3]《长沙五一广场东汉简牍》（贰），页173。

是因人口流动对传统乡里居住体制的冲击而形成。这批材料中的确也有这样的记载。

> 永初四年正月丙戌朔十八日癸卯，东部劝农贼捕掾鄞、游徼蒙叩头死罪敢言之：廷下
> 诏书曰：比年阴阳隔并，水旱饥馑，民或流冗，蛮夷猾夏，仍以发兴奸吏　2010CWJ1③：201-21A[1]

县吏东部劝农贼捕掾和游徼转述县廷发来的诏书，提到"民或流冗"，说明流民已是常态。诏书是普适性的，但具体到临湘县内上下级官吏之间的往复文书，则反映该地存在流民的可能。这批材料中也的确有这样的例证：

> 世定、昌匡无他奸诈，请理出付部主者亭长，令、具、
> 完、厚、任五人征召可得，又讯女子张待，辞：前
> 状，忠本苍梧，与高相识，知高一姓王，字武。高妻泉陵
> 人，武、高往时曾居苍梧北津上
>
> 　　　　　　　　　　　2010CWJ1③：261-20[2]

这件文书首尾不完整，人物关系不清楚，但考虑到是临湘地区的文书，称"忠本苍梧"，揣摩其语气，忠这个人已经定居在临湘县。即不同郡县之间也有人口移动定居的现象。官府也对这类人口实施必要的管理，2010CWJ1③：265-13："等实核流民王忠，

---

[1]《长沙五一广场东汉简牍》(贰)，页172。
[2]《长沙五一广场东汉简牍》(贰)，页196。

户一口四，出付益阳合均未言▢。"[1]"实核"说明他们已在官府掌握之中。

政府安置流民的办法，是将其和土地结合在一起。永初元年辞曹史等官员上报县廷的文书中称"今武辞，与子男溃狼（垦）食，更三赦，当应居得"[2]，另一个案例中也有"并妻妃辞：'随夫家客田……'"[3]。这些说明当时有荒田可供外来人口开垦。垦食地点应该就在丘中，简 2010CWJ1③：139 有"到永初二年十二月不处日，敢从同丘男子周楚求狼食鲑严波溏田"[4]。同丘说明波溏田在丘中。这些流动到丘中的居民，已经被官府管控，如前揭简 2010CWJ1①：93"县民，占有庐舍长赖亭部庐蒲丘"，其住宅仍然要向政府申报。但是这种占庐舍还有其临时性特征的孑遗。同批简牍中对里中住宅径称为"宅"：

> 乡当。又兴令前已当。王、覆中分仲余财，均调，覆得利里宅一区，大奴柱，小
>
> 奴胡，下头缯肆一孔。王得竹遂里宅一区，大婢益、小奴秩、上头缯肆一孔，当如兴决　2010CWJ1③：246[5]

这同传世文献对里居称呼相类。在政府文书中以"庐舍"与"里宅"区分丘与里，反映了庐舍临时性特点至少在当时还有

----

[1]《长沙五一广场东汉简牍》(肆)，页163。

[2]《长沙五一广场东汉简牍选释》，页155。

[3]《长沙五一广场东汉简牍》(贰)，页215。

[4]《长沙五一广场东汉简牍选释》，页212。

[5]《长沙五一广场东汉简牍》(贰)，页188。

影响。[1] 虽然丘中是实际居住地，但是百姓户籍统计仍然是在里。简2010CWJ1③：263-96+261-50："寅自占名属都乡安成里，珍广成乡阳里。"[2] 即此时里掌管户籍的职能仍然存在，户籍依然是控制民众的基本手段。

五一广场东汉简牍中的丘，作为亭部的下级单位，它出现的基本动因是由于人口流动，展示出在一个个具体居住单位之中住民的生业。较之单一的制式化乡里簿籍，它描述了斯土斯民具体、生动的活动实态，为理解吴简中的丘提供了启示。

二、吴简中的乡丘、丘里关系

吴简中乡、丘、里之间的关系十分复杂，包括一里对应多丘，一丘对应多里，一丘对应多乡等各种情况。学界对此做了各种推测，基本涵盖了各种可能性，学术史梳理和相关结论参见晚近的相关研究，不赘述。[3]

丘在吴简中出现的场域多为出纳钱财物的莂册。侯旭东认为吴简的性质是临湘侯国主簿和主记史所保管的部分文书簿

---

[1]《后汉书》卷三九《刘赵淳于刘江赵传序》："安帝时，汝南薛包孟尝，好学笃行，丧母，以至孝闻。及父娶后妻而憎包，分出之，包日夜号泣，不能去，至被欧杖。不得已，庐于舍外，且入而洒扫，父怒，又逐之。乃庐于里门，昏晨不废。"

[2]《长沙五一广场东汉简牍》（贰），页201。

[3] 参见邓玮光、吴琼《试论"丘"及相关问题》，《南京晓庄学院学报》2017年第5期，页27—38；赵义鑫《临湘居民的生活空间——走马楼吴简所见丘与乡里问题研究》，陕西师范大学硕士学位论文，2019年，页4—7。

册，以仓曹、户曹上呈者为主，兼有少量田曹上呈的文书，其他曹则文书甚少。[1] 五一广场简牍目前所见数量有限，但从已刊布内容看，丘多出现在上下行公文中。二者具有互补性，后者可以为进一步理解吴简中的丘提供参考。

首先看乡丘关系。从五一广场东汉简牍看，丘是亭的下属单元，亭部与丘相关，在县之下，有了乡里和亭丘两套管理体系[2]。从东汉到孙吴早期，地方管理体系没有发生太多变化。因而在考虑吴简中丘和乡、里的关系时，若认为他们非上下级，讨论的方向就可以避开乡丘关系中诸种无法调和的矛盾。

然而也有两个问题需要说明。其一，吴简中并未出现亭对丘实施管理的信息[3]。其实这与吴简的编制部门有关。如前

---

[1] 侯旭东《湖南长沙走马楼三国吴简性质新探》，长沙简牍博物馆编《长沙简帛研究国际学术研讨会论文集》，中西书局，2017 年，页 97。

[2] 在五一广场简中，还有一条材料乡亭相连，简 2010CWJ1③:172:"姓名如牒，普，都乡三门亭部；董、且，桑乡广亭部。董与父老、母何、同产兄辅、弟农俱居，且父母皆前物故，往不处年，嫁为良妻，与良父平、母真俱居□□庐舍。"(《长沙五一广场东汉简牍》(壹)，页 241)从语气看，亭似乎是乡之下的机构。但亭与乡地域重叠，比如里耶秦简中，一乡范围内有二亭。这种表述，一种可能是指在桑乡内的三门亭部。另一种可能是"里"已经无法准确表达出居民的居住地，但是表述人员的时候还要指出行政归属，所以就出现了这种乡亭混搭的模式。但无论如何这并不意味着乡统亭，亭部直接和县廷列曹交往的材料更为常见。

[3] 王彦辉即认为此时"亭部退出历史舞台后，丘划归所在乡或另设一乡统一管理，形成'乡—里''乡—丘'不同的管理体制。秦汉以来以联户为目的的乡里组织在聚与丘的浪潮下逐渐松动，聚落逐渐演变为地域单位表明国家对丘的管理已经放弃了以'里'为基础的乡里编制和多重兼管的传统"。参见《聚落与交通视阈下的亭制变迁》，页 38。

所言，吴简中丘出现的简牍多是由户曹和仓曹编制的莂册，并不关注隶属信息。[1] 另一方面，吴简时代还存在着亭这一机构，这批材料也有这方面的痕迹，只不过记录内容较少，体现不出亭丘关系。[2] 其二，丘大量出现的场合是丘民缴纳米、布、钱、皮的莂券，其基本形式为：某乡缴纳某种财物若干㕚某丘人某某付仓（库）吏。这是先前研究中将乡丘关联起来的前提条件。郭浩认为入简中人名前的丘视为该人实际耕作、居住的丘，乡则为户籍所在地[3]，邓玮光和吴琼也同意此说[4]。戴卫红分析"取禾""贷禾"简时，也得出"户籍为同一个乡的人居住在不同的居住点'丘'是比较符合吴简中乡丘关系的一种解释"的结论[5]。对于乡丘关系，我们赞同这一观点。如果认为乡丘之间无统属关系，这种形式只是表明籍贯在某乡而居住在某丘的人，此人所缴赋税计入其所属的乡中，因而其合计简皆为"右某乡人……"，如郭浩所说缴纳者不以耕作、居住地而以户籍所在地为依据进行缴纳[6]。总

[1]《湖南长沙走马楼三国吴简性质新探》，页97。

[2]如《竹简[肆]》2042简："嘉禾四年广成里户人公乘朱耂年六十六荆左足给亭杂人。"4641简："□承勑□令足举户……吏□处乡亭下。"《竹简[壹]》简7601："入东乡亭伍李息二年布一四㕚嘉禾二年十月十九日丞弁付库吏殷连受。"

[3]郭浩《从汉"里"谈长沙走马楼吴简中的"里"和丘》，《史学月刊》2008年第6期，页99。

[4]《试论"丘"及相关问题》，页32。

[5]戴卫红《长沙走马楼吴简所见"取禾""贷禾"简再探讨》，楼劲、陈伟主编《秦汉魏晋南北朝史国际学术研讨会论文集》，中国社会科学出版社，2018年，页190—191。

[6]《从汉"里"谈长沙走马楼吴简中的"里"和丘》，页99。

之，如果跳出乡丘隶属关系的思维限制，更容易理解莿券中乡丘之间出现的复杂关系。

当然这里也存在一个问题，既然亭丘直接相关，那么为何不以亭部为单位统计丘中赋税数字，这样做岂不更简便？我们认为这可以从两个方面来考虑：一是亭自身职能的局限。亭部本身是一个地域范围，丘如前所言也是强调其地域性，二者是因地域属性而结成的关系，无关籍贯，只是为了现实行政实践中的便利，可以循丘找人。但从亭的本职来说，其基本工作是缉捕盗贼等治安事务，尚无法取代乡里这套秦汉以来的行政体系，它所关心的是其部界内发生的事情，特别是治安等。二是这种亭丘体系如果放置全国范围内考虑，又为特例（具体详后）。

其次，虽然乡丘之间不是上下级关系，但丘中居民又有丘民和里民双重身份，里民是其户籍身份。一方面同一人可以在里、丘中同时出现，另一方面，里中的户籍统计也可以显示出丘中人口变化的特点。连先用分析了吴简中的结计简，确定了"黄簿民"，它是与"新占民"相对而言的。前者指当地户籍中的故有民户，后者则指"新占著户籍之民"，二者共同构成一里之中的全部民户。与黄簿民不同，新占民主要由外来人口以及还归的流民所构成。[1] 这就意味着此时临湘地区人口成分复杂，新旧杂处。里要详细统计人口的各类属性，成为官府掌握人口并据此派发赋役的基本依据。即使没有达到郭浩所言的虚化状态，至少这时里中人口来源也已经突破地域空间的界限。

----

[1] 连先用《试论吴简所见的"黄簿民"与"新占民"》，《文史》2017年第4期，页89。

丘和里皆为国家的统治末梢，那么二者是什么关系呢？丘是否为因垦田而形成于里之外的区域？丘和里在地域关系上是否对等呢？我们认为，如果从亭丘与乡里不同系统、不同性质的角度看，丘强调地域空间属性，里当包含在丘中。东汉孙吴时期的里，已经突破了汉初封闭而规整的模式。虽然里的形态已经发生变化，但传统里中聚居状态不会彻底打散，至少会部分的存在，他们隐含在丘中。邓玮光和吴琼在观察一丘对应多里现象时，发现石下丘户人有集中出现在东阳里的现象。[1]集中在一里的丘民，可能就是自秦汉时代里居状态沿袭下来的。前言黄簿民和新占民，作为故民的黄簿民，或许可以认为是传统里中的居民。丘既包括里，也包括里居之外的新移民。这些移民在户籍制度下，被登录到不同里。从官府管理角度，里因为人口的变动，已经不是纳税单位；作为警察机构的亭，则对即时的人员变化情况比较清楚，如果按照人头征税的话，再分解到其下的丘，及时有效，容易操作。亭部是地域范围，至于其中的人口增殖多少，并不负责。里负责人口管理，和征发徭役有关，但可以掌握人口数量有限，超出一定限度则无法搞清楚，故规模只能控制在百户左右。里正（里魁）又非国家需要负担俸禄的吏员，因而为了对人口进行有效控制，所以一直保证稳定的规模。从交税角度，不需要经过亭层叠架构，丘直接交到县中，以乡为单位进行统计即可。这样就将早期里中征税的功能转移到亭丘系统，丘里并立，可以高效地征敛社会资源。

---

[1]《试论"丘"及相关问题》，页31。

三、亭丘与乡里双轨：临湘侯国基层统治的运行机制

东汉时期长沙地区是以亭丘与乡里两套体系实现对地方的管理。孙吴早期，乡与丘也不是直接的上下级关系。而相较前代，这一时期人口的流动性更强。一方面是因战乱而来的北方移民，如籍贯南阳的诸吏[1]；另一方面也有私学等外来人口。先前的研究多将丘看成是耕作区或屯田区，这种印象和较早刊布的材料有关。比如《嘉禾吏民田家莂》，其基本内容就是丘中各色居民佃种国家土地而缴纳的各类赋税。缴纳各类财物的莂券同样如此。后来的研究虽然也意识到人口流动形成丘，但还是特别强调耕作者移动。[2] 如果结合五一广场汉简记录的情况看，种田纳税固然是其主要生业，特别是在孙吴征战的背景下为供军需尤为明显。但是如果从官府视角看，丘只是便于施政管理的一个地域单元，丘中居民包括但不限于耕作者，其来源也未必仅限于临湘国内，只不过是在临湘侯国内著籍的人口。

既有的亭丘和乡里两种基层管理体系，二者并无统属关系。但在实际行政中，却需要配合使用。将二者联系起来的是具体的百姓，所有人都要著录户籍，包括外地流入的人口，这就使得两套系统之间有了连接。比如五一广场汉简：

---

[1] 如走马楼吴简中"南阳佃吏"（叁·588）、南阳州吏（叁·1817）、南阳新吏（贰·6650）等。

[2]《从汉"里"谈长沙走马楼吴简中的"里"和丘》，页99；《试论"丘"及相关问题》，页32。

书。辄逐召定考问，辞：本县奇乡民，前流客，占属临湘

南乡乐成里。今

不还本乡，刬不复还归，临湘愿以诏书随人在所占，谨听

受占定西　2010CWJ1①：85[1]

即使流寓他乡，仍然是占籍的居民。并且为方便管理，国家也允许他们随所居占籍，说明居住地和户籍所在地无法保证时时统一。掌握户籍的里和其上的乡控制了人口，无论他们迁居到何丘，其里民和丘民的双重身份属性使丘和里之间建立起了关联。孙吴早期不仅制度因袭东汉，并且人口流动性远大于承平时期，因而乡丘之间无法一一对应的情况更为普遍。乡里中不仅以户籍注役作为派役基础，而且即便税收是以人地结合的丘为依据，但统计时却是按照人口归属的乡来计算。

这两套体系均由县控制。县中掌握乡里编制的户籍，均需要上呈县廷保管，《张家山汉墓竹简》中所谓"副上其廷"。吴简中大量的吏民簿书也是归县级单位临湘侯国收藏管理，县无疑了解属乡的户籍内容。同时县也掌握丘中住民的情况，如前引简CWJ1①：93：

皆曰：县民，占有庐舍长赖亭部庐蒲丘。弩与男子吴赐、

杨差、吴山，备、芋

与男子区开、陈置等相比近。弩与妻锡、子女舒、舒女弟

县，备与子女芋[2]

---

[1]《长沙五一广场东汉简牍》（壹），页198。

[2]《长沙五一广场东汉简牍选释》，页127。

这是审讯证言的节录。丘中庐舍也要"占",登记在官府;县民,说明其身份以县来划分,称长赖亭部庐蒲丘。尽管也有长赖乡(简 2010CWJ1③:264-45),但未由乡统丘。这就意味着县辖乡里的同时,也辖亭丘,所以在官文书中甚至丘里并称。[1] 故以乡里户籍为依据统计赋税,比直接到人口流动性大的丘中统计更便于操作。不以丘为单位统计赋税还有一个原因,丘虽然在此地频繁出现,但始终未成为同里一样的行政单位。尽管在收税时也出现过烝弁这样的中间人,但无丘吏[2],也无人口统计等,即丘无行政官员和行政事务。上述情况说明,丘只是针对特殊情况县级政府实行的网格化分片管理手段。在东汉至孙吴条块双重管理方式下,丘和其上的亭部是部分列曹对县内事务进行管理的空间单元。五一广场汉简中贼捕掾等分部抓捕疑犯时是一个单元,吴简中为方便交税也是以丘为单位。[3]

需要注意的是,无论亭丘还是乡里,都是以县为中心的下

---

[1] 2010CWJ1③:265-6 "卷(?)楬道,偏抚告上下丘里,行道过客,无有识有(?)男子者",参见《长沙五一广场东汉简牍》(肆),页 162。丘里连称,成为表示最基层行政组织的习用语。

[2] 吴简中出现了"丘魁"一词,但连先用力证其非丘中官吏,而是居住在丘中的里魁。参见连先用《吴简所见临湘"都乡吏民簿"里计简的初步复原与研究——兼论孙吴初期县辖民户的徭役负担与身份类型》,邬文玲主编《简帛研究》(二○一七秋冬卷),广西师范大学出版社,2018 年,页 284—285。

[3] 这种现象在五一广场汉简中亦有表现:前揭 2010CWJ1③:"266-6:租长督□所部丘民男子陈尊(?)不输租□□□□☑";2010CWJ1③:199-5:"钱三千,米五斛;上利丘钱七百,米二斛,皆以付初"。参见《长沙五一广场东汉简牍》(壹),页 250。

级单位。所以无论百姓如何流动，在何处著籍，还是以一县之内为限。秦代县内分部负责治安，在《岳麓书院藏秦简》（叁）案例一《癸、琐等相移谋购案》中，记载了亭长分部缉捕嫌犯。[1] 东汉时代在县域分部管理依然存在，通过乡里和亭部（长沙地区也应该包括其下的丘）两条线索来锁定一个人的信息：

> □武陵、酉阳起江夏安陆都乡平里，父母前皆物故，斋与
> 妻起勋
> □宛等俱居其县都亭部，与□人（？）等相比近，各以贩鱼
> 龄行　2010CWJ1②：34[2]

这枚简讲家庭关系时使用的是乡里，讲居住地使用的是亭部。亭部之人五方错杂，职业多样，以里的标准化管理模式无法兼容，只能根据实际情况记录直接相关的内容。

丘是人员变动不居的产物，区块化模式无法单独管理不断变化的人口，因此这种亭丘模式只是乡里体制的补充，在功能和技术上无法取代乡里体系。

因为丘的大量出现，并且表现出很多行政化的功能，或以为里已经变成虚化的单位，乡无自主权。不过我们认为，此时乡里机构、职能依然存在。就里来说，有里魁这一基层官吏，也具有户籍统计的职能，并且这种统计与整理需要建立在对其

---

［1］朱汉民、陈松长《岳麓书院藏秦简》（叁），上海辞书出版社，2013年，页95—97。
［2］《长沙五一广场东汉简牍》（壹），页208。

居民了解的基础上，因而孙吴时期里的规模多以 50 户为限，便于掌控。同时，尽管里中居民的居住空间发生了转移，但还是有很大一部分变化不大，在吴简中反映的情形就是多数丘里有对应关系。[1]

与部有关的职责是管理治安活动，这是紧急的事务。里没有虚化，但原来设定的职能无法适应变化的形势，所以它在行政系统中的重要性打了折扣。乡里此时功能已经弱化为对户口的静态统计，其他动态的国家职能已经转移到县中，分部负责。乡在行政文书语境中更多是统计学上的意义。乡里和亭丘两套体系，还是乡、亭以前各自功能的延续和伸缩。虽然此消彼长，但后者还无法完全取代前者。里是最早精心规划的基层单位，若完全以丘取代里，这样做的成本会更高。并且在日常行政中通过使用给吏等措施，毋须支付太多的人工成本。因而就形成了东汉孙吴国家对地方统治的双轨制，至少在长沙地区如此。

整体说来，亭丘和乡里并行的体制是东汉、孙吴时期长沙地区官府为适应人口流动变化而采取的特殊管理模式。这一模式是以人口控制为基础，有效征敛力役等社会资源为目的，为军国大事服务。就帝国整体而言，各地人口增减情况不同，无法完全整齐划一。为了施行有效的统治，在沿用乡里管理人口制度基础上，需要因地制宜采取措施。基层社会秩序变化，也是逐步发生的。从简牍提供线索看，在岳麓书院藏秦简和张家山汉简的时代，即汉初以前，帝制初建，对乡里曾做出了整齐的规划。到了西汉前期，晁错对边地基层社会规划的图景也是

----

[1]《试论"丘"及相关问题》，页 30—31。

这种整齐里制的映射。但人口的增减与迁移，很难保持一成不变整齐的静止状态，加之各地的特殊情况，因而在帝国不同地方都有和里并行的居住形态。[1] 从时间线上反映出中国早期基层社会的居住形态从血缘为基础的族居，到国家以地域为基础规划出的里居，再到人口变化导致的调适形式。从全国范围看，为了便于数据统计和管理民众，乡里还是基本的管理单位[2]，其他各种不同的居住形态，还是要统一到这个体系中。从这个角度看，丘仅仅是长沙地区为便于对民众管理，在地方上出现的特殊管理方式，未必具有普适性。

原载复旦大学历史系、《中国中古史研究》编委会编《中国中古史研究（第九卷）》，中西书局，2021 年

---

[1] 侯旭东《汉魏六朝的自然聚落——兼论"邨""村"关系与"村"的通称化》，收入其著《近观中古史——侯旭东自选集》，中西书局，2015 年，页 154。

[2] 五一广场汉简中虽然记录了大量的亭丘体系，但提到临湘县以外人，还是以郡县乡里为称，2010CWJ1③：261-82："少、雅，河南雒阳平乐乡寿乐里；高，南阳宛叔东莱。午、亲，县民。午，南乡澧里；亲，都乡乐里……。"参见《长沙五一广场东汉简牍》（贰），页 206。2010CWJ1③：263-9："贷主颍川昆阳都乡仓里男子陈次，年廿五，长七尺，白色……☒。"参见《长沙五一广场东汉简牍》（贰），页 227。

新出秦简所见隶臣妾身份问题再探讨

在睡虎地秦墓竹简中，出现了隶臣妾的记载，其身份问题成为学界讨论重点之一，李力对此做了非常详细的学术史梳理与评介[1]。总体说来，这些讨论的出发点，还是纠结于隶臣妾的身份究竟是刑徒还是奴隶。这主要是睡虎地秦简中隶臣妾出现的语境，以及其时学术话语而导致可能的解释途径所致。如果以后见之明，可以看出这些讨论是构建在现代学术术语基础之上，以刑徒或奴隶等今人概念作为分析隶臣妾身份的出发点的。[2] 如果还原到秦时历史现场，这能否涵盖其全部特征也是个疑问。新世纪以来，秦代简牍公布增多，隶臣妾作为一个社会群体出现的频次增加。不止出现在法律文书中，在里耶秦简等档案文书中也有不少记述，这为考察这一群体提供了另外的视角。所以近年来关于隶臣妾身份的研究又开始升温，并且也开始跳出刑徒与奴隶的二分模式，从其他角度来解读。[3] 另

---

[1] 李力《"隶臣妾"身份再研究》，中国法制出版社，2007年。在此之前的相关成果不再介绍。

[2] 后来研究者注意到这一问题，如吕利说："笔者以为'奴隶'或'刑徒'之类的称呼皆学者所加分析性概念而已。"参见吕利《律简身份法考论：秦汉初期国家秩序中的身份》，法律出版社，2011年，页233。

[3] 鹰取祐司将隶臣妾等身份纳入到爵制体系下观察，作为社会等级序列，参见[日]鹰取祐司著，朱腾译《秦汉时代的刑罚与爵 （转下页）

一方面，新材料增多，横看成岭侧成峰，也为理解隶臣妾身份提供了多重可能。我们以近年公布的里耶秦简和岳麓书院藏秦简为主，兼及其他简牍材料，选择从国家对劳动力敛取角度审视隶臣妾这一群体。

一、"隶臣妾"与"徒隶"

在隶臣妾的先行研究中，已有学者从语词角度对隶臣妾的含义做过解读。[1] 我们从新出秦代简牍中，梳理与隶臣妾相关的语词，重新审视隶臣妾的内涵。

隶臣妾具有官奴婢和刑徒两种特征，在秦代法律简中都能找出例证。臣妾是指奴隶，因而结合隶臣妾的身份，很自然可以推导出隶臣妾就是国家控制的官奴婢。在新出秦简中，也能看出其财产属性。比如在司空曹和仓曹的统计中，均有"徒计"，和船、器物、马、牛、羊等并列。[2] 在仓课志中，徒

（接上页）制性身份序列》，周东平、朱腾主编《法律史译评》，北京大学出版社，2013年，页1—23；孙闻博从秦代国家爵制、刑罚体系角度看待隶臣妾的身份，参见孙闻博《秦及汉初的司寇与徒隶》，《中国史研究》2015年第3期，页73—96；孙晓丹则认为隶臣妾在刑徒系统中是独立于城旦舂、鬼薪白粲与司寇、隐官之间的独立一个层级，参见孙晓丹《秦及汉初刑徒社会身份问题探析》，《江苏社会科学》2017年第4期，页150—160。

[1] 隶臣、隶妾、隶、臣妾等不同的组合解释，详见《"隶臣妾"身份再研究》，页303—327。

[2] 陈伟主编《里耶秦简牍校释》（第一卷），武汉大学出版社，2012年，页164。

隶的死亡、产子等增减情况也一并统计。[1] 然而在有的场合，隶臣妾又与城旦舂等群体联系在一起，造成了其身份偏向刑徒的一面。

在秦简中，徒隶是与隶臣妾关系密切相关的一个语词：

廿七年二月丙子朔庚寅，洞庭守礼谓县啬夫卒史嘉、叚（假）卒史谷、属尉。令曰：传送委输，必先悉行城旦舂、隶臣妾、居赀赎责（债）；急事不可留，乃兴繇（徭）乚。今洞庭兵输内史及巴、南郡、苍梧，输甲兵当传者多节传之。必先悉行乘城卒、隶臣妾、城旦舂、鬼薪、白粲、居赀赎责（债）、司寇、隐官、践更县者乚。田时殹（也），不欲兴黔首。嘉、谷、尉各谨案所部县卒、徒隶、居赀赎责（债）、司寇、隐官、践更县者簿，有可令传甲兵，县弗令传之而兴黔首，兴黔首可省少弗省少而多兴者，辄劾移县，县丞以律令具论，当坐者言名夬（决）泰守府，嘉、谷、尉在所县上书，嘉、谷、尉令人日夜端行。它如律令。　　16-5a[2]

从这枚简的前后文看，徒隶可以替换为隶臣妾和城旦舂，这已有多位学者指出。在《里耶秦简》第二卷中，也有这样的例子：

【廿】六年二月癸丑朔庚申，洞庭叚（假）守高谓县丞：干

----

[1]《里耶秦简牍校释》（第一卷），页169。

[2] 里耶秦简博物馆、出土文献与中国古代文明研究协同创新中心中国人民大学中心编《里耶秦简博物馆藏秦简》，中西书局，2016年，页207。

藋及菅茅善用殹(也)。且烧草矣，以▍书到时，令乘城卒
及徒隶、居赀赎责(债)勉多取、积之，必各足给县用复
到干▍草…… 9-1861[1]

这条简文中，徒隶和乘城卒、居赀赎责(债)并列，是其下的
一个群体，那么只有隶臣妾到城旦舂等。

但在另一些秦简中，徒隶又特指隶臣妾。比如为官府提供服
务保障的吏仆、吏养，多由隶臣充任，《岳麓书院藏秦简》(肆)：

●仓律曰：毋以隶妾为吏仆、养、官【守】府└，隶臣少，不
足以给仆、养，以居赀责(债)给之；及且令以隶妾为吏仆、
养、官守府，有隶臣，辄伐〈代〉之└，仓厨守府如故。[2]

这条材料明确指向由隶臣充当吏仆养，隶妾亦可充任，但非常
态。隶臣妾是吏仆和吏养的主要来源。而且秦代法律中也明确
排除了其他群体，《岳麓书院藏秦简》(肆)："徒隶覉(系)城旦
舂、居赀责(债)而敢为人仆、养、守官府及视臣史事若居隐
除者，坐日六钱为盗 └。"[3] 这就从制度上排除了平民、司

---

[1] 陈伟主编《里耶秦简牍校释》(第二卷)，武汉大学出版社，2018 年，
    页 374。
[2] 陈松长主编《岳麓书院藏秦简》(肆)，上海辞书出版社，2015 年，
    页 122—123。
[3]《岳麓书院藏秦简》(肆)，页 158。此外还有简：徒隶不足以给仆、
    养，以居赀责(债)者给之，令出口，受钱毋过日八钱，过日八钱
    者，赀二甲，免。见《岳麓书院藏秦简》(肆)，页 155。应该也不包
    括城旦舂。

寇、城旦舂等充任仆、养的可能。也就是说，正常情况下，政府中承担吏仆、吏养工作的只有隶臣妾。里耶简中有：

卅一年后九月庚辰朔甲□，……卻之：诸徒隶当为Ⅰ吏仆养者皆属仓……仓及卒长彭所Ⅱ署仓，非弗智（知）殹，盖……可（何）故不腾书？近所官Ⅲ亘（恒）曰上真书。状何……□□□□□□☑Ⅳ　8-130+8-190+8-193[1]

简文中"诸徒隶当为吏仆养者皆属仓"，仓所管理的"徒"只有隶臣妾，那么这里的"徒隶"无疑就指隶臣妾。结合上一条法律规定，也可以坐实这一点。由此可见，徒隶的内涵并不固定。但无论广义还是狭义，都包含隶臣妾。既然徒隶包括隶臣妾，并且有时也可以仅指代隶臣妾。那么，我们可以通过分析"徒隶"一词的内涵来看隶臣妾的身份。

首先，"徒"字的使用方法。在秦汉时代及以前的文献中，和徒隶相关的用法中，徒有"众""人众"之意，如《汉书·食货志》"赋共车马兵甲士徒之役"颜师古注[2]、《后汉书·仲长统传》"徒附万计"李贤注[3]。亦有"给役"含义，《周礼·天官·序官》："徒百有二十人。"贾公彦疏："凡徒亦步行给役者。"[4] 作为"刑徒"的含义已晚至魏晋时代，《世说新语》："刘道真尝为徒。"刘孝标注："徒，罪役作

---

[1]《里耶秦简牍校释》（第一卷），页68。

[2]《汉书》卷二四上《食货志上》，中华书局，1962年，页1120。

[3]《后汉书》卷四九《仲长统传》，中华书局，1965年，页1649。

[4] 孙诒让《周礼正义》，中华书局，1987年，页21。

者。"[1] 在秦简中，"徒出"现的语境亦非专指刑徒："田徒当用大男子百五十八人·今九十五人【当】☒(9-1647)。"[2] 田徒的身份是大男子，那么其身份就非隶臣妾、城旦春等身份，徒就是服役的百姓：

廿五年九月己丑，将奔命校长周爰书：敦长买、什长嘉皆告曰：徒士五(伍)右里缭可，行到零阳虎溪桥亡，不智(知)☐☐☐☒Ⅰ缭可年可廿五岁，长可六尺八寸，赤色，多发，未产须，衣络袍一、络单胡衣一、操具弩二、丝弦四、矢二百、钜剑一、米一石☒Ⅱ 8-439+8-519+8-537[3]

徒、士伍连称，则徒亦指平民，泛指徒众。

卅五年三月庚寅朔辛亥，仓衔敢言之：疏书吏、徒上事尉府Ⅰ者牍北(背)，食皆尽三月，迁陵田能自食。谒告过所县，以县乡次续Ⅱ食如律。雨留不能投宿赍。当腾腾。来复传。敢言之。Ⅲ 8-1517
令佐温。Ⅰ更戍士五城父阳瞿执。Ⅱ更戍士五城父西中痤。臂手 8-1517 背[4]

简牍正面呈文称吏、徒，背面明细中的令佐温是吏，那么

---

[1] 余嘉锡《世说新语笺疏》，中华书局，2007 年，页 29。
[2]《里耶秦简牍校释》(第二卷)，页 342。
[3]《里耶秦简牍校释》(第一卷)，页 149。
[4]《里耶秦简牍校释》(第一卷)，页 344—345。

"更成士五"就是其中的"徒"。又如："繇（徭）律曰：岁兴繇（徭）徒，人为三尺券一，书其厚焉。节（即）发繇（徭），乡啬夫必身与典以券行之"。[1]"乡啬夫必身与典以券行之"，则"徭徒"身份是服徭役的黔首，徒是指普通民众。

由以上数例看，"徒"在秦简中并非天然指代刑徒，而是和古书中的徒众、给役者等含义吻合。不过，"徒"在秦简"作徒簿"中，其含义似乎是指"刑徒"。如：

廿九年八月乙酉，库守悍作徒簿（簿）。　8-686+8-973[2]
卅一年后九月庚辰朔壬寅，少内守敝作徒簿（簿）。

8-2034[3]

卅二年十月己酉朔乙亥，司空守圂徒作簿。

8-145+9-2294[4]

司空和仓是秦县诸官，分别管理城旦舂、鬼薪白粲与隶臣妾。这些人被派往其他诸官和属乡从事劳作而形成的簿籍，称为作徒簿或徒作簿。这里的"徒"，自然可以从刑徒角度理解。不过，考虑到前揭徒在秦简中可以做徒众讲，作徒理解成"进行劳作的徒众"，似亦不突兀。并且这些派遣出去的劳作者，也并不仅限于城旦舂、鬼薪白粲与隶臣妾，也有居赀赎债者：

----

[1]《岳麓书院藏秦简》（肆），页149。
[2]《里耶秦简牍校释》（第一卷），页203。
[3]《里耶秦简牍校释》（第一卷），页421。
[4] 里耶秦简牍校释小组编《新见里耶秦简牍资料选校（二）》，武汉大学简帛研究中心主办《简帛》（第十辑），上海古籍出版社，2015年，页204。

卅年十二月乙卯，畜□□□作徒薄（簿）。☑ＡⅠ

受司空居赀一人。☑ＡⅡ

受仓隶妾三人。☑ＡⅢ

☑□□ＢⅠ

【凡】☑ＢⅡ

【一人】☑ＢⅢ   8-199+8-688

十二月乙卯，畜官守丙敢言之：上。敢言☑Ⅰ十二月乙卯水

十一刻刻下一，佐贰以来。☑Ⅱ 8-199 背+8-688 背[1]

畜官接收的作徒中就有"司空居赀"，说明即使作徒簿中所言徒的范围，也非通常意义的刑徒。

我们再看"隶"字。隶的本意是附着。在先秦秦汉传世文献中，隶有时表示贱称。《左传·定公四年》"社稷之常隶也"，杜预注："隶，贱臣也。"[2] 在秦简中，隶单独表示人的身份，如：

隶大女子符容☑ 8-2152[3]

□广隶小上造臣，黑色，长可六尺，年十五，衣襌衣一。☑ 9-142+9-337[4]

☑东成户人不更已夏隶大女子瓦自言：□□Ⅰ☑□□以副从事。敢言之。/吾手Ⅱ。 9-328[5]

[1]《里耶秦简牍校释》（第一卷），页111。

[2] 杜预《春秋左传集解》，上海人民出版社，1977年，页1622。

[3]《里耶秦简牍校释》（第一卷），页438。

[4]《里耶秦简牍校释》（第二卷），页75。

[5]《里耶秦简牍校释》（第二卷），页108。

这是户籍人口所标识的身份为"隶"。《岳麓书院藏秦简》（叁）记载的《识劫𡟦案》中有："识故为沛隶，同居。沛以三岁时为识取（娶）妻；居一岁为识买室，贾（价）五千钱；分马一匹、稻田廿（二十）亩，异识。识从军，沛死。"[1] 因为"隶"有爵位、以"大男""大女"等身份标识称呼，无法等同于奴婢。这已为陈伟、南玉泉指出。[2] 吴方基更是将上述诸简定义为"户隶"简，户隶是指民不"为户"者，将户籍依附于他户主名下，是为附籍。[3] 如果以作为私人身份的"隶"来理解"徒隶"之"隶"，可以认为是依附于国家的人口。秦简中徒隶有时与"居赀赎债"并称，如前引里耶简 16-5A"嘉、谷、尉各谨案所部县卒、徒隶、居赀赎责（债）、司寇、隐官、践更县者簿"。徒隶与居赀赎债等同样是从事转运委输的力役。但将二者区分，还是在于一为临时、有期限，一为隶属于国家的永久劳作者。因而徒隶连读，则似可以理解为依附于国家的徒众或给役者。徒隶组合，有身份和劳作的双重意义。前言徒隶可以指代隶臣妾，隶臣妾自然亦可作如是观，即隶属于国家的徒众。

[1] 朱汉民、陈松长编《岳麓书院藏秦简》（叁），上海辞书出版社，2013年，页155。

[2] 陈伟《秦简牍校读及所见制度考察》第七章第二节《隶的身份特征》，武汉大学出版社，2017年，页172—177；南玉泉《从岳麓秦简识劫𡟦案看秦国的匿訾罪及其乡里状况》，中国政法大学法律古籍整理研究所编《中国古代法律文献研究》（第十二辑），社会科学文献出版社，2018年，页210。

[3] 吴方基《里耶"户隶"简与秦及汉初附籍问题》，《中国史研究》2019年第3期，页54。

还有一个需要说明的问题。秦代的臣妾是指私家奴隶[1]，陈伟更进一步指出，在始皇二十八年八月至三十一年十月或者三十二年六月之间，臣妾改称奴婢。[2] 那么隶臣妾也可能是官奴婢的身份。然而考虑到隶的身份并非奴隶，那么这种组合只是说明隶臣妾的官方属性。此外，表示私家奴隶身份的语词除了臣妾，还有奴妾、奴婢等：

> 人奴妾治（笞）子，子以胇死，黥颜頯，畀主。■相与斗，交伤，皆论不殹（也）？交论。[3]
>
> 匿罪人当赀二甲以上到赎死，室人存而年十八岁以上者，赀各一甲，其奴婢弗坐，典、田典（缺简）而舍之，皆赀一甲。[4]
>
> 上人奴笞者，会七月廷。　8-1379[5]
>
> 卅二年六月乙巳朔壬申，都乡守武爰书：高里士五（伍）武自言以大奴幸、甘多，大婢言、言子益Ⅰ等，牝马一匹予子小男子产。典私占。初手。Ⅱ　8-1443+8-1455
>
> 六月壬申日，都乡守武敢言：上。敢言之。／初手。Ⅰ六

---

[1] 睡虎地秦简中《法律答问》有："可（何）谓'家辠（罪）'？父子同居，杀伤父臣妾、畜产及盗之，父已死，或告，勿听，是胃（谓）'家辠（罪）'。……或捕告人奴妾盗百一十钱，问主购之且公购？公购之之。"参见陈伟《秦简牍合集·释文注释修订本》（壹、贰），武汉大学出版社，2016年，页224、236。

[2]《秦简牍校读及所见制度考察》第一章第二节《"臣妾""奴妾"与"奴婢"》，页16。

[3]《秦简牍合集·释文注释修订本》（壹、贰），页211—212。

[4]《岳麓书院藏秦简》（肆），页39。

[5]《里耶秦简牍校释》（第一卷），页318。

月壬申日，佐初以来。／欣发。初手。Ⅱ

8-1443 背+8-1455[1]

卅五年七月戊子朔己酉，都乡守沈爰书：高里士五（伍）
广自言：谒以大奴良、完，小奴嚼、饶，大婢阑、愿、
多、□，Ⅰ禾稼、衣器、钱六万，尽以予子大女子阳里
胡，凡十一物，同券齿。Ⅱ典弘占。Ⅲ　8-1554

七月戊子朔己酉，都乡守沈敢言之：上。敢言之。／□手。
Ⅰ【七】月己酉日入，沈以来。□□。沈手。Ⅱ

8-1554 背[2]

上述表示私家奴隶含义的奴婢，所显示的更是其财产属性。与
之相比，臣妾显示的是其人身依附属性，还无法完全涵盖现代
学术意义上奴隶一词的内涵。隶也表示其依附性。因之，隶臣
妾作为对私家奴隶的模拟，更看重其隶属于国家的一面。还原
到当时历史场景，不宜直接以官奴婢视之。

二、城旦舂与隶臣妾

秦和汉初城旦舂与隶臣妾表现出部分相似的特征，因而认
为隶臣妾的身份是刑徒也不无道理。[3]　在秦简中，二者的确

---

[1]《里耶秦简牍校释》（第一卷），页326。

[2]《里耶秦简牍校释》（第一卷），页356—357。

[3] 从秦汉简牍看，鬼薪白粲在秦和汉初的刑罚等序中表现出一些特殊
性，因而一些学者认为它并不在从城旦舂到司寇这个刑罚序列中。
如丁义娟认为，鬼薪白粲并非是与司寇、隶臣妾、城旦舂处于同一
系列的普通的刑罚种类，是一种专门的优待刑，只适用于（转下页）

表现出一些相同的特质。比如前揭作徒簿，都是刑徒管理机构
向其他诸官派遣徒隶从事劳作。有时隶臣妾和城旦舂也从事同
样的工作。比如里耶秦简中各乡为缴纳献赋而"捕羽"：

卅五年七月【戊子】朔壬辰，贰【舂】□【敢】言之：赋羽有
Ⅰ书。毋徒捕羽，谒令官巫□捕羽给赋。敢言Ⅱ之。／七
月戊子朔丙申，迁陵守建下仓、司空：巫Ⅲ
　　　　　　　　　8-673+8-2002+9-1848+9-1897
遣。报之。传书。／歇手。／丙申旦，隶妾孙行。Ⅰ七月乙
未日失（昳）【时，东】成小上造□以来。如意手
　　　　　　　　　8-673背+8-2002背+9-1848背+9-1897背[1]

对于贰春乡的请求，"迁陵守建下仓、司空"，说明这里"徒"
包括司空所辖之城旦舂和仓所辖之隶臣妾。他们都被要求帮助
贰春乡捕羽，从事同一种劳作。

又如从事织作：

廿七年十一月戊申朔甲戌，库守衰敢言之：前言组用几
（机），令司Ⅰ空为。司空言徒毋能为组几（机）者。今岁
莫（暮）几（机）不成，谒令仓为，Ⅱ□□徒。腾尉。谒报。
敢言之。Ⅲ　9-1408+9-2288

（接上页）符合法定条件的特殊人群。丁义娟《"鬼薪白粲"地位再认
识》，中国政法大学法律古籍整理研究所编《中国古代法律文献研
究》（第六辑），社会科学文献出版社，2013 年，页 218。故本节对
鬼薪白粲不作对比讨论。
[1]《里耶秦简牍校释》（第二卷），页 369。

十一月乙亥，迁陵守丞敦狐告仓：以律令从事。报之。／
莫邪手。／日入，走籍行。Ⅱ
甲戌水下五亥（刻），佐朱以来。／莫邪半。朱手。Ⅲ

9-1408 背+9-2288 背[1]

按校释者的意见，组为宽而薄的丝带，机即织机。司空掌管的城旦舂等没有会操作的人，故请求仓掌管的隶臣妾来帮助。

隶臣妾和城旦舂甚至使用同样的方式计算工作量，《睡虎地秦墓竹简·秦律十八种·工人程》："隶臣、下吏、城旦与工从事者冬作，为矢程，赋之三日而当夏二日。"[2] 不过，尽管隶臣妾和城旦舂从事相同的劳作，但这并等于二者身份相同，还应该看到他们在劳作方面的差异性。和城旦舂不同的是，隶臣妾还可以从事官府中的行政辅助工作，从秦简看，有以下几种：

其一，传书。

书一封，·迁陵丞印，诣启陵□。Ⅰ卅五年六月甲子，隶妾孙行。Ⅱ　8-475+8-610[3]
卅年五月戊午朔辛巳，司空守敞敢言之：冗戍士五（伍）□Ⅰ归高成免衣用，当传。谒遣吏传。谒报。Ⅱ敢言之。Ⅲ

8-666+8-2006

---

[1]《里耶秦简牍校释》（第二卷），页301。
[2]《秦简牍合集·释文注释修订本》（壹、贰），页102。
[3]《里耶秦简牍校释》（第一卷），页162。

辛巳旦食时食时，隶臣殷行。　　武▱

$$8-666+8-2006 \; 背^{[1]}$$

隶臣妾承担送信工作，反映了这个群体得到官府的信任。《睡虎地秦墓竹简·秦律十八种·行书》："行传书、受书，必书其起及到日月夙莫（暮），以辄相报殹（也）。书有亡者，亟告官。隶臣妾老弱及不可诚仁者勿令。书廷辟有日报，宜到不来者，追之。"[2] "隶臣妾老弱及不可诚仁者"是对传书者素质要求，既包括身体素质，也有品德素养。因而，同样能够传书的还有居赀赎债[3]，而作为惩罚性质的城旦舂就不能担当此任。

其二，吏仆与吏养、牢人等行政辅助工作。吏仆、吏养是为官吏提供服务的力役。所以充任者也需要是官府信任的人。

▱□温与养隶臣获偕之蓬传，及告畜官遣之书季有□

$$8-1558$$

▱急封此。　8-1558 背[4]

▱爰书：吏走使小隶臣适自▱　9-887[5]

走，校释者认为是"供奔走的仆夫差役"。也正因为仆、养多以隶臣充任，所以出现了工作分工与隶臣妾等固着在一起的"养隶臣"这类词汇。与此类似的还有"牢人隶臣"："▱□□

---

[1]《里耶秦简牍校释》（第一卷），页197。

[2]《秦简牍合集·释文注释修订本》（壹、贰），页134。

[3]如里耶简 9-49，《里耶秦简牍校释》（第二卷），页53。

[4]《里耶秦简牍校释》（第一卷），页358。

[5]《里耶秦简牍校释》（第二卷），页220。

【付】牢人大隶臣□□(8-1855)。"[1] 隶臣可以做看守牢狱的工作，这和底层的胥吏相似。并且在一些律令中也的确体现出这种迹象。《岳麓书院藏秦简》(伍)："●令曰：南阳守言：兴(？)吏捕皋人，报日封诊及它诸(？)官□□□□者，皆令得与书史、隶臣、它所与捕吏徒。"[2] 因为缺简，无法知晓这枚简的完整内容，但在现有部分中隶臣与书史并列，至少说明他们对案件的案验起到同样作用，相当于底层的胥吏。《睡虎地秦墓竹简·封诊式·出子》："有(又)令隶妾数字者，诊甲前血出及痈状……令令史某、隶臣某诊甲所诣子。"[3] 此外，里耶秦简廪食内容简牍有一套固定的格式，参与者中有廪人，其身份常有隶妾。

其三，出现了专业工种的隶臣妾。与之相比，城旦舂则是普通的劳动力。最典型的专门化隶臣妾是工隶臣妾。岳麓简有："●工隶臣妾及工当隶臣妾者亡，以六十钱计之，与盗同法，其自出殹(也)，减罪一等。"[4] "工"或指有专门的手工技能[5]，这类隶臣妾受到官府的格外关注："隶臣有巧可以为工者，勿以为人仆、养。"[6] 这些具有特殊技能的隶臣妾

---

[1]《里耶秦简牍校释》(第一卷)，页400。

[2] 陈松长主编《岳麓书院藏秦简》(伍)，上海辞书出版社，2017 年，页198。

[3]《秦简牍合集·释文注释修订本》(壹、贰)，页293。

[4]《岳麓书院藏秦简》(伍)，页70。

[5] 整理者说：工隶臣妾及工当隶臣妾：具体含义不详。睡虎地秦简《秦律十八种·军爵律》："工隶臣斩首及人为斩首以免者，皆令为工。其不完者，以为隐官工。"此处提及工隶臣，仅供参考。参见《岳麓书院藏秦简》(伍)，页78。

[6]《秦简牍合集·释文注释修订本》(壹、贰)，页105。

不能从事简单劳动。

以上所言劳作分工，隶臣妾和城旦舂虽然有相同的一面，但是这种相同点主要与性别、年龄等有关系。城旦和隶臣要承担重体力劳动，这并不是他们所特有的，有时其他身份的人也要参与其中，比如田作：

> 廿八年正月辛丑朔丁未，贰春乡敬敢言之：从人城旦皆 I
> 非智(知)篆田殹(也)，当可作治县官府。谓尽令从人作
> 官府 II 及负土、佐甄，而尽遣故佐负土男子田，及乘城
> 卒、诸 III 黔首抵辠(罪)者皆智(知)篆田，谓上财(裁)自
> 敦遣田者，毋令官独 IV　9-22
> 遣田者。谓报。敢言之。I 今敬正月壬子受徒，弗报。II
> 壬子夕，佐黑以来。/除半。□手。III　9-22 背[1]

从熟悉特有的耕作篆田知识角度，其至需要乘城卒和黔首抵罪者接替城旦舂从事这一工作，更可说明田作与身份无关。然而，一些官府行政服务和辅助工作则不见城旦舂的身影，这是二者的区别所在，也以此分别出彼此身份的高下。即使从事同类工作，其分工也存在着差异，或是简单的力役，或是技术人员(工隶臣)。所以从这个角度，也不好将二者归为一类。

秦代隶臣妾与城旦舂的差异，还表现在隶臣妾有更多的活动自由。前言隶臣妾从事传书等行政辅助工作，即意味着已处于不受监管的状态。所以在秦代出现了"隶臣哀诣隶臣喜，告盗杀人"这样的事情，其原因就是隶臣妾有一定的自由空

---

[1]《里耶秦简牍校释》(第二卷)，页33—34。

间和时间。在《亡律》中有针对隶臣妾逃亡的专门条文："诱隶臣、隶臣从诱以亡故塞徼外蛮夷，皆黥为城旦舂；亡徼中蛮夷，黥其诱者，以为城旦舂；亡县道，耐其诱者，以为隶臣。"[1] 正是因为隶臣有一定的行动自由，所以有逃亡的机会，需要在逃亡法律中单独列出。在《岳麓书院藏秦简》(叁)案例四《芮盗卖公列地案》中，提到隶臣在市场交易经营场地的记录，尽管最后表明这不合法，但至少反映出在日常活动中，他们几乎同平民一样自由。

与此相对照，城旦舂则处于严密地监管之下，除了由司寇、隶臣妾带领外，对其日常衣行也有严格的规定：

> ●司空律曰：城旦舂衣赤衣，冒赤毡，枸椟杕之乚。诸当衣赤衣者，其衣物毋(无)小大及表里尽赤之，其衣裷者，赤其里，□仗，衣之。仗城旦勿将司，舂城旦出繇(徭)者，毋敢之市及留舍阓外，当行市中者，回，【勿行】。[2]

这些皆为限制城旦舂人身自由的措施，达到惩戒目的。从国家对人口管理的角度，隶臣妾更偏向于自由人群体。如《岳麓书院藏秦简》(伍)："●令曰：诸军人、漕卒及黔首、司寇、隶臣妾有县官事不幸死，死所令县将吏劾〈刻〉其郡名槭及署送书，可以毋误失道回留。 ·卒令丙卅四。"[3] 从死后待遇看，隶臣妾死后的处理方式比照戍卒或底层民众，政府还是将

----

[1]《岳麓书院藏秦简》(肆)，页72。
[2]《岳麓书院藏秦简》(肆)，页123。
[3]《岳麓书院藏秦简》(伍)，页111。

其视为替官府服务的人员。

与城旦舂更重要的区别是，隶臣妾尽管人身依附于国家，但还有放免为庶人的机会：

> ·隶臣捕道徼外来为间者一人，免为司寇，司寇为庶人。……·廷卒乙廿一[1]
>
> ●隶臣捕道故徼外来诱而舍者一人，免为司寇，司寇为庶人。其捕数人者，以□□[2]

隶臣妾可以免为司寇，司寇有机会免为庶人，这样隶臣妾就有成为庶人的可能。除此以外，一些特殊的隶臣妾甚至可以直接放免为士伍。

> 佐弋隶臣、汤家臣，免为士五（伍），属佐弋而亡者，论之，比寺车府。内官、中官隶臣妾、白粲以巧及劳免为士五（伍）、庶人、工、工隶隐官而复属内官、中官者，其或亡（2085）□……□□论之，比寺车府。[3]
>
> 寺车府乚、少府、中府、中车府、泰官、御府、特库、私官隶臣，免为士五（伍）、隐官，及隶妾以巧及劳免为庶人。[4]

---

[1]《岳麓书院藏秦简》（伍），页126—127。

[2]《岳麓书院藏秦简》（伍），页127。

[3]《岳麓书院藏秦简》（肆），页41。

[4]《岳麓书院藏秦简》（肆），页49—50。

隶妾以巧、隶臣隶属特别的机构等原因得以免为士伍。如果居赀赎债偿还完政府的债务即可自由，那么隶臣妾的放免也可以认为是居赀赎债的特殊形式，身份上具有相似的一面。

即使在隶臣妾和城旦舂共同出现的场合，还能看出两者高下之别。比如隶臣妾和城旦舂分别归属仓和司空管理，但是隶臣妾系城旦舂则归属司空，如里耶秦简 8-145 有"隶妾墼（系）舂八人"[1]，他们身份偏重于城旦舂的一面。

由上述可见，虽然隶臣妾同城旦舂一样，都是政府控制的劳动力，人身归政府支配，而且部分隶臣妾也来源于犯罪者。但是他们之间的差别也十分明显，除了论者已经揭示的管理机构、廪食方式差异外[2]，在劳作分工、待遇与出路方面有着根本不同。并且从来源来说，除了因犯罪而成为隶臣妾外，还有一部分是买卖而来，买卖自然无法视为处罚的理由。因而不能把其视为同城旦舂同类身份。至少在秦代不能把二者放到同一个序列中看待。换言之，还不好简单地将隶臣妾视为刑徒。

三、秦代国家视角中的隶臣妾

既然隶臣妾不能简单的定义为刑徒、奴隶，那么在国家眼中这个群体存在的意义是什么？为了方便说明，我们再引用简16-5 这段材料：

廿七年二月丙子朔庚寅，洞庭守礼谓县啬夫卒史嘉、叚

---

[1]《里耶秦简牍校释》（第一卷），页84。
[2]《秦及汉初的司寇与徒隶》，页80—89。

（假）卒史谷、属尉。令曰：传送委输，必先悉行城旦舂、隶臣妾、居赀赎责（债）；急事不可留，乃兴繇（徭）乚。今洞庭兵输内史及巴、南郡、苍梧，输甲兵当传者多节传之。必先悉行乘城卒、隶臣妾、城旦舂、鬼薪、白粲、居赀赎责（债）、司寇、隐官、践更县者乚。田时殴（也），不欲兴黔首。嘉、谷、尉各谨案所部县卒、徒隶、居赀赎责（债）、司寇、隐官、践更县者簿，有可令传甲兵，县弗令传之而兴黔首，兴黔首可省少弗省少而多兴者，辄劾移县，县亟以律令具论，当坐者言名夬（决）泰守府，嘉、谷、尉在所县上书，嘉、谷、尉令人日夜端行。它如律令。　16-5a

三月丙辰，迁陵守丞欧敢告尉、告乡、司空、仓主，前书已下，重听书从事。尉别都乡、司空，司空传仓；都乡别启陵、贰春，皆勿留脱，它如律令。/扣手。丙辰水下四刻，隶臣尚行。

三月癸丑，水下尽，巫阳陵士五（伍）匄以来。/邪手。

二月癸卯，水下十一刻刻下九，求盗簪袅阳成辰以来。/弱半。如手。　16-5b[1]

这条材料中与本文主题有关的是几类运输兵器者身份，分别是"乘城卒、隶臣妾、城旦舂、鬼薪、白粲、居赀赎责（债）、司寇、隐官、践更县者"，或简化为"县卒、徒隶、居赀赎责（债）、司寇、隐官、践更县者"。这里将不同身份的民众作为劳动力资源看待，身份不同，国家需要敛取的资源也有差异：

----

[1]《里耶秦简博物馆藏秦简》，页207。

城旦舂、隶臣妾、居赀赎责（债）是官府直接控制的劳动力，故首当其冲被使用。具体到洞庭郡，又使用了服徭役的人口，即司寇、隐官、践更县者。在国家眼中，他们是可供驱使的劳动力，其存在的意义在于所能提供的劳动力价值。所以国家从身份及所提供劳动力价值的角度，与不同的群体建立了交换关系，比如禀食：

> 卅一年二月癸未朔己丑，启陵乡守尚敢言之：尚部启陵乡官及邑中，乡行Ⅰ官事，禀吏卒、徒隶及日食者，毋监令史。谒遣令史监，毋留Ⅱ当禀者。谒报，署主脣发。敢言之。⊠Ⅲ 9-450
>
> 二月癸未朔【辛卯】，迁陵丞昌却之，令乡蜀（独）【行】⊠Ⅰ气手。/二月辛卯水十一刻刻下七，守府快行启陵乡。Ⅱ二月辛卯旦，史气以来。/气发。最手。Ⅲ 9-450 背[1]

领取口粮的人口分成"禀吏卒、徒隶及日食者"，前两者由官府全额供给口粮，是因为吏卒为国家屯戍或服务，徒隶则是归属于国家的人口，其劳动成果也全部归属国家，因而都需要国家供给。从仓廪食类简看，日食者主要指居赀赎债这种身份，如里耶简8-1014："⊠⊠出賨居赀士五（伍）巫南就路五月乙亥以尽辛巳七日食Ⅰ⊠ 缺手。"[2] 这种分别一方面是从身份着眼，另一方面还是与为国家提供的劳动力价值有关。

从国家管理隶臣妾的角度，这个群体也可以被视为劳动力

---

[1]《里耶秦简牍校释》（第二卷），页126。
[2]《里耶秦简牍校释》（第一卷），页262。

资源。具体从以下几个方面说明：

其一，国家统一调配隶臣妾资源。隶臣妾通常以县为单位进行管理，比如称某县隶臣妾[1]。购买徒隶也要以月度为单位上报。

世二年九月甲戌朔朔日，迁陵守丞都敢☐ I 以朔日上所买徒隶数守府。·问☐ II 敢言之。☐III

8-664+8-1053+8-2167

九月甲戌旦食时，邮人辰行。☐

8-664 背+8-1053 背+8-2167 背[2]

因为城旦舂等身份是因罪所致，所以买来的徒隶是隶臣妾。但有时会出现隶臣妾数量不足的情况："迁陵隶臣员不备十五人（8-986）。"[3] 买徒隶数量上报郡，徒隶缺员大约也是要上报到郡，郡的管理至少体现在掌握数目。隶臣妾的指标、数量是由上级机构（至少是郡一级）统一配额，县没有自主权，只有使用权。从上计制度角度看，全国应该还有一个总账：

世四年六月甲午朔乙卯，洞庭守礼谓迁陵丞： I 丞言徒隶不田，奏曰：司空厌等当坐，皆有它罪， II 8-755 耐为司寇。有书，书壬手。令曰：吏仆、养、走、工、组 I 织、

---

[1] 里耶简 8-130+8-190+8-193 有"旬阳隶臣"；《岳麓书院藏秦简》（叁）案例一一《得之强与弃妻奸案》中有"当阳隶臣"。

[2]《里耶秦简牍校释》（第一卷），页 197。

[3]《里耶秦简牍校释》（第一卷），页 257。

守府门、勘匠及它急事不可令田，六人予田徒Ⅱ8-756四人。徒少及毋徒，薄（簿）移治虏御史，御史以均予。今迁陵Ⅰ廿五年为县，廿九年田廿六年尽廿八年当田，司空厌等Ⅱ8-757失弗令田。弗令田即有徒而弗令田且徒少不傅于Ⅰ奏。及苍梧为郡九岁乃往岁田。厌失，当坐论。即Ⅱ8-758如前书律令。/七月甲子朔癸酉，洞庭叚（假）守Ⅰ绎追迁陵。/歇手。·以沅阳印行事。Ⅱ8-759[1]

简文中"徒少及毋徒，薄（簿）移治虏御史，御史以均予"，治虏御史应该为中央职官，因而包括隶臣妾在内的徒隶，秦廷有权统一调配。这样做的目的还是通过协调这些劳动力资源，提高劳动生产效率。

其二，隶臣妾不能私自为官府以外的个人和机构服务：

> ●禁毋敢为旁钱，为旁〖钱〗者，赀二甲而废。县官可以【为作务产钱者，免，为上计如】律。徒隶挽禀以挽日之庸（佣）吏（事）收钱为取就（僦），不为旁钱。[2]

注释认为，旁钱是指旁人之钱，即其他收入。[3] 而为官吏服务收取的钱，不在旁钱之列。在《岳麓书院藏秦简》（叁）中也的确有这样的实例。

---

［1］《里耶秦简牍校释》（第一卷），页217。
［2］《岳麓书院藏秦简》（伍），页138。
［3］《岳麓书院藏秦简》（伍），页159。

●谮(潜)讯同归义状及邑里居处状，改(改)曰：隶臣，非归义。讯同：非归义，可(何)故？同曰：为吏仆，内为人庸(佣)。[1]

隶臣妾私自为其他机构劳作，意味着秦代国有劳动力资源的流失，所以要严厉禁止。

其三，隶臣妾和政府的关系与居赀赎债比较相似。

人奴婢，黥为城旦舂，主匿黥为城旦舂以下到耐罪，各与同法[2]。

●繇(徭)律曰：委输传送，重车负日行六十里，空车八十里，徒行百里。其有□□□□□而□傅于计，令徒善攻闲车。食牛，牛箠(觜)，将牛者不得券繇(徭)。尽兴隶臣妾、司寇、居赀赎责(债)，县官□之□传输之，其急事，不可留殹(也)，乃为兴繇(徭) ∟。[3]

居赀赎债是民与国家政府间关于债务的"折日而居"，是一种有偿劳役。[4] 它反映了居赀赎债同国家之间是特定一段时期的债务债权关系。从这个角度理解，隶臣妾是永久的债务与债权关系。黔首服役则是对国家的义务。隶臣妾的劳动价值可以

---

[1]《岳麓书院藏秦简》(叁)，页179。

[2]《岳麓书院藏秦简》(肆)，页44。

[3]《岳麓书院藏秦简》(肆)，页150—151。

[4] 张金光对居赀赎债内部的不同种类及待遇等有较为详细的阐述，本文从其说。参见张金光《秦制研究》第八章《居赀赎债制度》，上海古籍出版社，2004年，页553—567。

计数，这一点也可比拟居赀赎债：

> 十四年七月辛丑以来，诸居赀赎责（债）未备而去亡者，
> 坐其未备钱数，与盗同法。其隶臣妾殹（也），有（又）以
> 亡日臧数，与盗同法。[1]

这也是两者身份同质性的一面。从劳动力价值来看，居赀赎债
和隶臣妾一样。区别是前者逃亡按没有清欠完的债务计算，后
者按逃亡天数的劳动力价值来折算，比照盗律处罚。计数标准
在另一条律文中也有表现："及诸当隶臣妾者亡，以日六钱计
之，及司寇冗作及当践更者亡，皆以其当冗作及当践更日，日
六钱计之，皆与盗同法。"[2] 即隶臣妾的劳动价值同司寇冗
作及践更者一样，都是日六钱。并且这一条简文还显示出，对
逃亡者的处罚标准，隶臣妾、司空冗作、践更这三类人口可以
归到一类。

　　其实就劳动类别来说，隶臣妾有时能够和居赀赎债，司
寇，甚至是黔首等身份相对较高的群体一致。

> ●繇（徭）律曰：毋敢傅（使）段（假）典居旬于官府；毋令
> 士五（伍）为吏养、养马；毋令典、老行书；令居赀责
> （债）、司寇、隶臣妾行书。[3]

---

[1]《岳麓书院藏秦简》(肆)，页60—61。

[2]《岳麓书院藏秦简》(肆)，页44。

[3]《岳麓书院藏秦简》(肆)，页119。

其四，隶臣妾可以由对应的劳动力替换。

> 百姓有母及同牲(生)为隶妾，非适(谪)皐(罪)殹(也)而
> 欲为冗边五岁，毋赏(偿)兴日，以免一人为庶人，许之。
> 或赎䙴(迁)，欲入钱者，日八钱。[1]
> 隶臣欲以人丁粼者二人赎，许之。其老当免老、小高五尺
> 以下及隶妾欲以丁粼者一人赎，许之。赎者皆以男子，以
> 其赎为隶臣。女子操敀红及服者，不得赎。边县者，复数
> 其县。[2]

说明从政府角度，替换的劳动力只要不低于隶臣妾的劳动能
力，就在其许可范围，以保证政府在劳动价值方面不会受到损
失。这也说明政府看重的是隶臣妾劳动力价值。而城旦春则只
能以从事苦役作为惩罚的手段。

秦简中对人口有这样的分类表述：

> 卅五年八月丁巳朔己未，启陵乡守狐敢言之：廷下令书曰
> 取鲛鱼与Ⅰ山今卢(鲈)鱼献之。问津吏徒莫智(知)。·
> 问智(知)此鱼具署Ⅱ物色，以书言。·问之启陵乡吏、
> 黔首、官徒，莫智(知)。敢言之。·户Ⅲ曹　8-769
> 八月□□□邮人□以来。/□发。狐手。Ⅱ　8-769背[3]

----

[1]《秦简牍合集·释文注释修订本》(壹、贰)，页121—122。

[2]《秦简牍合集·释文注释修订本》(壹、贰)，页82。

[3]《里耶秦简牍校释》(第一卷)，页222。

这段话里，询问的人分成三类：吏、黔首、徒。从政权运转的角度看，这三者各有其责任：吏是国家秩序的维护者，黔首提供徭役和赋税，徒隶是免费的劳动力资源。从国家的角度，他们和民众之间也是财富的敛取关系，劳动人口包括卒、徒、民，以及其中的中间人口。国家和民众的关系是劳动力的榨取，本质是对财富的索取：徒隶提供一生劳动力，居赀赎债等提供部分劳动力。即使是黔首，也要提供徭役，另外还要以纳税、地租等形式贡献财富。城旦春、鬼薪白粲、隶臣妾归属于徒隶的范畴，但隶臣妾也有特殊性，比如有一定自由活动的权力，有自己的家庭，而且还有放免的机会，这或许是对民户中"隶"的模拟。除了承担与城旦春等相同的苦役外，还能负责送信、做吏之仆养等行政辅助工作，反映出其工作并非是出于惩罚目的，只是和卒、黔首等一样从事普通力役。隶臣妾兼具城旦春和居赀赎债等两方面特点，其原因与秦代对人们身份结构规定的复杂性有关，在上述吏、黔首、徒隶三类中，还有一些中间身份，比如庶人[1]、隐官、司寇[2]等。在这种背景下，隶臣妾也就表现出复杂性，用今人刑徒、官奴婢等概念总是难以完全涵盖隶臣妾的复杂状态。如果从官府的视角，将他们看成是依附于国家的特殊力役承担者大概没有问题。

原载《中原文化研究》2022 年第 2 期

----

[1] 王彦辉认为这是一个免除罪人、奴婢身份的一个阶层，和编户民不同，是一种身份歧视性概念。参见《论秦及汉初身份秩序中的"庶人"》，《历史研究》2018 年第 4 期，页 19—36。

[2] 孙闻博认为司寇可以单独立户，但课役不同百姓，在尉、狱等机构从役，不同于奴婢和编户。参见《秦及汉初的司寇与徒隶》，页 76—80。

武帝政制与东方朔的仕途

班固在《汉书·公孙弘卜式儿宽传》结尾，盛赞武帝时期人才辈出：

> 公孙弘、卜式、儿宽皆以鸿渐之翼困于燕爵，远迹羊豕之间，非遇其时，焉能致此位乎？是时，汉兴六十余载，海内艾安，府库充实，而四夷未宾，制度多阙。上方欲用文武，求之如弗及，始以蒲轮迎枚生，见主父而叹息。群士慕向，异人并出。卜式拔于刍牧，弘羊擢于贾竖，卫青奋于奴仆，日磾出于降虏，斯亦曩时版筑饭牛之朋已。汉之得人，于兹为盛，儒雅则公孙弘、董仲舒、儿宽，笃行则石建、石庆，质直则汲黯、卜式，推贤则韩安国、郑当时，定令则赵禹、张汤，文章则司马迁、相如，滑稽则东方朔、枚皋，应对则严助、朱买臣，历数则唐都、洛下闳，协律则李延年，运筹则桑弘羊，奉使则张骞、苏武，将率则卫青、霍去病，受遗则霍光、金日磾，其余不可胜纪。是以兴造功业，制度遗文，后世莫及。[1]

东汉人看待西汉历史时，将武帝时期的人才分成不同类型，其

---

[1]《汉书》卷五八《公孙弘卜式儿宽传》，中华书局，1962 年，页
2633—2634。

中东方朔为滑稽之代表，但在强调文治武功的西汉时代，这一类人才仕途上升空间有限，东方朔本人也为此做过努力："武帝既招英俊，程其器能，用之如不及。时方外事胡越，内兴制度，国家多事，自公孙弘以下至司马迁皆奉使方外，或为郡国守相至公卿，而朔尝至太中大夫，后常为郎，与枚皋、郭舍人俱在左右，诙啁而已。久之，朔上书陈农战强国之计，因自讼独不得大官，欲求试用。其言专商鞅、韩非之语也，指意放荡，颇复诙谐，辞数万言，终不见用。"[1] 班固在东方朔本传之后，试图给出答案："刘向言少时数问长老贤人通于事及朔时者，皆曰朔口谐倡辩，不能持论，喜为庸人诵说，故令后世多传闻者。而杨雄亦以为朔言不纯师，行不纯德，其流风遗书蔑如也。然朔名过实者，以其诙达多端，不名一行，应谐似优，不穷似智，正谏似直，秽德似隐。"[2] 他通过引述与东方朔接触过人物的观感，来说明其不具备治国治民之术。其实班固所言东方朔因个人素质导致仕途不畅只是原因之一。如果以武帝时期政治制度史作为底色来观察，也有其必然性。对此，前贤措意不多，本文试从以下几个方面加以论述。

一、武帝时期选官政策取向与制度的限制

经过西汉前期数十年的积累，至武帝时代经济发展，已经具备了施展内外政策的物质基础，但是与此相匹配的制度基础和人才储备相形见绌，《汉书·申屠嘉传》：

---

[1]《汉书》卷六五《东方朔传》，页2863—2864。
[2]《汉书》卷六五《东方朔传》，页2873—2874。

自嘉死后，开封侯陶青、桃侯刘舍及武帝时柏至侯许昌、平棘侯薛泽、武强侯庄青翟、商陵侯赵周，皆以列侯继踵，龊龊廉谨，为丞相备员而已，无所能发明功名著于世者[1]。

这段话说明武帝时丞相人选皆为列侯及后代，已经难以适应新形势的需要。李开元曾将这些随汉高祖从征获得利益的群体界定为军功受益阶层："在西汉初年，以刘邦集团的军吏卒为主体，一个拥有强大的政治势力和经济基础，具有高等社会身份的新的社会集团形成了。这个社会集团，根基于因军功而被赐予的军功爵及其随之而来的各种既得利益，在当时的历史条件下，成为一个独特的社会阶层，笔者将其称为汉初军功受益阶层。"[2] 这个阶层在西汉前期不仅获得了经济上的优遇，在政治上也有特殊礼遇。故可以想见，除了文中特别指明的这些丞相之外，在官僚体系的其他层级，也会普遍存在着这样的群体。所以武帝即位之初，表现出求贤若渴的强烈愿望。《汉书·公孙弘传》："武帝初即位，招贤良文学士。"[3] 后来屡次强调察举选官亦可如此视之。即便如此，武帝时期选拔人才还另有特定的标准，《汉书·武帝纪》："征吏民有明当时之务习先圣之术者，县次续食，令与计偕。"[4] 这段话说明当时选人的标准是"明当时之务""习先圣之术"两方面。以"县

---

[1]《汉书》卷四二《申屠嘉传》，页2102。

[2] 李开元《汉帝国的建立与刘邦集团——军功受益阶层研究》，生活·读书·新知三联书店，2000年，页54。

[3]《汉书》卷五八《公孙弘传》，页2613。

[4]《汉书》卷六《武帝纪》，页164。

次续食，令与计偕”则说明是以公务标准，将其迎至京师。[1]

这两条标准，在官吏选才的实践层面也被切实执行着。首先是"习先圣之术"，在当时意识形态背景下，是指定于一尊的儒家学说。这主要体现在招纳贤良文学。《汉书·严助传》："是时征伐四夷，开置边郡，军旅数发，内改制度，朝廷多事，娄举贤良文学之士。"[2] 所谓文学，即经学在当时的习称。对明习经学者，也通过制度规定保障其充实到官僚队伍里。《汉书·儒林传》：

> 以治礼掌故以文学礼义为官，迁留滞。请选择其秩比二百石以上及吏百石通一艺以上补左右内史，大行卒史，比百石以下补郡太守卒史，皆各二人，边郡一人。先用诵多者，不足，择掌故以补中二千石属，文学掌故补郡属，备员。请著功令。它如律令。[3]

这是公孙弘设计的太常博士制度的一部分，其中通"文学礼义"之人按照一定规则配备到各级行政组织中。这种用人取向甚至也影响到了官僚的日常行政。《汉书·张汤传》："是时，上方乡文学，汤决大狱，欲傅古义，乃请博士弟子治《尚

---

[1] 邬文玲曾根据里耶秦简中的"续食"简牍，还原了秦代的续食制度，参见邬文玲《里耶秦简所见"续食"简牍及其文书构成》，甘肃简牍博物馆、西北师范大学历史文化学院编《简牍学研究》（第五辑），甘肃人民出版社，2014年，页1—8。

[2]《汉书》卷六四上《严助传》，页2775。

[3]《汉书》卷八八《儒林传》，页3594。

书》《春秋》，补廷尉史，平亭疑法。"[1] 文吏出身的廷尉张汤为了迎合武帝的口味，也任用儒生作为僚属。足见"习先圣之术"已经渗透到政治生活的各个方面。

"明当时之务"，即有实际行政才干，也是武帝用人政策要考虑的一个方面。如杜周，"义纵为南阳太守，以周为爪牙，荐之张汤，为廷尉史。使案边失亡，所论杀甚多。奏事中意，任用，与减宣更为中丞者十余岁"[2]。不过，在更多情况下两者兼备。如朱买臣，"会邑子严助贵幸，荐买臣。召见，说《春秋》，言《楚词》，帝甚说之，拜买臣为中大夫，与严助俱侍中。是时方筑朔方，公孙弘谏，以为罢敝中国。上使买臣难诎弘"[3]。他虽然是以"说《春秋》，言《楚词》"得到皇帝青睐，成为中朝官，但真正需要他发挥作用的是对"筑朔方"与否这类军国大事的谋划。另一个例子是主父偃"学长短从横术，晚乃学《易》、《春秋》、百家之言。……乃上书阙下。朝奏，暮召入见。所言九事，其八事为律令，一事谏伐匈奴"[4]。他虽然以《易》《春秋》等儒家经典为入仕基础，但上奏所言皆为时务。

在此背景下，我们反观东方朔，《汉书·东方朔传》：

> 武帝初即位，征天下举方正贤良文学材力之士，待以不次之位。四方士多上书言得失，自炫鬻者以千数，其不

---

[1]《汉书》卷五九《张汤传》，页2639。

[2]《汉书》卷六〇《杜周传》，页2659。

[3]《汉书》卷六四上《朱买臣传》，页2791—2792。

[4]《汉书》卷六四上《主父偃传》，页2798。

足采者辄报闻罢。朔初来，上书曰："臣朔少失父母，长养兄嫂，年十三学书，三冬文史足用。十五学击剑。十六学《诗》《书》，诵二十二万言。十九学孙吴兵法，战阵之具，钲鼓之教，亦诵二十二万言。凡臣朔固已诵四十四万言。又常服子路之言。臣朔年二十二，长九尺三寸，目若悬珠，齿若编贝，勇若孟贲，捷若庆忌，廉若鲍叔，信若尾生。若此，可以为天子大臣矣。臣朔昧死再拜以闻。"朔文辞不逊，高自称誉，上伟之，令待诏公车，奉禄薄，未得省见。[1]

东方朔虽然在汉武帝诏举贤良的大背景下待诏公车。然而从其自述看，显然与同时期贤良文学有别：一是并无高深的儒学修养，完全是以俳优之言打动武帝而得以待诏公车；二是文中称"待诏公车，奉禄薄，未得省见"，说明其待遇低，擢迁机会少，并且即使就待诏内部分类看，待诏公车的地位也不高。

武帝时期，仕进制度逐渐规范化。比如以法令形式落实察举制度，"不举孝，不奉诏，当以不敬论；不察廉，不胜任也，当免"[2]。使察举制度成为仕进制度的一条重要途径。另外，积功升迁也成为一种常规化的升迁途径。如"王訢，济南人也。以郡县吏积功，稍迁为被阳令"[3]。并且，从出土简牍情况看，积功劳升迁开始成为主流。比如在西北汉简中，有一些具体计算功劳的例子。西汉后期的《尹湾汉墓简牍·东海

---

[1]《汉书》卷六五《东方朔传》，页2841—2842。
[2]《汉书》卷六《武帝纪》，页167。
[3]《汉书》卷六六《王訢传》，页2887。

郡下辖长吏名籍》中，东海郡官员的来源多是积功升迁[1]。

东方朔此时待诏公车的身份，既不在察举的范围，也很难积功升迁。其职责主要是向皇帝建言，以这种身份步入仕途常需要偶然的机遇。

综上，在武帝时期开始逐渐兼顾官员经学素养和行政能力的人才选拔取向背景下，东方朔并没有表现出这方面的素质。并且，即使获得了待诏公车的身份，在官员仕进路径已经规范化之时，能够得到重用的机会不多。

二、职位的限制

除了个人素质与武帝时期的用人政策取向凿枘不合之外，从其时所任职官看，东方朔能够得到进一步迁任的机会也不多。我们梳理一下《汉书·东方朔传》所记其任职履历：待诏公车—待诏金马门—常侍郎—太中大夫给事中—待诏宦者署—中郎。在其任职历程中，多数时间除了待诏，就是中郎、侍郎。严耕望较早梳理过郎官性质在秦汉时期的转化："秦及西汉，郎吏是宫官，是家臣；宿卫宫闱，给事近署……西汉末及东汉，郎吏是府官，是朝臣；专供行政人才之吸收与训练，不以宿卫给事为要务。"[2] 也就是说，在武帝时期，郎官并不

---

[1] 据李解民统计，《名籍》中可供讨论任职原因的 120 个长吏，其中 67 人为"以功迁"。参见李解民《〈东海郡下辖长吏名籍〉研究》，连云港博物馆、中国文物研究所编《尹湾汉墓简牍综论》，科学出版社，1999 年，页 67。

[2] 严耕望《秦汉郎吏制度考》，《严耕望史学论文选集》，中华书局，2006 年，页 283。

是入仕的主要起点，而是近臣宿卫，在仕途上拓展的空间有限。从补吏的一面看，严曾在文后附《两汉书列传人（及附传）除郎补吏表》，我们观察这一表格，武帝时由郎官补吏者15人，两汉时期共有163人，武帝时能由此途补吏的不足十分之一，[1] 考虑到武帝统治时间长达50余年，因此郎官补吏的数量占总数的比例就显得太低。这是从宏观角度得出的结论。我们再回到武帝时代考察具体个案。

郎官作为皇帝的近侍从官，整体而言，在西汉中期以前地位并不高。两汉之际，韩信弃项羽而投靠刘邦，其中很重要的一条原因就是："臣得事项王数年，官不过郎中，位不过执戟。"[2] 说明这种警卫、礼仪性质的官员，上升空间不大。东方朔也大约是同样的处境，当时人称其"官不过侍郎，位不过执戟"[3]，二者十分相似。

正因为如此，在武帝之前，郎官的迁选之途并不通畅。《汉书·张释之传》："张释之字季，南阳堵阳人也。与兄仲同居，以赀为骑郎，事文帝，十年不得调，亡所知名。释之曰：'久宦减仲之产，不遂。'欲免归。"[4] 张释之作为郎官，宦途淹滞，在文帝身边十年不得升迁，从一个方面反映了汉代前期郎官在选官体系中的位置。

武帝时期也有以郎官为晋身之阶者。不过，我们具体分析每一个案，发现有其特殊性。《汉书·张骞传》："张骞，汉中

----

[1]《秦汉郎吏制度考》，页328—337。

[2]《汉书》卷三四《韩信传》，页1874。

[3]《史记》卷一二六《滑稽列传》（点校本二十四史修订本），中华书局，2014年，页3895。

[4]《汉书》卷五〇《张释之传》，页2307。

人也，建元中为郎。时匈奴降者言匈奴破月氏王，以其头为饮器，月氏遁而怨匈奴，无与共击之。汉方欲事灭胡，闻此言，欲通使，道必更匈奴中，乃募能使者。骞以郎应募，使月氏，与堂邑氏奴甘父俱出陇西。"[1] 张骞回到汉廷，任太中大夫，后又作了校尉、封侯。然而这些皆源于他通西域的凿空之功，与郎官出身关系不大。又，《汉书·张汤传》："安世字子孺，少以父任为郎。用善书给事尚书，精力于职，休沐未尝出。上行幸河东，尝亡书三箧，诏问莫能知，唯安世识之，具作其事。后购求得书，以相校无所遗失。上奇其材，擢为尚书令，迁光禄大夫。"[2] 张安世以郎官擢升为尚书令、光禄大夫，是因其具有特殊的行政才干使然。以郎官身份作为词臣的司马相如后来任中郎将，是因他作为蜀人，向汉武帝提出安定巴蜀地区建议而被接受，"上以为然，乃拜相如为中郎将，建节往使"[3]。从这几个例子看，武帝时期能够得到迁选皆有特殊的原因，而非常态化选官必经阶梯，与西汉后期情况不同。

枚乘的经历与东方朔相似，也可作为一个旁证。《汉书·枚皋传》："会赦，上书北阙，自陈枚乘之子。上得之大喜，召入见待诏，皋因赋殿中。诏使赋平乐馆，善之。拜为郎，使匈奴。皋不通经术，诙笑类俳倡，为赋颂，好嫚戏，以故得媟黩贵幸，比东方朔、郭舍人等，而不得比严助等得尊官。"[4] 枚乘虽然由待诏拜为郎官，也曾出使匈奴，但是因为并未表现

[1]《汉书》卷六一《张骞传》，页 2687。
[2]《汉书》卷五九《张汤传》，页 2647。
[3]《汉书》卷五七下《司马相如传》，页 2581。
[4]《汉书》卷五一《枚皋传》，页 2366。

出突出的政治才能，所以最终命运和东方朔、郭舍人没有区别。最后"不得比严助等得尊官"，反过来看，他们的郎官身份不受重视。而严助能够得到重视，还是因为"上令助等与大臣辩论，中外相应以义理之文，大臣数诎"。这段话后面还将东方朔、枚皋与严助做了比较："其尤亲幸者，东方朔、枚皋、严助、吾丘寿王、司马相如。相如常称疾避事。朔、皋不根持论，上颇俳优畜之。唯助与寿王见任用，而助最先进。"[1] 朔、皋"不根持论"，只能徘徊于郎官这个位置，郎官之位并没有给他们的仕进迁转提供多少帮助。

另外，阎步克从张家山汉墓竹简《二年律令·秩律》的材料出发，考证出汉代前期官僚系统中有"宦"和"吏"两大职类，"宦"即"宦皇帝者"，中郎、侍郎皆属于这个系统[2]。二者的区别，"吏"是行政事务的承担者，"宦皇帝者"是近臣侍从，所承担的不是国家行政，没有禄秩，即没有官阶。[3] 这或许也是造成汉初任职郎官系统导致仕途迟滞的一个原因。

三、政治参与方式的局限

帝制时代官员能否擢升，有时还在于能否得到最高统治者，即皇帝的赏识。而能够有机会使自己的意见上达天听，让

---

[1]《汉书》卷六四上《严助传》，页2775。

[2]《汉书》卷六五《东方朔传》言"伏日，诏赐从官肉"，其中东方朔即位列其中。

[3] 阎步克《从爵本位到官本位》下编第四章《〈二年律令〉中的宦皇帝者》，生活·读书·新知三联书店，2009年，页380—381。

皇帝能够听到自己的声音，是一个重要前提，在此基础上，还要让皇帝采纳自己的意见。

从东方朔的任职经历观察，他曾待诏公车，做过太中大夫给事中、中郎等职位。待诏的职能顾名思义是等待皇帝诏命。《新论·谴非》载："哀帝时，待诏伍客以知皇，好方道，数召。"[1] 待诏是以自己材技被皇帝召见，这带有很大的偶然性，也很被动。太中大夫，为郎中令属官，"掌论议"；给事中则是作为中朝官备皇帝顾问。但是这些职位也难保证意见被皇帝接受。

东方朔作为待诏公车，"奉禄薄，未得省见"，得到皇帝召见的机会有限。并且待诏公车即使上书言事，也带有运气的成分。《汉书·息夫躬传》："初，躬待诏，数危言高论，自恐遭害，著绝命辞曰。"[2] 和有具体职事的官员不同，为了获得皇帝注意，待诏建言有很大的不确定性。

论议在汉代已有成熟的行政程序。廖伯源曾做过细致的研究，汉代论议有不同的规格和形式，所讨论内容多样。[3] 因此，太中大夫虽然掌论议，但也只是众多论议参与者中的一员。虽然参加论议者的意见重要，但其身份有时也会影响到皇帝的决断。《汉书·楚元王传》："辟强字少卿，亦好读《诗》，能属文。武帝时，以宗室子随二千石论议，冠诸宗室。"[4]

---

[1] 桓谭撰，朱谦之辑校《新辑本桓谭新论》，中华书局，2009 年，页 23。

[2]《汉书》卷四五《息夫躬传》，页 2187。

[3] 廖伯源《秦汉朝廷之论议制度》，收入其著《秦汉史论丛》（增订本），中华书局，2008 年，页 130—169。

[4]《汉书》卷三六《楚元王传》，页 1926。

刘辟强以宗室子身份参与论议，并且特别强调"冠诸宗室"，说明宗室身份在论议过程中受到格外的重视，他们的意见自然也可能会影响到决策者。

作为待诏和太中大夫给事中，东方朔有向皇帝进谏的机会。《东方朔传》称"朔虽诙笑，然时观察颜色，直言切谏，上常用之"[1]。不过，从本传记载几次进谏的例子看，并未成功。比如，进谏武帝停止规划营建上林苑，最后的结果是："是日因奏《泰阶》之事，上乃拜朔为太中大夫给事中，赐黄金百斤。然遂起上林苑，如寿王所奏云。"[2] 进谏的结果是虽然获升官职，得到赏赐，但武帝并未听取他的意见。同时皇帝也未必欣赏"直言切谏"的进谏形式。有一个与此可以对照的例子，《汉书·石奋传》："建奏事于上前，即有可言，屏人乃言极切；至廷见，如不能言者。上以是亲而礼之。"[3] 石建奏事，能够根据不同场合选择不同的方式，而非一味的"直言切谏"，因而能够被武帝"亲而礼之"。

就武帝来说，也未重视其论议进谏的职责，有时将其视作词臣。如："戾太子据，元狩元年立为皇太子，年七岁矣。初，上年二十九乃得太子，甚喜，为立禖，使东方朔、枚皋作禖祝。"据颜师古注，禖为求子之神，祝为禖之祝辞。[4] 即使武帝主动向其问策，其目的亦非真正要得到答案。《汉书·东方朔传》："上以朔口谐辞给，好作问之。"师古曰："故动作之

---

[1]《汉书》卷六五《东方朔传》，页 2860。

[2]《汉书》卷六五《东方朔传》，页 2851。

[3]《汉书》卷四六《石奋传》，页 2195。

[4]《汉书》卷六三《武五子传》，页 2741。

而问以言辞也。"[1] 也就是说，武帝感兴趣的是其口才。

此外，从东方朔言事的内容看，主要有毋起上林苑事、劝止董偃宠幸逾制事、讽喻武帝节俭事等。而武帝时期内兴功业、外攘夷狄，更希望听到对军国大事的建议，故并未因此对其仕途产生帮助。而前言严助，曾与太尉田蚡辩论东南边地闽越事，朱买臣难诎丞相公孙弘筑朔方郡事等，他们虽然与东方朔同为内朝，但却借此官至宰制一方的郡守。

秦作为第一个统一的集权国家，曾构建起一套与前代完全不同的政治制度，但国祚不永，未及展示出这套制度在国家统治中的效力。汉代前期受制于主客观条件，在继承秦制的基础上亦有约省，政治生活中还存在着非制度化的因素。武帝时期开始重新整理制度，逐渐完善。东方朔仕途止步于郎官，固然有其性格的因素，但处于国家政治生活开始制度化、规范化的时代，他的结局既是这个时代政治的缩影，也是历史的必然。

原载卜宪群、张法利主编《雄节迈伦高气盖世：2015 首届东方朔文化国际学术论坛论文集》，华夏出版社，2017 年

---

[1]《汉书》卷六五《东方朔传》，页 2860。

西汉同姓诸侯王教化问题探论

　　汉初翦除异姓诸侯王，分封同姓诸王，其目的"惩戒亡秦孤立之败"，但诸侯王国拥有很大的独立自主权力，与中央集权体制在制度上存在着天然不可调和的矛盾。因而汉廷从制度、甚至军事角度限制、消解诸侯王权力，这也是历代史家关注西汉王国问题的着眼点。与政治解决诸侯王国问题相联系，是对诸侯王思想控制方式的变化，其中最重要的措施就是设置职官，进行教化。这也是观察中央和王国问题的一个方面。目前关于这一问题的成果主要有秦汉官制著作中对涉及王国教化职官的介绍[1]；研究汉代教育史的著作涉及诸侯王教育问题，将其作为汉代学制的组成部分作概述。[2] 而专题研究并不多见。[3] 有鉴于此，本文拟从西汉中央对王国政策变化的角度梳理诸侯王教化问题。

---

[1] 安作璋、熊铁基《秦汉官制史稿》，齐鲁书社，1984 年，页243—265。

[2] 姜维公《汉代学制研究》，中国文史出版社，2005 年，页70—73；郝建平《教育与两汉社会的整合研究》，中华书局，2014 年，页76。

[3] 目前所见仅有韩仲秋博士学位论文《汉代皇族管理研究——以专职职官为中心》（山东大学，2013 年）中第四章第三节《皇族诸侯王的教育》略有述及，页169—177。

一、西汉中央对同姓诸侯王的教化

从汉初开始，中央通过各种手段来解决王国问题，包括褫夺诸侯王政治、军事权力，侵蚀其封地，仅保留其衣食租税特权等。武帝时期就基本解决了诸侯王国的威胁。在这个过程中，中央对同姓诸侯王教化的制度和内容也发生了相应的变化。

武帝之前，汉廷对诸侯王尚未有系统的教化，诸侯王知识素养的形成还处于自发状态。汉廷对诸侯王的教化制度没有固定的程式，教化内容没有稳定的价值取向。皇帝对诸侯王教化影响表现出的是个人行为，而非制度约束。王国中设有太傅一职，掌管诸侯王教化。贾谊在这一时期曾两次出任诸侯王国太傅。先为长沙王太傅，"廷尉（吴公）乃言谊年少，颇通诸家之书。文帝召以为博士……于是天子后亦疏之，不用其议，以谊为长沙王太傅"[1]；后来又做了梁怀王太傅，"乃拜谊为梁怀王太傅。怀王，上少子，爱，而好书，故令谊傅之，数问以得失"[2]。贾谊这次出任太傅，是因他"颇通诸家之书"，而怀王为"上少子，爱，而好书，故令谊傅之"。怀王好书，贾谊通诸家书，正好契合，故文帝让贾谊傅之。在这个过程中，贾谊做诸侯王太傅虽然是汉文帝的意思，但原因并不是对太傅素养有制度化规定，而是根据需要而出现的随机事件。从诸侯王的角度来说，也没有自觉接受规定教化内容的需求，而是根据

---

[1]《汉书》卷四八《贾谊传》，中华书局，1962 年，页 2221—2222。
[2]《汉书》卷四八《贾谊传》，页 2230。

好恶来选择相应的知识，楚国的例子就很能说明问题：

> 元王既至楚，穆生、白生、申公为中大夫。高后时，浮丘伯在长安，元王遣子郢客与申公俱卒业。文帝时，闻申公为《诗》最精，以为博士。元王好《诗》，诸子皆读《诗》。[1]

> 初，元王敬礼申公等，穆生不耆酒，元王每置酒，常为穆生设醴。及王戊即位，常设，后忘设焉。穆生退曰："可以逝矣！醴酒不设，王之意怠，不去，楚人将钳我于市。"称疾卧。[2]

汉初，楚元王初立国，因其好《诗》，史称"好书，多材艺。少时尝与鲁穆生、白生、申公俱受《诗》于浮丘伯。……及秦焚书，各别去"[3]。故礼遇其同好，并让"诸子皆读《诗》"。然而这并没有成为楚王国的传统。到其孙戊时，对于前朝儒生已不甚礼遇。这一变化表明西汉前期诸侯王国没有一以贯之的教化传统，而是和诸侯王的兴趣相关，有很强的随机性。楚元王学习儒学渊源有自，尽管如此，还是三世而斩。不仅是儒学，其他知识也是如此，比如枚乘"复游梁，梁客皆善属辞赋，乘尤高。孝王薨，乘归淮阴"[4]。

其实，即使具体到某一位诸侯王，有意识的崇信某一学

---

[1]《汉书》卷三六《楚元王传》，页1922。
[2]《汉书》卷三六《楚元王传》，页1923。
[3]《汉书》卷三六《楚元王传》，页1921。
[4]《汉书》卷五一《枚乘传》，页2365。

说，但放置到当时知识背景中，也只是诸多知识之一，显示不出太多意识形态意义。如河间献王：

> 河间献王德以孝景前二年立，修学好古，实事求是。从民得善书，必为好写与之，留其真，加金帛赐以招之。繇是四方道术之人不远千里，或有先祖旧书，多奉以奏献王者，故得书多，与汉朝等。是时，淮南王安亦好书，所招致率多浮辩。献王所得书皆古文先秦旧书，《周官》《尚书》《礼》《礼记》《孟子》《老子》之属，皆经传说记，七十子之徒所论。其学举六艺，立《毛氏诗》《左氏春秋》博士。修礼乐，被服儒术，造次必于儒者。山东诸儒多从而游。[1]

河间献王刘德崇尚儒学，既传抄古书，也亲身实践。然而在当时的文化背景下，和兼收并蓄的杂家刘安并称。所抄写古书虽多为儒家经典，但更是当时所能见到众多先秦古文献中的一类，还无法上升到意识形态的高度。与其说河间献王信仰儒学，毋宁说是佞爱古书。如果放宽眼光还可以看出，当时这些诸子学说对诸侯王来说和辞赋等一样，只是众多知识的一种，并非具有天然的优越性。如"会景帝不好辞赋，是时梁孝王来朝，从游说之士齐人邹阳、淮阴枚乘、吴严忌夫子之徒，相如见而说之，因病免，客游梁，得与诸侯游士居"[2]。梁孝王身边聚集的邹阳、枚乘等，皆为善辞赋的游

---

[1]《汉书》卷五三《景十三王传》，页2410。
[2]《汉书》卷五七上《司马相如传上》，页2529。

士，与"景帝不好辞赋"相对，梁王大概好辞赋，这和河间献王好儒学是一个概念。诸侯王选择不同的知识素养，是因为朝廷对诸侯王控制松弛，其自主权较大。"汉兴，诸侯王皆自治民聘贤"[1]，可以看成战国以来养士之风的余绪。比如梁孝王"招延四方豪桀，自山东游士莫不至，齐人羊胜、公孙诡、邹阳之属。公孙诡多奇邪计，初见日，王赐千金，官至中尉，号曰公孙将军"[2]。《司马相如传》中"游说之士"和这里的"游士"一样，都为诸侯王所豢养，会影响到其思想意识，甚至政治决策。这些战国以来的士人给诸侯王提供多种知识来源，也成为诸侯王可选择不同知识的文化土壤。

武帝时期通过推恩令及左官律等措施，削减了王国疆域，降低了诸侯王政治地位，同时开始对诸侯王实施有目的的教化。在武帝统治早期，儒学还未成为诸侯王主流知识来源，比如：

> 淮南王安为人好书，鼓琴，不喜弋猎狗马驰骋，亦欲以行阴德拊循百姓，流名誉。招致宾客方术之士数千人，作为《内书》二十一篇，《外书》甚众，又有《中篇》八卷，言神仙黄白之术，亦二十余万言。时武帝方好艺文，以安属为诸父，辩博善为文辞，甚尊重之。每为报书及赐，常召司马相如等视草乃遣。初，安入朝，献所作《内篇》，新出，上爱秘之。使为《离骚传》，旦受诏，日食时上。

---

[1]《汉书》卷五一《邹阳传》，页2338。
[2]《汉书》卷四七《文三王传》，页2208。

又献《颂德》及《长安都国颂》。每宴见，谈说得失及方技赋颂，昏暮然后罢。[1]

《淮南子》罗列众说，被归之于杂家。并且是"宾客方术之士数千人"所为，是其个人有意识的行为，而非来自汉廷。其知识体系杂乱无章，与治国并无必然联系，还是之前遗风。不过，武帝时期开始尊崇儒术，虽然"方好艺文"，迎合刘安，但总体来说，儒学逐渐成为武帝时的意识形态主流。"是时，上方乡文学，汤决大狱，欲傅古义，乃请博士弟子治《尚书》《春秋》，补廷尉史，平亭疑法"[2]。作为廷尉，张汤对皇帝推崇的思想比较敏感，故以研治儒家经典的博士弟子作为僚属，应和汉武帝的意指。这时汉廷也开始注意诸侯王是否具备儒学修养，选择广川王时，"下诏曰：'广川惠王于朕为兄，朕不忍绝其宗庙，其以惠王孙去为广川王。'去即缪王齐太子也，师受《易》《论语》《孝经》皆通，好文辞方技博弈倡优。其殿门有成庆画，短衣大绔长剑，去好之，作七尺五寸剑，被服皆效焉"[3]。在考虑广川惠王继承人时，选择刘去的一个因素是因为他通数种儒家经典。当然这只是其所通技艺之一种，所以此时也仅显示出一种倾向性。虽然尚无武帝时期以儒家经义教化诸侯王的直接例证，但如果把武帝前后情形相对比，就显现出武帝时代对诸侯王教化向制度化、规范化过渡的特点。

从文献记载看，昭帝之后，儒家经典与经义已成为中央判

---

[1]《汉书》卷四四《淮南王传》，页2145。
[2]《汉书》卷五九《张汤传》，页2639。
[3]《汉书》卷五三《景十三王传》，页2428。

断诸侯王知识素养高下标准之一。这可从以下几个方面说明：

一是诸侯王的经学素养已成为其必备素质。东平王有过，天子诏有司曰："盖闻仁以亲亲，古之道也。前东平王有阙，有司请废，朕不忍。又请削，朕不敢专。惟王之至亲，未尝忘于心。今闻王改行自新，尊修经术，亲近仁人，非法之求，不以奸吏，朕甚嘉焉。传不云乎？朝过夕改，君子与之。其复前所削县如故。"[1] 东平王能够被赦免以前的处罚，其原因之一是"尊修经术，亲近仁人"，在思想上信奉儒家学说，这和不干预政事同样重要。诏书所言冠冕堂皇，至少说明昭帝之后，在知识结构上具备儒学素养，已成为中央塑造诸侯王的标准之一。元帝时，发给东平王的傅相诏书有"自今以来，非《五经》之正术，敢以游猎非礼道王者，辄以名闻"[2]。反过来看，"《五经》之正术"才是诸侯王应该掌握的知识。

在日常政治实践中，儒家思想已成为教化或惩戒诸侯王的标准与内容。元帝时，派王骏处理淮阳王意图干乱朝政事。在玺书之外，骏谕指曰："礼为诸侯制相朝聘之义，盖以考礼壹德，尊事天子也。且王不学《诗》乎？《诗》云：'俾侯于鲁，为周室辅。'今王舅博数遗王书，所言悖逆。王幸受诏策，通经术，知诸侯名誉不当出竟。"所谓"指"，颜师古说："玺书之外，天子又有指意，并令骏晓告于王也。"[3] 元帝批评淮阳王的理论根据是《诗经》中相关诗句所引申出来对诸侯王的行为规范。并且淮阳王刘钦也熟知这些，因为所谓"通经术"，

----

[1]《汉书》卷八〇《宣元十三王传》，页3323—3324。
[2]《汉书》卷八〇《宣元十三王传》，页3323。
[3]《汉书》卷八〇《宣元十三王传》，页3317。

如淳认为是"经术之义，不得内交"。也就是说，此时儒家经义是君臣上下都熟知的。

中山王和定陶王于成帝元延四年入朝，"（定陶王）尽从傅、相、中尉。时成帝少弟中山孝王亦来朝，独从傅。上怪之，以问定陶王，对曰：'令，诸侯王朝，得从其国二千石。傅、相、中尉皆国二千石，故尽从之。'上令诵《诗》，通习，能说。他日问中山王：'独从傅在何法令？'不能对。令诵《尚书》，又废。及赐食于前，后饱；起下，袜系解。成帝由此以为不能，而贤定陶王，数称其材"[1]。成帝分别令中山王和定陶王诵读《诗经》和《尚书》，似为随机而为，说明对诸侯王教育是以儒家经典为基本内容，将是否通习经典作为判断其能力高下的标准。另外，考察朝觐法律的内容，说明诸侯王对法律的了解可能更偏重礼仪方面。

将教化诸侯王的内容限制在儒家学说，除了西汉学术发展的内在理路发生作用外，还与加强统治有关，《汉书·宣元六王传》：

> 后年来朝，上疏求诸子及《太史公书》，上以问大将军王凤，对曰："臣闻诸侯朝聘，考文章，正法度，非礼不言。今东平王幸得来朝，不思制节谨度，以防危失，而求诸书，非朝聘之义也。诸子书或反经术，非圣人，或明鬼神，信物怪；《太史公书》有战国从横权谲之谋，汉兴之初谋臣奇策，天官灾异，地形阸塞：皆不宜在诸侯王。不可予。不许之辞宜曰：'《五经》圣人所制，万事靡不毕载。王

---

[1]《汉书》卷一一《哀帝纪》，页333。

审乐道，傅相皆儒者，旦夕讲诵，足以正身虞意。夫小辩破义，小道不通，致远恐泥，皆不足以留意。诸益于经术者，不爱于王。'"对奏，天子如凤言，遂不与。[1]

东平王刘宇求诸子及《太史公书》，朝廷拒绝的根本原因是这些书"皆不宜在诸侯王"，即不能给他们提供这样的知识。此时诸侯王已经无力武力反抗汉廷，但是西汉中央还是要约束其思想，以确保彻底消除其威胁。另外在简牍书写时代，古书传抄流传不易，这些中央收藏的诸子与《太史公书》，诸侯王自然不易见到。他们所能获取的知识资源主要还是从傅、相、儒者传授《五经》这条途径。所以即使宣帝自己"不甚从儒术，任用法律"，但他对诸侯王的教化仍以儒术为先。尽管刘宪"好经书法律，聪达有材"而被属意为太子，但当刘宪为王时，宣帝还是让"经明行高"的韦玄成为"淮阳中尉，欲感谕宪王"[2]。

儒学对诸侯王发生影响，还表现在任命具有儒学素养的王国官员。西汉中后期，汉代官吏选任已经开始重视儒学修养，此时王国置吏权已经收归中央，所以同帝国的其他官员一样，经明行修也是其特点之一。刘贺为昌邑王，王吉为昌邑中尉，"王好游猎，驱驰国中，动作亡节，吉上疏谏"[3]。王吉本人"兼通五经，能为驺氏《春秋》，以《诗》《论语》教授，好梁丘贺说《易》，令子骏受焉"[4]。从后面的劝谏内容看，也引用

---

[1]《汉书》卷八〇《宣元十三王传》，页3324—3325。
[2]《汉书》卷八〇《宣元十三王传》，页3311。
[3]《汉书》卷七二《王吉传》，页3058。
[4]《汉书》卷七二《王吉传》，页3066。

《诗经·甘棠》。因国内屡有怪异，刘贺询问原因，（郎中令）遂叩头曰："臣不敢隐忠，数言危亡之戒，大王不说。夫国之存亡，岂在臣言哉？愿王内自揆度。大王诵《诗》三百五篇，人事浃，王道备，王之所行中《诗》一篇何等也？"[1] "王之所行中《诗》一篇何等也"，颜师古解释为"言王所行，皆不合法度。王自谓当于何《诗》之文也"。也就是说，昌邑王的行为应该以《诗经》的标准来衡量。这是王国上下皆要遵守的法则，经学成为管理诸侯王的理论武器。

二、傅、相等王国官员在诸侯王教化中的作用

上述可知，汉廷在诸侯王教化方面经历了由放任到控制的过程。在政策转变过程中，王国内具体执行中央政策的官员是傅和相。因为汉初设置傅、相的初衷，是作为中央牵制诸侯王的举措，如文帝时贾谊说："大国之王幼弱未壮，汉之所置傅相方握其事。数年之后，诸侯之王大抵皆冠，血气方刚，汉之傅相称病而赐罢，彼自丞尉以上偏置私人，如此，有异淮南、济北之为邪！"[2] 淮南厉王反，爰盎谏曰："上素骄淮南王，不为置严相傅，以故至此。"[3] 在汉初，相是中央为王国设置的主要职官，傅则为实施教化的职官，都是中央控制诸侯国需要怙恃的力量。当时诸侯王有治民权，所以诸侯王成年后，傅、相制衡诸侯王的主要手段还是规劝

[1]《汉书》卷六三《武五子传》，页2766。
[2]《汉书》卷四八《贾谊传》，页2233。
[3]《汉书》卷四四《淮南王传》，页2143。

进谏。《汉书·文三王传》梁王刘立因杀人事辩解称："立少失父母，孤弱处深宫中，独与宦者婢妾居，渐渍小国之俗，加以质性下愚，有不可移之姿。往者傅相亦不纯以仁谊辅翼立，大臣皆尚苛刻，刺求微密。谗臣在其间，左右弄口，积使上下不和，更相眄伺。"[1] 刘立将其过错部分地归咎于王国官员。傅、相与大臣并立，身份不等同于王国其他臣僚，因其职责是以道德仁谊来辅佐诸侯王。因而如果诸侯王犯法，傅、相连坐，比如元帝初元中，"东平王以至亲骄奢不奉法度，傅相连坐"。师古曰："前任傅相者频坐以王得罪"[2]。这是西汉时人熟知的事实。龚遂作为昌邑王刘贺的郎中令，对刘贺违反礼法，"内谏争于王，外责傅相，引经义，陈祸福，至于涕泣，蹇蹇亡已"[3]。从龚遂的行为来看，傅、相又是教化诸侯王的直接责任人。

当然，虽然傅、相均有辅王的职责，但二者还有所区别。傅主要职责是教化，而相掌教化只是其作为地方官职能的一部分，代表中央行事。比如在西汉后期，与傅、相一样制衡诸侯王的职官还有中尉。"哀帝建平中，立复杀人。天子遣廷尉赏、大鸿胪由持节即讯。至，移书傅、相、中尉曰：'……傅、相、中尉皆以辅正为职，"虎兕出于匣，龟玉毁于匮中，是谁之过也？"书到，明以谊晓王。敢复怀诈，罪过益深。傅、相以下，不能辅导，有正法。'"[4] 之所以如此，可能是因为

---

[1]《汉书》卷四七《文三王传》，页2219。
[2]《汉书》卷七六《王尊传》，页3230。
[3]《汉书》卷八九《循吏龚遂传》，页3637。
[4]《汉书》卷四七《文三王传》，页2218。

"成帝绥和元年省内史，更令相治民，如郡太守，中尉如郡都尉"[1]。王国的相和中尉从职权角度已经取得与汉郡太守、都尉同等地位，所以称"傅、相、中尉皆以辅正为职"。

在教化诸侯王方面，傅、相之间的另一个区别是，教化诸侯王是傅最基本的职责。傅的身份还有战国时期主客关系的遗风，设置的目的是以其道德和知识感化诸王。文帝窦皇后与其失联兄弟相认，"绛侯、灌将军等曰：'吾属不死，命乃且县此两人。两人所出微，不可不为择师傅宾客，又复效吕氏大事也。'于是乃选长者士之有节行者与居"[2]。师傅与王国太傅，都有"傅"之名[3]，其素质为"选长者士之有节行者"，诸侯国太傅的素养与身份或可与此类比。《百官公卿表》："有太傅辅王，内史治国民，中尉掌武职，丞相统众官。"[4] 所以诸侯王犯罪后获得减免刑罚时，一个重要借口就是"无良师傅"。如武帝时梁平王襄有罪被告发，"天子下吏验问，有之。公卿请废襄为庶人。天子曰：'李太后有淫行，而梁王襄无良师傅，故陷不义。'"[5] 常山王勃有罪，"上以

---

[1]《汉书》卷一九上《百官公卿表上》，页741。

[2]《史记》卷四九《外戚世家》（点校本二十四史修订本），中华书局，2014年，页2394—2395。

[3] 在不需要严格界定其官职时，诸侯王的太傅甚至也称为"师傅"。如《汉书》卷八〇《宣元六王传》，"诏书又敕傅相曰：'……今王富于春秋，力气勇武，获师傅之教浅，加以少所闻见，自今以来，非《五经》之正术，敢以游猎非礼道王者，辄以名闻。'"

[4]《汉书》卷一九上《百官公卿表上》，页741。

[5]《史记》卷五八《梁孝王世家》（点校本二十四史修订本），页2538—2539。

脩素无行，使棁陷之罪，勃无良师傅，不忍诛"[1]。这种职责已经制度化，刘贺被废后，朝廷追责，王式为昌邑王师，"系狱当死，治事使者责问曰：'师何以亡谏书？'式对曰：'臣以《诗》三百五篇朝夕授王，至于忠臣孝子之篇，未尝不为王反复诵之也；至于危亡失道之君，未尝不流涕为王深陈之也。臣以三百五篇谏，是以亡谏书。'"[2] 师傅不仅要有口头劝诫，而且还需要形成书面材料，所谓"谏书"，以备查验。并且到了西汉后期，中央为诸侯王选定的太傅也来源于博士，"博士选三科，高为尚书，次为刺史，其不通政事，以久次补诸侯太傅"[3]。此时博士皆为儒生，这与西汉教化诸侯王内容的转化同步。国相统领百官，后又兼并内史的治民权，因此教化诸王只是其职责之一，而非基本职掌。此外，与太傅教化的手段相比，相主要表现在劝谏。景帝时，田叔为鲁相，"鲁王好猎，王辄休相就馆舍，相出，常暴坐待王苑外。王数使人请相休，终不休，曰：'我王暴露苑中，我独何为就舍！'鲁王以故不大出游"[4]。田叔以自己行为对鲁王出猎进行劝谏。又，"吴楚反，赵王遂与合谋起兵。其相建德、内史王悍谏，不听"[5]。

我们将西汉一代诸侯王国的傅与相按照时间顺序进行梳理，从其自身素养来观察傅、相人选与西汉诸侯王教化关系。为方便说明，先列制成表格：

[1]《史记》卷五九《五宗世家》（点校本二十四史修订本），页2557。
[2]《汉书》卷八八《儒林王式传》，页3610。
[3]《汉书》卷八一《孔光传》，页3353。
[4]《史记》卷一〇四《田叔列传》（点校本二十四史修订本），页3361。
[5]《史记》卷五〇《楚元王世家》（点校本二十四史修订本），页2416。

西汉王国相表

时间	姓名	个人出身或素养	任职国	事迹	特点	出处
惠帝	曹参	功臣	齐		其治要用黄老术	《汉书·曹参传》
吕后	召平		齐	齐王起兵被杀		《史记·齐悼惠王世家》
文帝	窦婴	外戚	吴			《史记·魏其武安侯列传》
景帝	灌夫	功臣后	代			《史记·魏其武安侯列传》
景帝	张尚		楚	七国乱，王戊起兵，劝谏被杀		《史记·楚元王世家》
景帝	赵夷吾		楚	七国乱，王戊起兵，劝谏被杀		《史记·楚元王世家》
景帝	建德		赵	七国乱，王戊起兵，劝谏被杀		《史记·楚元王世家》
景帝	袁盎	虽不好学，亦善傅会，仁心为质，引义忼慨	齐			《汉书·爰盎传》
景帝	爰盎	直谏	吴	阻止吴王造反		《汉书·爰盎传》
景帝	爰盎		楚			《汉书·爰盎传》
景帝	张释之	守法	淮南			《汉书·张释之传》

时间	姓名	个人出身或素养	任职国	事迹	特点	出处
景帝	冯唐		楚			《汉书·冯唐传》
景帝	石奋	君子欲讷于言而敏于行、恭敬履度				《史记·万石张叔列传》
景帝	嘉		江都			《史记·孝景本纪》
景帝	嘉		赵			《史记·孝景本纪》
景帝	田叔	学黄老	鲁			《史记·田叔列传》
武帝	董仲舒	儒者	江都	以礼谊匡正，王敬重焉		《汉书·董仲舒传》
武帝	卜式	朴忠	齐			《汉书·卜式传》
武帝	卜式	朴忠	齐			《汉书·卜式传》
武帝	主父偃	纵横家	齐	齐王内淫佚行僻		《史记·平津侯主父列传》
武帝	郑当时		江都			《史记·郑当时列传》
武帝	即墨成	《易》	城阳			《史记·儒林列传》
武帝	褚大	董仲舒弟子，通五经	梁			《史记·儒林列传》
武帝	边通	学长短，刚暴强人	济南			《史记·酷吏列传》
武帝	汲偃					《汉书·汲黯传》

时间	姓名	个人出身或素养	任职国	事迹	特点	出处
武帝	赵禹	酷吏，年老	燕			《汉书·酷吏赵禹传》
宣帝	张敞	张敞衎衎，履忠进言，缘饰儒雅，刑罚必行，纵赦有度，条教可观	胶东	胶东，明设购赏，开群盗令相捕斩除罪		《汉书·张敞传》
成帝	假仓	儒生	胶东			《汉书·儒林传》

西汉王国太傅表

时间	姓名	个人出身或素养	任职国	在任期间事迹	特点	出处
文帝		楚人，轻悍，又素骄	吴			《汉书·荆燕吴传》
文帝	卫绾	醇谨无它，忠实无它肠	河间			《汉书·卫绾传》
景帝	赵夷吾		楚	七国乱，王戊起兵，劝谏被杀		《史记·楚元王世家》
文景	辕固	儒者	清河			《汉书·儒林传》
景帝	韩婴	孝文时为博士	常山			《汉书·儒林传》
武帝	卜式	朴忠	齐			《汉书卜式传》
武帝	夏侯始昌	通五经，以《齐诗》《尚书》教授	昌邑			《汉书·夏侯始昌传》
昭宣	王式		昌邑			《汉书·儒林传》

时间	姓名	个人出身或素养	任职国	在任期间事迹	特点	出处
宣帝	庆普	儒生	东平			《汉书·儒林传》
宣帝	戴德	儒生	信都			《汉书·儒林传》
元帝以后	公孙文	儒生	东平	徒众尤盛		《汉书·儒林传》
成帝	张无故	儒生	广陵			《汉书·儒林传》
成帝	师丹	治《诗》，事匡衡	东平			《汉书·师丹传》
成哀	彭宣	治《易》，事张禹，举为博士	东平			《汉书·彭宣传》
哀帝	伏理	匡衡弟子，儒生	高密		家世传业	《汉书·儒林传》
哀帝	陈翁生	儒生	信都		家世传业	《汉书·儒林传》

从上面两表可以看出：西汉早期，对相或师傅人选的知识与素质并无定规。从汉廷角度，如陈苏镇指出，是任用厚重少文的长者作为王国傅相，并且由于黄老学说的流行，汉初"长者"又染上了浓重的道家色彩。[1] 在具体的实践中，未能贯彻到底。《汉书·荆燕吴传》："孝文时，吴太子入见，得侍皇太子饮博。吴太子师傅皆楚人，轻悍，又素骄。"[2] 汉朝对诸侯王及继承人的教育有意识的塑造，似乎并没有达到预

[1] 陈苏镇《汉代政治与〈春秋学〉》，中国广播电视出版社，2001年，页198。

[2]《汉书》卷三五《荆燕吴传》，页1904。

期效果。但是从景帝之后，能够充任诸侯王太傅的人几乎皆为儒生出身，比汉武帝开始尊崇儒术时间还要早，这主要是因为"景武之际，尊儒已成为不可阻挡的历史潮流"[1]；另一方面，具体到王国问题，景帝时吴楚之乱，已切实威胁到中央政权，儒家教义至少在思想上有利于统一，将其贯彻到诸侯王国，在某种程度上可以起到控制诸侯王思想的作用。儒生作为太傅，至少保证这些诸王日常习得儒学知识，而他们在规劝诸侯王时也可以用儒家学说为依据。

诸侯国的相来源复杂，也承担了部分教化职能，但是作为总理一国行政事务的官员，并不像太傅那样需要专业的儒学素养。他们知识来源庞杂，虽然有儒生，但也有黄老、纵横家等，不似太傅那样整齐划一。就其出身看，更强调其个人素养：或者朴忠，或是刚暴。因此，从教化诸侯王的角度看，与太傅相比，他们主要以劝谏为主，针对具体事情临时而为，比如吴楚七国之乱时相关国相的表现。

三、影响教化的因素及效果

西汉中央教化同姓诸侯王是对其控制的一个方面。教化方式与模式的演变，和中央与诸侯王国之间的博弈过程关系密切，中央与诸侯国之间势力对比也影响到教化方式的转变。西汉初年，分封同姓诸王，他们有权"掌治其国"[2]，没有根本改变王国与汉廷的敌体关系，因而还主要是利用政治手段来

---

[1]《汉代政治与〈春秋学〉》，页196。
[2]《汉书》卷一九上《百官公卿表上》，页741。

处理诸侯王国问题，比如利用相权来消解王权。曹参用黄老之术治齐，"相齐九年，齐国安集，大称贤相"[1]。"赵幽王死，吕后徙恢王赵，恢心不乐。太后以吕产女为赵王后，王后从官皆诸吕也，内擅权，微司赵王，王不得自恣。王有爱姬，王后鸩杀之。王乃为歌诗四章，令乐人歌之。王悲思，六月自杀"[2]。在中央和诸王对立的政治格局下，直接控制比起迂阔的说教更直接有效。即使到了武帝时期，诸侯王治国的观念依然存在，中山王刘胜"为人乐酒好内，有子百二十余人。常与赵王彭祖相非曰：'兄为王，专代吏治事。王者当日听音乐，御声色。'赵王亦曰：'中山王但奢淫，不佐天子拊循百姓，何以称为藩臣！'"[3] 刘彭祖反驳刘胜的理由是"不佐天子拊循百姓，何以称为藩臣"，反过来看，帮助天子拊循百姓是诸侯王天然的义务。尽管在制度上已丧失了治民权，但这种政治观念还有市场，还可以堂而皇之地宣扬，反映了汉朝中央尚未从意识形态上彻底征服诸王。此时诸侯王的教化内容中，国家规定的儒家思想也未完全取得支配地位。武帝时期，逐渐消解了诸侯王权力，比如新设置的州刺史就有监督诸侯王权力。宣帝时，张敞为冀州刺史，"既到部，而广川王国群辈不道，贼连发，不得。敞以耳目发起贼主名区处，诛其渠帅。广川王姬昆弟及王同族宗室刘调等通行为之囊橐，吏逐捕穷窘，踪迹皆入王宫。敞自将郡国吏，车数百两，围守王宫，搜索调等，果得之殿屋重辕中。敞傅吏皆捕

[1]《汉书》卷三九《曹参传》，页2018。
[2]《汉书》卷三八《高五王传》，页1990。
[3]《汉书》卷五三《景十三王传》，页2425—2426。

格断头，县其头王宫门外。因劾奏广川王"[1]。所以"齐孝
王孙刘泽交结郡国豪桀谋反，欲先杀青州刺史"[2]。随着对
诸侯王控制力度的加强，诸侯王教化完全以儒学为标准，王国
太傅的身份也固化为儒生。在西汉后期，"诸侯大者乃食数
县，汉吏制其权柄，不得有为，亡吴、楚、燕、梁之势。百官
盘互，亲疏相错"[3]。其地位"至于哀、平之际，皆继体苗
裔，亲属疏远，生于帷墙之中，不为士民所尊，势与富室亡
异"[4]。此时儒学成为中央和诸侯王都认可和遵守的共识，
没有任何政治的干扰。

中央与王国关系的变化影响到教化内容与方式的改变。除
此以外，西汉文化与学术的发展也和教化有着密切联系。汉初
文化方面面临的形势为，"秦拨去古文，焚灭《诗》《书》，故明
堂石室金匮玉版图籍散乱"[5]。因此，不仅在制度上没有目的
明确的教化内容规定，而且也无法提供合适的知识。武帝时儒
学发展，所以经书已成为诸侯王知识结构的一部分，"（刘）旦壮
大就国，为人辩略，博学经书杂说，好星历数术倡优射猎之事，
招致游士"[6]。这和汉代学术发展的理路基本吻合。"经书杂
说"和"星历数术"混合，大小传统相杂，经书和数术这类日常
使用的生活技艺混合到了一起。1973 年定县中山怀王刘修墓出土
竹简的内容有《论语》《儒家者言》《哀公问五义》《保傅传》《太公》

---

[1]《汉书》卷七六《张敞传》，页 3225。
[2]《汉书》卷七一《隽不疑传》，页 3036。
[3]《汉书》卷八五《谷永传》，页 3451。
[4]《汉书》卷一四《诸侯王表》，页 396。
[5]《汉书》卷六二《司马迁传》，页 2723。
[6]《汉书》卷六三《武五子传》，页 2751。

《文子》《日书》等，就是一条佐证。[1]

国家对诸侯王教化会在一定程度上起到控制作用。宣帝时张博遗王书曰："博幸得肺腑，数进愚策，未见省察。北游燕赵，欲循行郡国求幽隐之士，闻齐有驷先生者，善为《司马兵法》，大将之材也，博得谒见，承间进问五帝三王究竟要道，卓尔非世俗之所知。"[2] 张博向淮阳王举荐驷先生，因其"善为《司马兵法》"，反过来说明淮阳王对《司马兵法》这类兵书已不甚了了。此时为宣帝时期，利用儒学教化诸侯王已经成为固定模式，限制了诸侯王对其他知识的了解。不过，与政治军事手段相比，教化手段毕竟还缺少硬性约束，有时也难以达到从思想上控制诸侯王的初衷。[3] 诸侯王自身性格等因素也限制了教化功能的发挥。"赵敬肃王彭祖以孝景前二年立为广川王。赵王遂反破后，徙王赵。彭祖为人巧佞，卑谄足共，而心刻深，好法律，持诡辩以中人"[4]。当时尚未有整齐统一的教化内容，赵王能够选择的知识多样，他根据自己喜好，有针对性使用，意图干预王国行政，与汉廷争夺王国的控制权。即使在完全以儒家学说教育诸侯王的时代，其效果也不能估计过高，宣帝时广川王"去年十四五，事师受

------

[1] 河北省文物研究所《河北定县 40 号汉墓发掘简报》，《文物》1981 年第 8 期，页 3—10；定县汉墓竹简整理组《定县 40 号汉墓出土竹简简介》，《文物》1981 年第 8 期，页 11—13。

[2]《汉书》卷八〇《宣元六王传》，页 3313。

[3] 韩仲秋也对此做了必要的分析。参见《汉代皇族管理研究——以专职职官为中心》，页 171。

[4]《汉书》卷五三《景十三王传》，页 2419。

《易》，师数谏正去，去益大，逐之"[1]。后益为违法之事。因而教化并没有起到应有的作用。

原载徐卫民、王永飞主编《秦汉研究》（第 16 辑），西北大学出版社，2021 年

---

[1]《汉书》卷五三《景十三王传》，页 2431。

王莽营建东都问题探讨

王莽篡汉，变革汉家制度。其中仿照《周礼》营建洛阳，与长安并列为东、西两都，事见史籍，殆无异议。然而我们细绎两汉史料，发现所谓王莽依照古制营建东都，只是一个表象。京畿地区的人口压力及由此而产生的各种社会问题，才是促使王莽营建洛阳并试图迁都的最根本原因。先前史家对这个问题多从战争破坏等方面着眼[1]，而对这一角度所展开的考察，鲜有人论及。

一、都邑规划与王莽的迁都意图

王莽篡权后着手改制，依古制对包括职官、地名等各种既存制度进行变革。其中一项很重要的举措就是着手营建东都洛阳。事见《汉书·王莽传中》：新莽始建国四年，王莽授诸侯茅土，下诏曰："……昔周二后受命，故有东都、西都之居。予之

---

[1] 如曹尔琴认为："两汉之际长安受到很大的破坏，而关中粮食不足，更是多年来长期难于解决的问题，所以光武帝就以洛阳为都，不再西去长安。光武帝虽说是汉皇贵胄，却长期居住南阳，在当地有着盘根错节的势力。夺取农民战争的胜利果实后，在洛阳建都。洛阳距南阳较近，他要依靠长期经营的根据地也是理所当然的。"详见曹尔琴《洛阳从汉魏至隋唐的变迁》，《中国古都研究》（第三辑），浙江人民出版社，1987年，页219。

受命，盖亦如之。其以洛阳为新室东都，常安为新室西都。邦畿连体，各有采任。"[1] 也就是说模仿西周制度，以常安、洛阳为东西两都。接着，王莽很快付诸实施，同传又记载，天凤七年，"乃遣太傅平晏、大司空王邑之雒阳，营相宅兆，图起宗庙、社稷、郊兆云"[2]。太傅、大司空在新莽的职官体系中都占有很高的地位，属四辅三公之列，位高权重。[3] 王莽派遣他们到洛阳筹划建都事宜，对此事的重视可见一斑。另外，按照周制，宗庙、社稷等与国都相联系，笃信古文经的王莽先建设这些设施，已经暗示出他营建洛阳的真实意图。

对于这一点，王莽也毫不隐讳，据《汉书·王莽传》所载：

> 是时，长安民闻莽欲都雒阳，不肯缮治室宅，或颇彻之。莽曰："玄龙石文曰'定帝德，国雒阳'。符命著明，敢不钦奉！以始建国八年，岁缠星纪，在雒阳之都。其谨缮修常安之都，勿令坏败。敢有犯者，辄以名闻，请其罪。"[4]

王莽以符命作为定都洛阳的借口，同时也提出东、西两都并重的政策，来安抚因迁都而导致长安城中可能的震动。但事实上，王莽已有将其统治重心转移到东都的打算。这从他规划两都乡遂举措就能够显示出来。

----

[1]《汉书》卷九九中《王莽传中》，中华书局，1962年，页4128。

[2]《汉书》卷九九中《王莽传中》，页4134。

[3] 饶宗颐《新莽职官考》，《饶宗颐史学论著选》，上海古籍出版社，1993年，页180—181。

[4]《汉书》卷九九中《王莽传中》，页4132。

乡遂制度在《周礼》等书中有比较系统的记述。《周礼》所说王畿的乡遂制度，其基本特点盖西周已有，但是许多具体制度已被改变、扩大和增饰，加以理想化和系统化。[1] 据《周礼》，这种制度的基本特点是：将王畿地区划分为六乡和六遂，内乡外遂，他们对天子来说，各有不同的职事，如《国语·周语》韦昭注所概括："《周礼》：天子远郊之地有六乡，则六军之士也。外有六遂，掌供王之贡赋。"[2] 此外，《周礼》中对乡遂系统的内部结构、属官等记载甚详，因与本文主旨无大关涉，兹不赘述。

王莽依据《周礼》，在长安和洛阳都规划出乡遂："分长安城旁六乡，置帅各一人。分三辅为六尉郡，河东、河内、弘农、河南、颍川、南阳为六队郡，置大夫，职如太守；属正，职如都尉。更名河南大尹曰保忠信卿。益河南属县满三十。置六郊州长各一人，人主五县。"[3] 王莽设置的乡遂制度从表面看，是按照六乡—六尉—六队的次序，将司隶校尉部进行了统一的规划。而且按照《汉书》颜师古注的意见，六队即为六遂，与先秦时期稍有差别。然而我们仔细分析这段史料，发现这里隐含的是分别以长安和洛阳为中心的两个乡遂系统。因为将河南郡分成六郊，按照先秦时期的观念，郊和乡为同一概念，如《尚书·费氏》："鲁人三郊三遂。"孙诒让认为"三郊即诸侯三乡"[4]，则六郊即六乡。这样以洛阳为中心的河南

[1] 杨宽《西周史》，上海人民出版社，1999 年，页 412。

[2]《国语》卷二《周语中》，上海古籍出版社，1988 年，页 55。

[3]《汉书》卷九九中《王莽传中》，页 4136。

[4] 孙诒让《周礼正义》，中华书局，1987 年，页 649。

郡与南阳、颍川、弘农、河东、河内诸郡构成了另一个乡遂系统，与以长安为核心、三辅范围内的乡遂系统相对应。但从其领有的面积看，洛阳及其王畿地区要远大于长安的王畿地区：长安的乡遂仅限于三辅地区，而洛阳的乡遂系统则横跨六郡范围。从两都王畿规划的差异就不难看出，王莽虽然名义上是要建立两都的形式，但实际上却更倚重东都洛阳。

二、王莽迁都的原因

古文经学是王莽改制的理论基础。毫无疑问，王莽建都的一系列举动也是向古文经学，甚至谶纬中去寻求理论根据。同时，新受天命的王莽也需要将迁都作为摆脱西汉王朝政治影响的重要手段之一。然而迁都毕竟是一项大举动，对社会产生的负面影响也是巨大的。作为一个政治家，王莽不会忽视这一点。那么，促使王莽产生这种动议的根本原因是什么呢？我们认为，是客观条件的发展，长安作为国都到新莽时已经显现出不利的一面。试析如下：

其一，影响西汉初年定都长安的因素此时已经发生变化。刘邦对项羽的战争取得胜利之时，称帝于氾，接着都于洛阳。但戍卒娄敬面见刘邦，上策请求都于关中，其理由是："秦地被山带河，四塞以为固，卒然有急，百万之众可具。因秦之故，资甚美膏腴之地，此所谓天府。陛下入关而都之，山东虽乱，秦故地可全而有也。夫与人斗，不搤其亢，拊其背，未能全胜。今陛下入关而都，按秦之故，此亦搤天下之亢而拊其背也。"[1]

----

[1]《汉书》卷四三《刘敬传》，页2120。

娄敬的建议完全是基于军事地理考虑，刘邦平灭项羽联合的各路诸侯，势力强大，还很难为刘邦所控制。为了稳固自己的统治，只有避于关中，借函谷关的险要地形，遏制山东诸侯可能发动的叛乱。同时依托秦地的资源优势，壮大自身实力。这种形势诚如时人田肯所言："秦，形胜之国也，带河阻山，县隔千里，持戟百万，秦得百二焉。地势便利，其以下兵于诸侯，譬犹居高屋之上建瓴水也。"所谓百二，苏林曰："百二，得百中之二，二万人也。秦地险固，二万人足当诸侯百万人也。"[1] 这就说明关中之地在军事地理上的重要地位。所以史念海认为，刘邦听从娄敬的建议，西迁长安，是因为此时去战国未远，西北马匹的精良和人民的强悍之余韵尚未泯灭，这种军事方面的因素比起东方的富庶对汉初政权来说，更为重要[2]。

当然，定都关中还有不利的一面，即匈奴的威胁。娄敬的建议是将关东豪族迁徙到关中天子脚下，据《汉书·刘敬传》："臣愿陛下徙齐诸田，楚昭、屈、景，燕、赵、韩、魏后，及豪杰名家，且实关中。无事，可以备胡；诸侯有变，亦足率以东伐。此强本弱末之术也。"[3] 也就是说，此举既可以防备匈奴，又可以削弱关东大族势力，一举两得。

但定都洛阳是刘邦军事集团多数人的本意。因为从刘邦集团早期成员，也就是集团骨干成员的地域分布看，都是关东

---

[1]《汉书》卷一下《高帝纪》，页59—60。

[2] 史念海《娄敬和汉朝的建都》，收入其著《河山集》（四集），陕西师范大学出版社，1991年，页372。

[3]《汉书》卷四三《刘敬传》，页2123。

人。秦汉时人的地域观念极重，如项羽就曾有"富贵不归故乡，如衣锦夜行"的想法[1]，所以史籍称刘邦"左右大臣皆山东人，多劝上都雒阳"[2]。最后在张良的坚持下，终于迁都长安，而张良的理由同样是出于遏制东方诸侯的考虑。

这种情形至少持续到武帝时期，因为在武帝时期曾诏关都尉曰："今豪杰多远交，依东方群盗。其谨察出入者。"[3] 但也正是从武帝时期始，形势开始出现转机。首先，从刘邦起经过几代的努力，诸侯王问题基本得到解决。到武帝时期，诸侯王的地位变成"唯得衣食租税，贫者或乘牛车"[4]。关东诸侯已经不具备与中央抗衡的实力了。其次，武帝时期对匈奴的反击战争，改变了此前匈奴屡屡入边为寇，汉廷派重兵防卫的局面，使北方匈奴的威胁也大大缓解。这种情况一直延续到汉末。[5] 因此，汉初从军事地理考虑建都长安的种种理由此时已经不复存在了。

----

[1]《汉书》卷三一《项籍传》，页 1808。

[2]《史记》卷五五《留侯世家》（点校本二十四史修订本），中华书局，2014 年，页 2482。

[3]《汉书》卷六《武帝纪》，页 204。

[4]《汉书》卷三八《高五王传》，页 2002。

[5] 朱士光曾注意到这一点：经过昭、宣两代的继续经营，匈奴终于降服，影响所及，西域数十国都纷纷内服。此后直到西汉末年，西北边郡"数世不见烟火之警，人民炽盛，牛马布野"，出现空前未有的和平繁荣局面。这一胜利大大巩固了两汉王朝的统治。而这一胜利的取得显然与国都长安位于西北，统治者重视经营西北，也便于经营西北有关。参见朱士光《汉唐长安地区的宏观地理形势与微观地理特征》，《中国古都研究》（第二辑），浙江人民出版社，1986 年，页 86。

其二，人口增长带来的现实压力。自高祖时起，政府将关东豪族迁到关中长安附近的陵县，从汉初严峻的形势看，这无疑是正确的。然而随着时间的推移，这种措施的弊端也逐渐显现出来，即人口增长过快。如《盐铁论·园池》所言："三辅迫近于山、河，地狭人众，四方并凑，粟米薪菜，不能相赡。"[1] 人口数量过多给京畿地区带来了巨大的压力。

首先，粮食供给与城市需要的矛盾开始显现。最初解决长安粮食短缺问题是通过漕运关东的粮食，但在漕运的过程中损失太大。西汉人番系就说："漕从山东西，岁百余万石，更底柱之艰，败亡甚多而烦费。"[2] 因此武帝时就在关中地区修建了许多水利灌溉工程，按照《汉书·沟洫志》的记载，主要有六辅渠、白渠等，这些对缓解这一矛盾无疑起到了一定作用。但是，在古代修建大型水利灌溉工程是需要组织起数量庞大的劳动力的，而其先决条件就是要求有强有力的中央集权为保障。从西汉诸朝看，无疑只有武帝朝具备了这个条件。到了西汉后期，京畿地区的人口更是有增无减。如学者所指出，在平始二年长安、茂陵、长陵三县的人口就有七十万，加上其他县，总人口有一百多万。从图上测算，这一地区的面积不过一千余平方公里，因此其人口密度达到每平方公里千人，为全国之冠。[3] 所以到这一时期，统治者又试图从另外的角度采取措施解决这个问题。如在元帝时停止了迁移豪民到关中陵县的政策，按照史籍记载的理由，是体恤民情。而据葛剑雄分析，是

---

[1] 王利器《盐铁论校注》，中华书局，1992年，页172。

[2] 《汉书》卷二九《沟洫志》，页1680。

[3] 葛剑雄《西汉人口地理》，人民出版社，1985年，页103。

长安周围已经布满陵县，没有能力再吸纳更多人口使然。[1]

其次，由人口过多而衍生的社会俗尚侈靡，治安混乱问题突出。班固在《两都赋》中说："于是既庶且富，娱乐无疆。都人士女，殊异乎五方，游士拟于公侯，列肆侈于姬、姜。乡曲豪俊游侠之雄，节慕原、尝，名亚春、陵，连交合众，骋骛乎其中。"[2] 在商品交换经济比较发达的西汉中前期，京畿地区十分富庶，于是各色人等纷纷聚于京师，从而相应的也就造成一些负面影响。这正如《三辅黄图》所言："是故五方错杂，风俗不一，贵者崇侈靡，贱者薄仁义，富强则商贾为利，贫窭则盗贼不禁。闾里嫁娶，尤尚财货，送死过度，故汉之京辅，号为难理，古今之所同也。"[3] 正是京师地区人们竞于奢侈，对物质财富的极力追求，造成了难以治理的局面。

另外，西汉时期小农分化，新兴的豪强逐渐兴起，京畿地区亦然，如"茂陵富民袁广汉，藏镪巨万，家僮八九百人。于北邙山下筑园，东西四里，南北五里，激流水注其中"[4]。同时国家用于缓解人多地狭而出借的国有土地也常被这些人所占有。在昭、宣时期人就称："今县官之多张苑囿、公田、池泽，公家有鄣假之名，而利归权家。"[5] 这些豪强广占土地，必然加剧了京师及附近地区日益紧张的人地矛盾，对京师地区稳定产生了一定的影响。

---

[1]《西汉人口地理》，页150。

[2]《后汉书》卷四十上《班固传上》，中华书局，1965年，页1336。

[3] 何清谷《三辅黄图校释》卷一《秦汉风俗》，中华书局，2005年，页70。

[4]《三辅黄图校释》卷四《苑囿》，页234。

[5] 王利器《盐铁论校注》，中华书局，1992年，页172。

所以到元帝时，翼奉就上书迁都洛阳说："故臣愿陛下因天变而徙都，所谓与天下更始者也。天道终而复始，穷则反本，故能延长而亡穷也。今汉道未终，陛下本而始之，于以永世延祚，不亦优乎！"[1] 虽然翼奉是从经学的角度出发，要求迁都，但这要落实到解决现实问题，人口过多而引发的社会压力才应该是最根本的因素。这种人地矛盾增大的情况一直延续到王莽时期，而此时东方已经不存在直接威胁到中央力量，客观形势的发展使得王莽做出迁都的打算。

三、洛阳的重要地位

长安作为国都的不利条件已经显现出来，而此时洛阳作为国都的条件却日渐成熟。这突出地体现在其重要的地理位置。主要表现在：首先，西汉以来洛阳是武库所在地。国家对此一向十分重视。丞相车千秋子为雒阳武库令，其父死后，因魏相治郡严苛，恐久获罪，乃自免去。"大将军霍光果以责过相曰：'幼主新立，以为函谷京师之固，武库精兵所聚，故以丞相弟为关都尉，子为武库令。今河南太守不深惟国家大策，苟见丞相不在而斥逐其子，何浅薄也！'"[2] 从霍光的话中不难看出，武库是重地，所以要派心腹之人负责。故七国之乱时，原涉就曾为周亚夫建策说："吴王素富，怀辑死士久矣。此知将军且行，必置间人于殽黾厄狭之间。且兵事上神密，将军何不从此右去，走蓝田，出武关，抵雒阳，间不过差一二

---

[1]《汉书》卷七五《翼奉传》，页3177。
[2]《汉书》卷七四《魏相传》，页3133—3134。

日，直入武库，击鸣鼓。诸侯闻之，以为将军从天而下也。"[1] 这也就是说，控制了洛阳武库，就意味着把握了战争主动权，在心理上对东方诸侯起到一定的震慑作用。

其次，距离洛阳不远的敖仓具有举足轻重的战略地位。这种战略地位，早在秦代就已经确立。楚汉之争时，郦食其就曾说："夫敖仓，天下转输久矣，臣闻其下乃有臧粟甚多。楚人拔荥阳，不坚守敖仓，乃引而东，令适卒分守成皋，此乃天所以资汉。"[2] 西汉建立后，这种地位依然没有改变。吴王刘濞反叛，吴少将桓将军说王曰："吴多步兵，步兵利险；汉多车骑，车骑利平地。愿大王所过城不下，直去，疾西据雒阳武库，食敖仓粟，阻山河之险以令诸侯，虽无入关，天下固已定矣。大王徐行，留下城邑，汉军车骑至，驰入梁楚之郊，事败矣。"[3] 这说明只要占据了武库和敖仓，在一定程度上就意味着夺取了天下。正如邵鸿所说："西汉王朝对它的重视程度，远远超过了郡国粮仓……它无疑也是个战略性的粮食储备设施。"[4] 正是因为一直存在的武库和敖仓等重要设施，使洛阳的战略地位显得十分突出。因而中央王朝始终掌控着洛阳。如汉武帝时，其所宠幸的王夫人欲封其子刘闳于洛阳，汉武帝就拒绝说："雒阳有武库敖仓，天下冲厄，汉国之大都也。先帝以来，无子王于雒阳者。去雒阳，余尽可。"[5] 汉武帝的

---

[1]《汉书》卷四〇《周勃传》，页2059。

[2]《汉书》卷四三《郦食其传》，页2108。

[3]《汉书》卷三五《荆燕吴传》，页1914。

[4] 邵鸿《西汉仓制考》，中国秦汉史研究会编《秦汉史论丛》(第七辑)，中国社会科学出版社，1998年，页203。

[5]《史记》卷六〇《三王世家》(点校本二十四史修订本)，页2572。

话体现了洛阳的重要地位。

　　不惟如此，洛阳所在的三河地区也素来为西汉诸朝所重视。文帝就曾对季布说："河东吾股肱郡，故特召君耳。"[1]是为汉初即视三河地区为腹心之地。西汉后期也是如此。如汉元帝建昭二年，曾"益三河大郡太守秩"[2]。

　　正是由于洛阳及其所在的三河地区是武库和敖仓所在地，所以在解除了东方诸侯威胁之后，将国都迁到此地就存在着现实必要性与可能性。王莽时期真正着手进行迁都的准备，还在于王莽对传统经典的笃信。

　　在儒家经典中，洛阳是天下之中。如《尚书·洛诰》中记载周公的话说："其自时中乂。万邦咸休。惟王有成绩。予旦以多子。越御事。笃前人成烈。答其师。作周孚先。"所谓"自时中乂"的"中"，按照《尚书》伪孔传所言，为"地势正中"，则在《尚书》中已经有了洛阳为天下之中的观念。奉儒家经典为改制圭臬的王莽自然也不会忽视这一点，所以在新莽朝也屡屡提及，如天凤元年，王莽就说："毕北巡狩之礼，即于土中居雒阳之都焉。"[3] 正因为如此，为了在形式上论证自己禅代的合理性，也使得王莽有将国都迁往天下之中的洛阳的打算。

四、关于刘秀定都洛阳

　　刘秀称帝以后定都洛阳。对此，传统观点多认为这是经过

---

[1]《汉书》卷三七《季布传》，页 1977。

[2]《汉书》卷九《元帝纪》，页 294。

[3]《汉书》卷九九中《王莽传中》，页 4133。

王莽末年的变乱，赤眉的掳掠，使三辅地区遭到严重破坏的缘故。因为史料中的确也记载："三辅遭王莽、更始之乱，又遇赤眉、延岑之弊，兵家纵横，百姓涂炭。"[1] 但我们认为这只是刘秀定都洛阳重要因素之一，此外还另有原因。作为皇室的一个旁支，刘秀如果定都长安则更能显示出其政权的正统性质。这从定都洛阳后当时人的反应中就能看出，《后汉书·文苑杜笃传》载："笃以关中表里山河，先帝旧京，不宜改营洛邑。"[2]

另外，入关都长安，还可能起到一种延揽民心的作用。如在此前的更始政权就是如此。据《后汉书·郑兴传》载，郑兴力排众议，劝说刘玄迁都长安时就说："陛下起自荆楚，权政未施，一朝建号，而山西雄桀争诛王莽，开关郊迎者，何也？此天下同苦王氏虐政，而思高祖之旧德也。今久不抚之，臣恐百姓离心，盗贼复起矣。《春秋》书'齐小白入齐'，不称侯，未朝庙故也。"[3] 可见，正是出于继承西汉王朝统绪的考虑，再加之长安当时破坏尚不严重，因为按照《后汉书·刘玄传》所载："初，王莽败，唯未央宫被焚而已，其余宫馆一无所毁，宫女数千，备列后庭，自钟鼓、帷帐、舆辇、器服、太仓、武库、官府、市里不改于旧。"[4] 这些促使更始政权将国都从洛阳迁到长安。

到刘秀时，长安经过赤眉军的破坏，宫室等设施已经损失

---

[1]［晋］袁宏撰，周天游校注《后汉纪校注》卷四《后汉光武皇帝纪》，天津古籍出版社，1987年，页91。

[2]《后汉书》卷八〇上《文苑杜笃》，页2595。

[3]《后汉书》卷三六《郑升传》，页1217—1218。

[4]《后汉书》卷一一《刘玄传》，页470。

殆尽，史称其"后二十余日，赤眉贪财物，复出大掠。城中粮食尽，遂收载珍宝，因大纵火烧宫室，引兵而西"[1]。这虽然在一定程度上会影响到光武帝定都长安，但实际上并不是一个很充分的理由。这可以同西汉相比较。在西汉初年，从高帝八年萧何主持营建长安开始到惠帝时期，经历十余年时间就基本完成。这是经过秦末兵燹，在国力衰微、经济凋敝的基础上进行的。东汉初年虽然也经历过战乱，但与西汉初年相比，情况未必更糟糕。所以长安城遭到破坏并不是影响定都长安最根本的原因。人口压力才是制约刘秀都于长安的因素。

绿林、赤眉政权驻足长安，固然给以长安为中心的三辅地区造成了很大破坏，但都没有从根本上造成这个地区人口的锐减。因为这一时期，豪强势力已经发展起来，为了扩张势力，他们通过坞壁等吸纳了大量的人口。故冯异西征时，刘秀就嘱咐："将军今奉辞讨诸不轨，兵家降者，遣其渠帅，皆诣京师；散其小民，令就农桑；坏其营壁，无使复聚。"[2] 从中我们可以看出，一般平民在战乱中为了自保，聚集于营壁之中，因此这也就意味着承新莽以来的人口压力依然没有减轻。同时，豪强手下控制了众多依附人口，使其势力更加强大。这应该是促成光武帝定都洛阳而不是长安的根本原因，也是自西汉末年以来客观形势发展的大趋势所致。这从一个角度说明了王莽迁都洛阳原因所在。

我们从以上几个方面对王莽营建东都洛阳问题进行了考察，大致可以得出这样的结论：由于人口增长使以长安为中心

---

[1]《后汉书》卷一一《刘盆子传》，页483。
[2]《后汉纪校注》卷四《后汉光武皇帝纪》，页91。

的京畿地区生存空间日渐逼仄，同时衍生出治安混乱、俗尚奢靡等问题，加之王莽本人对经学的崇信，这些都促使王莽作出了迁都洛阳的决定并付诸实施。只是因其在位日浅而未能实现，最后由继之而起的刘秀完成了迁都。

原载《中国历史地理论丛》2005 年第 3 期

孙吴将军制度试探

　　自战国时期开始，随着战争规模的扩大，战争技术的进步，在军队中开始出现了专司武职的将军制度。[1] 军队是保障秦汉帝国中央集权体制存在的基础之一，因此将军制度在这一时期逐渐完备起来。三国承接汉制，但因分裂和征战的客观情势，各政权在保留汉制的基础上，也有一些新的变化。比如曹魏政权的将军制度一方面还是以汉制为基本框架，但也和刺史、都督等制度发生了关联，这是前所未有的现象。[2] 孙吴割据江东自保，同时面临西方和北方的军事压力，以及对内部越人的征服，所以其将军制度也有自身的一些特点。目前所见研究成果，多是从封爵制度、兵制、禁卫武官制度等方面旁及将军制度，而未把孙吴将军制度作为专门的研究对象。[3] 本

---

[1] 杨宽《战国史》，上海人民出版社，1998年，页222。

[2] 张鹤泉师《略论曹魏国家的将军制度》，李凭等主编《中国三国历史文化国际学术讨论会论文集》，湖北人民出版社，2012年，页99—111。

[3] 严耀中《东吴兵制补论》，《上海师范大学学报》1981年第4期，页81—88；高敏《孙吴世袭领兵制探讨》，收入其著《魏晋南北朝兵制研究》，大象出版社，1998年，页68—95；刘汉东《东吴领兵、奉邑、复客三制关系之研究》，《许昌师专学报》1994年第1期，页12—20；何德章《三国孙吴兵制二题》，武汉大学中国三至九世纪研究所编《魏晋南北朝隋唐史资料》（第二十五辑），武汉大学文科学报编辑部，2009年，页37—47；张金龙《孙吴禁卫武官制度考》，《南京晓庄学院学报》2001年第1期，页1—7。

文拟从孙吴将军号的层级、历史演化，以及与封爵、地方职官、奉邑与世袭领兵制度关系等几个方面做一探讨。

一、孙吴将军的等级

《续汉书·百官志》对将军制度的记载是：

> 将军，不常置。本注曰："掌征伐背叛。比公者四：第一大将军，次骠骑将军，次车骑将军，次卫将军。又有前、后、左、右将军。"[1]

刘昭本注引蔡质《汉仪》曰："汉兴，置大将军、骠骑，位次丞相，车骑、卫将军、左、右、前、后，皆金紫，位次上卿。典京师兵卫，四夷屯警。"把刘昭本注和所引《汉仪》结合起来看，汉代将军是分等次的，大将军和骠骑将军是一个等次，车骑将军、卫将军在两处材料中的位置不同，或上属骠骑，或下联前后左右将军。晋宋时期随着将军号的增多，其制度也规范起来，开始呈现体系化的特征，比如《晋书·职官志》："大将军，古官也……骠骑、车骑、卫将军、伏波、抚军、都护、镇军、中军、四征、四镇、龙骧、典军、上军、辅国等大将军，左右光禄、光禄三大夫，开府者皆为位从公。"[2] 除了汉代的大将军、骠骑、车骑、卫将军，以及前后左右将军外，四征、四镇也进入将军体系中。而反映其后不久制度的《宋书·

---

[1]《后汉书志》卷二四《百官一》，页3563。
[2]《晋书》卷二四《职官志》，中华书局，1974年，页725—726。

百官志上》则按照骠骑将军、车骑将军、卫将军、四征、四镇、中军将军、四安、四平、左右前后、征虏、建威排列，鹰扬、凌江等名号以下则被称为杂号将军（偏将军、裨将军亦归属于杂号将军）。从《续汉志》到《宋志》，显示了将军制度在这一时间段逐渐繁复和规范的历程。但是具体到三国时期，因为《三国志》分国记载的体裁限制，无表无志，我们无法看出这一时期将军制度的体系。对此，清人洪饴孙作《三国职官表》，从正史中勾稽出孙吴将军制度的史料，并将其纳入到刘宋品位制度中：除了大将军和武卫将军，从骠骑将军以下至裨将军，均分类归入不同品级当中。[1]

不过，孙吴政权在江东有一个逐渐发展的过程。其制度建设亦非开始就整齐划一，而是不断完善，不能简单地认为刘宋制度就是孙吴制度的翻版。因此，我们重新检索史料，从相关传主将军号迁转的过程来排比出将军制度的等次与层级。

首先，孙吴的将军号可以分成三个等次，一是作为起始级的偏将军或裨将军，二是四征、四平、四镇、前后左右以及骠骑、卫将军、大将军这些常规将军号，三是介于二者之间的杂号将军。大将军以下等具有常规将军号的将军，等次较高，因为杂号将军最后归宿多迁转至这类将军。这类将军中也分为不同的层级，大将军是最高等次，《三国志》中记载有如下几例：

> 陆逊：黄龙元年，拜上大将军、右都护。是岁，权东巡建业，留太子、皇子及尚书九官。征逊辅太子，并掌荆

---

[1] 二十五史刊行委员会编《二十五史补编》，中华书局，1998 年，页2731—2819。

州及豫章三郡事，董督军国。[1]

　　诸葛恪：会逊卒，恪迁大将军，假节，驻武昌，代逊领荆州事。久之，权不豫，而太子少，乃征恪以大将军领太子太傅；中书令孙弘领少傅……（孙权死后）进封恪阳都侯，加荆扬州牧，督中外诸军事。[2]

　　孙綝：及峻死，为侍中武卫将军，领中外诸军事，代知朝政……綝迁大将军，假节，封永宁侯。[3]

　　丁奉：（孙）休纳其计，因会请綝。奉与张布，目左右斩之。迁大将军，加左右都护。[4]

　　朱绩：太平二年，拜骠骑将军……永安初，迁上大将军、都护督，自巴丘上迄西陵。[5]

上述五个例子中，陆逊和诸葛恪是孙权时期所任，其目的都是以其辅佐太子，而且皆赋予掌荆州的事权。荆州是和扬州一样是孙吴政权控制的核心地区，可见其位高而权重。孙綝则是先以"侍中武卫将军"控制了朝政，然后晋身大将军职，丁奉则是帮助孙休铲除孙綝后所得。他们都是孙权之后孙吴政权内政治斗争加剧时迁为大将军，大将军号与控制朝政密切相关。

　　骠骑将军和卫将军要高于其他将军号：

　　步骘：黄武二年，迁右将军左护军，改封临湘侯。五

[1]《三国志》卷五八《吴书·陆逊传》，中华书局，1959年，页1349。
[2]《三国志》卷六四《吴书·诸葛恪传》，页1433、1435。
[3]《三国志》卷六四《吴书·孙綝传》，页1446、1447。
[4]《三国志》卷五五《吴书·丁奉传》，页1301。
[5]《三国志》卷五六《吴书·朱然传》，页1308—1309。

年，假节，徙屯沤口。权称尊号，拜骠骑将军，领冀州牧。[1]

（吕）据：太子即位，拜右将军。魏出东兴，据赴讨有功。明年，孙峻杀诸葛恪，迁据为骠骑将军，平西宫事。[2]

朱据：征据尚公主，拜左将军，封云阳侯……赤乌九年，迁骠骑将军。[3]

朱绩：建兴元年，迁镇东将军。二年春，恪向新城，要绩并力，而留置半州，使融兼其任。冬，恪、融被害，绩复还乐乡，假节。太平二年，拜骠骑将军。[4]

上述几条材料中，步骘、吕据、朱据均在左右将军基础上"迁骠骑将军"，朱绩则可以看出骠骑将军是在镇东将军之上。卫将军同样也在左将军之上，《三国志·吴书·士燮传》："权加（士）燮为左将军……燮又诱导益州豪姓雍闿等，率郡人民使遥东附。权益嘉之，迁卫将军，封龙编侯。"自汉代以来的将军体系中，通常前后左右并称，则前后将军也当是低于骠骑将军的层级。在前后左右将军之下有四平将军：

吕范：后迁平南将军……权破羽还，都武昌，拜范建威将军，封宛陵侯，领丹杨太守，治建业，督扶州以下至海……迁前将军，假节，改封南昌侯。[5]

[1]《三国志》卷五二《吴书·步骘传》，页1237。
[2]《三国志》卷五六《吴书·吕范传》，页1312。
[3]《三国志》卷五七《吴书·朱据传》，页1340。
[4]《三国志》卷五六《吴书·朱然传》，页1308。
[5]《三国志》卷五六《吴书·吕范传》，页1310—1311。

> 潘璋：刘备出夷陵，璋与陆逊并力拒之。璋部下斩备护军冯习等，所杀伤甚众。拜平北将军、襄阳太守……权称尊号，拜右将军。[1]

吕范和潘璋在拜前将军和右将军之前都有平南将军号的经历，并且将军号的这种转换也称为"迁"，说明四平将军位次其后。但《吕范传》在两者中间还有建威将军，目前仅此一见，或为特例。而且此时背景是孙权"都武昌"，让其"领丹杨太守，治建业督扶州以下至海"，地位和陆逊、诸葛恪以大将军屯驻武昌相仿佛。

四镇将军则低于骠骑将军而高于四征和四安将军：如朱绩，"建兴元年，迁镇东将军……太平二年，拜骠骑将军"[2]。是为镇东将军在骠骑之下。又陆凯，"孙休即位，拜征北将军，假节领豫州牧。孙皓立，迁镇西大将军，都督巴丘，领荆州牧，进封嘉兴侯"[3]；吕岱，"迁安南将军，假节，封都乡侯……岱既定交州，复进讨九真，斩获以万数。又遣从事南宣国化，暨徼外扶南、林邑、堂明诸王，各遣使奉贡。权嘉其功，进拜镇南将军"[4]。这是四镇在四征和四安之上的明证。另外在四镇之上尚有"镇军将军"，如"（孙）壹从镇南迁镇军，假节督夏口"[5]。但镇军将军和前后左右将军或骠骑将军的等次关系尚不清楚。车骑将军也要高于四征将军："（朱然）拜征北将军，

---

[1]《三国志》卷五九《吴书·潘璋传》，页1300。

[2]《三国志》卷五六《吴书·朱然传》，页1308。

[3]《三国志》卷六一《吴书·陆凯传》，页1400。

[4]《三国志》卷六〇《吴书·吕岱传》，页1384—1385。

[5]《三国志》卷五一《吴书·宗室传》，页1208。

封永安侯……黄龙元年，拜车骑将军、右护军，领兖州牧。"[1]
不过，考虑到汉晋制度，车骑将军或许也高于四镇将军。

　　孙吴时期史籍所载杂号将军有十余种，并且当时文献中也
直接有"杂号将军"的称谓。《孙𬘘传》："（孙）幹杂号将军、
亭侯。"[2] 不过，种类众多的杂号将军，其中似乎也有等次高
下之分。如《丁奉传》："孙亮即位，为冠军将军，封都亭侯……
奉纵兵斫之，大破敌前屯。会据等至，魏军遂溃。迁灭寇将军，
进封都乡侯。魏将文钦来降，以奉为虎威将军。"[3] 从这个履
历看，丁奉在杂号将军阶段，经历了冠军将军、灭寇将军、虎
威将军，并且是"迁"至灭寇将军，所以可以认为是依次升进
的过程。也就是说，杂号将军中暗含着一定的排序。杂号将军
内部等次高下的例子还有：平虏将军和绥远将军升至奋威将
军[4]；抚越将军升至威北将军[5]；威烈将军升至昭武将
军[6]。不过，这几条零散的材料并不足以梳理出所有杂号将军
之间的相互关系。但从后文所言其与封爵、其他职官的联系，
则这样的等次高下还是有实际意义的。

　　在孙吴将军中，还有数量很大的偏将军和裨将军。《宋书·
百官志上》将其归类于杂号将军。不过，我们通过排比孙吴将军
号的序列看，无一例外，偏将军和裨将军都是排在杂号将军之

[1]《三国志》卷五六《吴书·朱然传》，页1306。

[2]《三国志》卷四八《吴书·孙𬘘传》，页1156。

[3]《三国志》卷五五《吴书·丁奉传》，页1300—1301。

[4]《三国志》卷五五《吴书·周泰传》，页1287—1288；《三国志》卷五
　　一《吴书·宗室传》，页1206。

[5]《三国志》卷六四《吴书·诸葛恪传》，页1431—1432。

[6]《三国志》卷五五《吴书·韩当传》，页1286。

后，并且作为是多数将领的起始将军号。这也就意味着他们还不能和杂号将军画等号，当是杂号将军之下的等次。另外，孙吴将领在取得将军号前，多有担任武职的经历，在我们检索到的 59 例将军中，只有 7 例无此经历，并且还包括孙綝、孙壹这样出身宗室之人。在所任武职中，似乎还要经历着从校尉到中郎将这样标准的经历，如凌统，"权以统为承烈都尉，与周瑜等拒破曹公于乌林，遂攻曹仁，迁为校尉……又从破皖，拜荡寇中郎将，领沛相"[1]。这些武职和他们领兵有着一定关系，如陆抗，"拜建武校尉，领逊众五千人……赤乌九年，迁立节中郎将"[2]。这说明孙吴的将军同汉代很多的内朝将军比较起来，他们实际统兵，负有军事责任，这同三国时期征伐的形势有关。

另有辅国将军，如陆逊"权以逊为右护军、镇西将军，进封娄侯……加拜逊辅国将军，领荆州牧，即改封江陵侯"[3]。他由镇西将军迁任辅国将军，说明高于四镇。尚有辅吴将军，张昭"权既称尊号，昭以老病，上还官位及所统领。更拜辅吴将军，班亚三司，改封娄侯，食邑万户"[4]。从地位"班亚三司"看，其地位不低。不过他们只出现一次，皆是褒奖其特殊功勋，因此这是否为常制难以判断。

以上虽然能隐约地看出孙吴将军号存在着不同的序列和等次，但似乎还未形成完整的定制，一是四征、四镇、四平等将军号和曹魏以及晋宋相比，除四镇外，其余尚未完全设置，只

---

[1]《三国志》卷五五《吴书·凌统传》，页 1296。

[2]《三国志》卷五八《吴书·陆逊传》，页 1354。

[3]《三国志》卷五八《吴书·陆逊传》，页 1345、1348。

[4]《三国志》卷五二《吴书·张昭传》，页 1221。

有安东、安南、平北、平南、征南、征北、征西等；二是不同
的将军职之间虽然高下有别，但是在升迁的过程中，不需要依
次迁转，这和孙吴尚未建立起曹魏那样对应的官品有关。这种
情况说明，将军号虽然增多，却还未形成整齐划一的体系，体
现出过渡时期的特征。

二、孙吴将军制度演变历程

孙吴政权是通过对宗部和山越的征服，对外同蜀汉与曹魏
的争夺的过程中不断发展、壮大的。其将军制度也在这一过程
中不断发展，逐渐完善。孙吴历史上的一些重要事件也对将军
制度的演变产生了重要影响。为了更直观地显示这种关系，我
们以将军封授频次与时间关系作图如下：

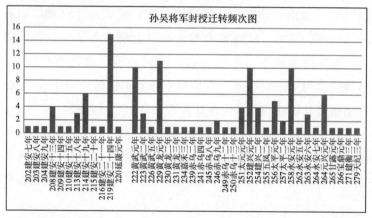

从这张图中可以直观地反映出在几个特殊的年份，封授将
军的频次很高，其中十次以上的有：

1. 建安二十四年（219）。这一年在孙吴历史最重要的事件
是擒杀关羽，将荆州彻底纳入了其统治范围。荆州与扬州并

重，是孙吴的腹心所在，由此因军功获得将军号的人次最多，达 15 人次。而史书也有明确的记载。如潘璋，"权征关羽，璋与朱然断羽走道，到临沮，住夹石。璋部下司马马忠禽羽，并羽子平、都督赵累等。权即分宜都〔巫〕、秭归二县为固陵郡，拜璋为太守、振威将军，封溧阳侯"[1]；诸葛瑾，"后从讨关羽，封宣城侯，以绥南将军代吕蒙领南郡太守，住公安"[2]；朱然，"建安二十四年，从讨关羽，别与潘璋到临沮禽羽。迁昭武将军，封西安乡侯"[3]。孙权这一年分封将军较多，一方面是出于对领兵将领的利益分配，另一方面是实际统治疆域面积扩大，为派驻更多的将领提供了条件，比如诸葛瑾作南郡太守，屯驻公安，就是新拓展的区域。

2. 黄武元年（222）、黄龙元年（229）。在这两个年份孙权分别称王和称帝，从名分上为将军制度的设置提供了更大的空间。建安二十四年，孙权才接受曹操给予的骠骑将军号，而到了黄武元年，"封君为吴王，使使持节、太常高平侯贞，授君玺绶策书、金虎符第一至第五、左竹使符第一至第十，以大将军、使持节督交州，领荆州牧事"[4]。因此只有在此之后才能封授部下更高的将军号。比如诸葛瑾，"黄武元年，迁左将军，督公安，假节，封宛陵侯"[5]；步骘，"权称尊号，拜骠骑将军，领冀州牧"[6]；潘璋，"权称尊号，拜右

---

［1］《三国志》卷五五《吴书·潘璋传》，页 1299—1300。

［2］《三国志》卷五二《吴书·诸葛瑾传》，页 1232。

［3］《三国志》卷五六《吴书·朱然传》，页 1305—1306。

［4］《三国志》卷四七《吴书·吴主传》，页 1122。

［5］《三国志》卷五二《吴书·诸葛瑾传》，页 1233。

［6］《三国志》卷五二《吴书·步骘传》，页 1237。

将军"[1]；朱然，"黄龙元年，拜车骑将军、右护军，领兖州牧"[2]；孙韶，"权为吴王，迁扬威将军，封建德侯。权称尊号，为镇北将军"[3]。这两个时间节点皆是他们迁选的节点。

3. 建兴元年（223）。这一年孙亮即位，因为他是孙权幼子，并且是在废孙和后改立，所以即位后集中封赏，史称"诸文武在位皆进爵班赏，冗官加等"[4]。应该看成是笼络人心，以此来稳固统治的需要。当然这种进爵班赏对于近臣更是如此，这时加封将军号频次也自然增多。如丁奉，"孙亮即位，为冠军将军，封都亭侯"[5]；（滕）"胤为卫将军领尚书事"[6]；全绪，"孙亮即位，迁镇北军"[7]；吕范，"太子即位，拜右将军"[8]。

4. 永安元年（258）。该年在孙吴历史上发生了两次政争，首先是孙綝擅权，废掉孙亮，立孙休。孙休继之与亲信张布等除掉孙綝。因此人事兴替也导致了将军号的增多。孙休大肆封赏：永安元年冬十月壬午，诏曰："夫褒德赏功，古今通义。其以大将军綝为丞相、荆州牧，增食五县。武卫将军恩为御史大夫、卫将军、中军督，封县侯。威远将军据为右将军、县侯。偏将军幹杂号将军、亭侯。长水校尉张布辅导勤劳，以布

---

[1]《三国志》卷五五《吴书·潘璋传》，页1300。
[2]《三国志》卷五六《吴书·朱然传》，页1306。
[3]《三国志》卷五一《吴书·宗室传》，页1216。
[4]《三国志》卷四八《吴书·三嗣主传》，页1151。
[5]《三国志》卷五五《吴书·丁奉传》，页1300。
[6]《三国志》卷四八《吴书·三嗣主传》，页1151。
[7]《三国志》卷六〇《吴书·全琮传》注引《吴书》，页1383。
[8]《三国志》卷五六《吴书·吕范传》，页1312。

为辅义将军，封永康侯。董朝亲迎，封为乡侯。"[1] 故史称
"绲一门五侯，皆典禁兵，权倾人主，自吴国朝臣未尝有
也"[2]。而孙休的故旧濮阳兴也是此时授封，"时琅邪王休居
会稽，兴深与相结。及休即位，征兴为太常卫将军、平军国
事，封外黄侯"[3]。是年年底，孙休除掉孙绲，其中参与者
也被封授将军号，如丁奉，"奉与张布目左右斩之。迁大将
军，加左右都护"[4]。

后两次将军号的增多，都是与孙吴帝位继承有关，孙皓在
元兴元年以乌程侯的身份入主，也和孙休一样："元兴元年八
月，以上大将军施绩、大将军丁奉为左右大司马，张布为骠骑
将军，加侍中。诸增位班赏，一皆如旧。"[5] 同样出现了将
军号封授增多的现象。所以孙吴后期一些将军号的封授，都
是与嗣主即位相联系。如陆凯的经历："孙休即位，拜征北
将军，假节领豫州牧。孙皓立，迁镇西大将军，都督巴丘，
领荆州牧，进封嘉兴侯。"[6]

如果我们从时间角度观察孙吴政权将军制度演变的轨
迹，也能发现其有一个不断完善的过程。为便于说明，我
们同样列制表格来观察。将孙吴时期分成孙权称吴王前
（222 年前）、吴王期间（222—229 年）、孙权称帝后（229—
252 年），以及孙吴后期（孙亮至孙皓统治，252—280 年）。

----

［1］《三国志》卷四八《吴书·三嗣主传》，页 1156。
［2］《三国志》卷六四《吴书·孙绲传》，页 1450。
［3］《三国志》卷六四《吴书·濮阳兴传》，页 1451。
［4］《三国志》卷五五《吴书·丁奉传》，页 1301。
［5］《三国志》卷四八《吴书·三嗣主传》，页 1163。
［6］《三国志》卷六一《吴书·陆凯传》，页 1400。

将每个时间区间所出现的将军号罗列出来。后一段出现前一段的将军号，用斜体标识。

孙吴将军号时段分布表

	孙权称吴王前（222 年前）	孙权称帝前（222—229 年）	孙权称帝后（229—252 年）	孙亮至孙皓时（252—280 年）
将军号	征虏将军，平虏将军，扶义将军，偏将军，绥远将军，裨将军，左将军，虎威将军，奋武将军，荡寇将军，横江将军，折冲将军，安东将军，奋威将军，抚边将军，建威将军，绥南将军，威烈将军，卫将军，扬威将军，昭武将军，振威将军，镇西将军，安南将军，建武将军，平南将军，平戎将军，镇南将军	*裨将军，奋武将军，前将军，扬威将军，左将军，建武将军，昭武将军，偏将军，辅国将军，后将军，平北将军，征北将军，安国将军，右将军，安东将军，骠骑将军*	卫将军，右将军，左将军，偏将军，奋威将军，骠骑将军，前将军，安南将军，车骑将军，大将军，辅吴将军，上大将军，镇北将军，镇国大将军，威北将军，平魏将军，荡魏将军，灭寇将军，武卫将军，抚越将军，扬武将军，征西将军，	*右将军，偏将军，*车骑将军，大将军，武卫将军，征北大将军，*左将军，*上大将军，威远将军，*骠骑将军，昭武将军，征北将军，平魏将军，*前将军，裨将军，荡魏将军，绥远将军，威远将军，卫将军，扬武将军，昭武将军，征西将军，镇东将军，冠军将军，镇南将军，镇军将军，辅义将军，抚军将军，镇西大将军，征西将军，领军将军，威南将军，武卫大将军*

通过这个表格，我们可以看出这样几个问题：一是在孙权称吴王前，杂号将军居多，尚未出现最高等次骠骑将军、车骑将军、大将军等名号。虽然出现一次卫将军，这是加给士燮。士燮是交州地区的土著势力，也是孙权控制交州的关键所在，或可以特例视之。二是孙权称吴王后出现了骠骑将军。孙权称帝后，则出现了大将军和车骑将军。将军号层次逐渐提高，还表现在不同等次的将军号数量各阶段分布不均。比如裨将军，在孙权称吴王前有 6 次，称王后 2 次；偏将军在称王前有 12 次，称王后 5 次；卫将军称王前出现 1

次，孙权称帝后出现了 8 次；前后左右将军在称王前 2 次，称王后 14 次，而且 13 次是在称帝后。这些说明孙吴前期封授将军号等次整体偏低，后来渐次升高。这和孙吴政权的发展历程相关，孙权即位后还是以偏安一隅的地方政府面目存在，所以他还要领受汉的将军号。比如建安五年（200）"曹公表权为讨虏将军，领会稽太守"[1]，建安十四年（209），"刘备表权行车骑将军，领徐州牧"[2]。并且孙权若封授将军，也要通过"表"汉廷才能实现。如"建安七年，权表（朱）治为吴郡太守，行扶义将军"[3]。掣肘于名分，故出现了这种现象。三是孙权之后将军号多沿袭前代，新设将军号不多。而且还有的出于已有将军号的序列中，如镇东将军、镇南将军、征西将军等这些在四征、四镇将军中。这说明此时将军号已经比较成熟，呈现固化的状态。

三、将军号与封爵制度

孙吴时期继承了汉代爵制体系的部分特点，比如为多数编户保留了低爵中公乘的名称，这在走马楼吴简户籍类文书常见。而高爵中则保留了列侯和关内侯两级，且以列侯居多。列侯爵位在这一时期也和将军号发生了关联，孙吴的多数将军号通常都封爵。为了便于说明二者之间的关系，我们将不同的将军号所获得的爵位等次列表如下：

---

[1]《三国志》卷四七《吴书·吴主传》，页 1116。
[2]《三国志》卷四七《吴书·吴主传》，页 1118。
[3]《三国志》卷五六《吴书·朱治传》，页 1303。

孙吴将军封爵表

将军号		县侯	乡侯	亭侯	关内侯	未封侯	不详	嗣侯
常规将军号	上大将军	2					1	
	大将军	6						
	骠骑将军	5					2	
	卫将军	8					1	
	车骑将军	1					1	
	前将军	3	1				1	
	后将军	1						
	左将军	4		1			2	
	右将军	5					3	
	平北将军	1						
	四镇将军	6					4	
	四安	3	1	1				
	四征将军	2	1				2	
小计		**47** 90%	**3** 6%	**2** 4%				
杂号将军	奋威将军		1	1				
	奋武将军	1					1	

将军号	县侯	乡侯	亭侯	关内侯	未封侯	不详	嗣侯
冠军将军	1		1				
建威将军	1						
建武将军	1		1				
领军将军		1				1	
灭寇将军		1					
平虏将军	1				1		
平戎将军	1						
平魏将军			1		1		1
杂号将军 绥南将军	2				1		
威北将军		1					
威烈将军			1				
威远将军	3	1					
武卫将军					1	3	
扬威将军	2						
扬武将军		1				2	

将军号	县侯	乡侯	亭侯	关内侯	未封侯	不详	嗣侯
昭武将军	1	1	2				
振威将军	1						
小计	15 47%	6 19%	7 22%		3 9%	1	3%
初始将军 偏将军	*2*	*2*	*3*		*8*		*2*
裨将军	*2*		*2*	*3*		*2*	
小计 2	10%	5 25%	3 15%	8 40%	2	10%	
辅国（吴、义）将军	*3*						
镇国将军	*2*					*1*	

从上述表格中可以看出这样几个问题，一是授将军号的时间节点和封侯时间节点大体吻合。从前揭孙吴将军的演进顺序中可以看出，建安二十四年（219）定荆州之后和黄武初年称吴王时，封授将军的数量增多。而我们曾考察过孙吴封侯的时间节点，也是这两个时间点人数激增。[1] 也就是说二者都是奖励军功的手段。当然也有在授将军号时没有同时封侯，这是因为此时已经有了相应的爵位。比如朱据"黄龙元年，权迁都建业。征据尚公主，拜左将军，封云阳侯……赤乌九年，迁骠骑将军"[2]。因为他在左将军时已封为云阳侯，在赤乌九年迁任骠骑将军时没有改变侯国，所以史书略而不书。同样还有朱然，"拜征北将军，封永安侯……黄龙元年，拜车骑将军、右护军，领兖州牧"[3]。他在转任车骑将军时，还是沿袭原来的永安侯，故此时也没有提到封侯事。二是常规将军号中，九成是县侯，而且拥有车骑将军、骠骑将军、大将军等高等次将军号者全部是县侯。前后左右将军，以及四安、四征将军才偶有乡、亭侯。三是杂号将军中县侯的比例已明显下降，不到一半，乡、亭侯的比例增多，同县侯相当，而且还出现了少量未封侯的现象。并且从前面排列的等次看，建武将军似乎也无法完全给列人杂号将军，但他亦为县侯。四是偏将军和裨将军被封侯者只占三分之一强，而且仅为乡侯和亭侯，而无县侯。并且还出现了关内侯。在汉代的爵制系统中，二者虽然差了一级，

---

[1] 沈刚《孙吴蜀汉封侯问题探讨》，殷宪主编《北朝史研究》，商务印书馆，2004 年，页 1—9。
[2]《三国志》卷五七《吴书·朱据传》，页 1340。
[3]《三国志》卷五六《吴书·朱然传》，页 1306。

却有很大的区别，表现在是否有封邑等方面。孙吴时期也同样体现了这一点，关内侯称"赐关内侯"，列侯称"封某侯"。这一等次的将军号中，甚至还有五分之二无关内侯的爵位。

上述这种现象说明将军号与爵位之间有一定的关联，将军号要匹配相应的爵位，将军号越高，整体爵位等级越高。孙权时，"(士)燮又诱导益州豪姓雍闿等，率郡人民使遥东附，权益嘉之，迁卫将军，封龙编侯，弟壹偏将军，都乡侯"[1]。永安元年(258)的一道诏书说："武卫将军恩为御史大夫、卫将军、中军督，封县侯。威远将军据为右将军、县侯。偏将军幹杂号将军、亭侯。"[2] 这两条材料说明尽管在制度上有些差异，但不同将军号对应不同爵级的精神是一致的。不仅如此，而且个人将军号等级的提升，爵级也常随之发生相应的变化。《三国志·吴书·徐盛传》："后迁建武将军，封都亭侯……迁安东将军，封芜湖侯。"[3] 甚至有的就明确指出是"进封"，如丁奉："孙亮即位，为冠军将军，封都亭侯……迁灭寇将军，进封都乡侯。"[4] 丁奉两次都是同时授封将军号和爵位，第二次将军号"迁"的同时，也进封为乡侯。陆逊的履历也同样如此，"拜抚边将军，封华亭侯……权以逊为右护军、镇西将军，进封娄侯……加拜逊辅国将军，领荆州牧，即改封江陵侯"[5]。陆逊从抚边将军，封华亭侯到镇西将军，进封娄侯，并且在加拜逊辅国将军，改封江陵侯，这大概是因为他领荆州

[1]《三国志》卷四九《吴书·士燮传》，页1192。
[2]《三国志》卷四八《吴书·三嗣主传》，页1156。
[3]《三国志》卷五五《吴书·徐盛传》，页1298。
[4]《三国志》卷五五《吴书·丁奉传》，页1300—1301。
[5]《三国志》卷五八《吴书·陆逊传》，页1345、1348。

牧的缘故，封地江陵更近，且为实封。

四、将军制度与奉邑制、领兵制及兼任职官的关系

孙吴政权在继承汉制的同时，为了适应征战的形势以及本地军事政治生态，实行了一些特殊的制度，如领兵制、奉邑制等。这两种制度和当时兵制有着密切关系，前人对此也有论述。本文仅针对这两种制度与将军制度的关系，做一补充。

奉邑是孙吴政权早期给予将领提供军资的地方[1]，所以在拜授将军时，通常要划出一定区域为奉邑，如徐盛，"后迁建武将军，封都亭侯，领庐江太守，赐临城县为奉邑"[2]；周瑜，"权拜瑜偏将军，领南郡太守。以下隽、汉昌、刘阳、州陵为奉邑，屯据江陵"[3]；朱治，"建安七年，权表治为吴郡太守，行扶义将军，割娄、由拳、无锡、毗陵为奉邑，置长吏"[4]。需要说明的是，和将军号相联系的奉邑制度实行的时间是在孙吴早期。有时间可考的时间下限在建安二十四年（219），其余几例虽然没有确切的时间点，但也都是在黄武元年（222）以前。这大概与两个因素有关，一是奉邑制实行时间短。据高敏考证，除了徐盛一人获得奉邑的时间可能在孙权黄武初年外，其余获得奉邑的时间是在建安时期。[5] 这两者恰

----

[1]《东吴兵制补论》，页81—88；高敏《孙吴奉邑制度考略》，收入其著《魏晋南北朝史发微》，中华书局，2005年，页1—15。

[2]《三国志》卷五五《吴书·徐盛传》，页1298。

[3]《三国志》卷五四《吴书·周瑜传》，页1264。

[4]《三国志》卷五六《吴书·朱治传》，页1303。

[5]《孙吴奉邑制度考略》，页12。

好吻合。二是孙吴后来大规模推行封爵制度，可以一定程度弥补奉邑制度的部分功能。[1] 并且随着军队规模的扩大，中央控制的军队已经不需要从奉邑中获取给养，而是由中央财政直接拨付。[2] 另外，早期将军没有提到奉邑，也并不意味着其没有奉邑。因为他们在获得将军号之前，通常是都尉、别部司马，中郎将、校尉等武职官吏，当时已经有了奉邑，这时只是继续保有奉邑，故略而不书。比如孙韶，"拜承烈校尉，统河部曲，食曲阿、丹徒二县，自置长吏，一如河旧"[3]。

世袭领兵制是孙吴时期兵制的一个重要特色，已有很多学者进行了系统的研究。就其与将军制度关系而言，孙吴的将领多领私兵。虽然史书记载在授将军号的同时明确标识出授兵的材料不多，但是这并不意味着将军领兵的数量少。这受制于两个因素，一是世袭领兵，这已是惯例，所以没有书写。二是很多将领在获得将军号之前，早已领兵，比如全琮拜偏将军没有提到授兵，但他在担任奋威校尉时已经"授兵数千人，使讨山越"[4]。又如徐盛，"后迁建武将军，封都亭侯，领庐江太守……迁安东将军，封芜湖侯"，均未提到他有授兵的记录，可是他"孙权统事，以为别部司马，授兵五百人"[5]，我们推测，对于领兵的将领，领兵制度可能一直存在。

高敏在谈领兵制度时，提到孙吴时期还存在将军兼任地方

---

[1] 高敏曾举徐盛的例子说明，在他授将封侯之后，奉邑并没有像其他人那样随之增加。参见《孙吴奉邑制度考略》，页11。

[2]《三国孙吴兵制二题》，页44—47。

[3]《三国志》卷五一《吴书·宗室传》，页1216。

[4]《三国志》卷六〇《吴书·全琮传》，页1381。

[5]《三国志》卷五五《吴书·徐盛传》，页1298。

官的现象，并进一步指出，"将领兼领地方官，包括州、郡、县三级，而以领郡为主，而且领州、领郡与领县的不同，是以兼领者军职的高低位准则的"[1]。这些的确为不易之论。我们如果进一步细化将军号与职官制度的关系，如下表所示，还可以发现这样的规律：大将军多为三公，并多兼领州牧，比如孙綝为丞相兼领荆州牧，丁奉"加左右都护……假节领徐州牧"等[2]；骠骑将军、车骑将军皆为州牧；卫将军多为中央职官的三公或九卿，偶有州牧，但在孙吴早期也有一例兼任太守（为建安十九年（214），士燮作武昌太守，或为孙吴早期事）；四镇将军为州牧或宿卫官；四平、四征、四安将军则为州牧或太守各半；杂号将军以太守为主，间或有州牧；偏将军和裨将军则以太守为主。这就显示出将军号的等次和所兼任职官的等次为正相关的关系。从所有的将军号来看，他们所兼领的职官基本在太守以上。这是因为在授将军号之前他们已经有都尉或校尉等职务，因而兼领太守之上地方官也与职官的迁转顺序相符。将军兼领太守等地方官员除了有高敏所说方便征敛军费以外，还在于孙吴境内有山越等部族，出于征兵和稳定的需要，常军政合一，便于在特殊时期控制地方。比如陆绩"出为郁林太守，加偏将军，给兵二千人"[3]，郁林在广州，远离孙吴的统治中心，因此陆绩为郁林太守，要给兵加将军号，加强其对该地的控制。

---

［1］《孙吴世袭领兵制探讨》，页83。

［2］《三国志》卷五五《吴书·丁奉传》，页1301。

［3］《三国志》卷五七《吴书·陆绩传》，页1328。

将军兼任职官表

将军号	三公	其他中央职官	州牧	太守	县令	其他
上（大）将军	4		3			左右都护
骠骑将军		2	2			
车骑将军			2			
卫将军	3	2	1	1		
前后左右将军		1	2	2		
四镇将军		2				右护军
四平将军			1	1		
四安将军			1			
四征将军			1	1		
杂号将军		1	2	14		左护军
偏将军		1		7	1	
裨将军		1		2		夷道监

相比汉制，孙吴的将军制度已经比较复杂。将军号比汉代多，将军多领兵，而非汉朝只是作为加官。并且还与孙吴政权特有的奉邑制、领兵制等密切相关。这不仅是割据征战的历史条件所带来的压力所致，而且也是制度演进的惯性使然。不过，如果和晋制相比，虽然也有四镇、四征、四平等整齐的取向，但至少从现有史料看，它还不似晋制整齐划一，上下有序，这些现象所反映出来的正是时代转变对制度带来的影响，使其呈现过渡变化的特点。

原载楼劲主编《魏晋南北朝时期的政治与社会》，中国社会科学出版社，2020年

两晋东宫述论

所谓东宫是指以储君为中心的政治群体，它自秦汉皇帝制度确立时就已经出现，并在中国古代社会一直存在着。两晋的东宫不但继承汉魏以来的传统，同时受到当时政局变化等因素的影响，又具有了一些新的特点。这些特色反映了当时政治的一些情况。对于这个问题，已经有学者关注过，如刘驰对惠帝作为皇位继承人智力水平的判断等[1]。我们在这些研究基础上，对两晋东宫相关问题进行探讨。

一、储君的地位

储君是皇位的当然继承人，故在国家政治生活中占有重要地位。具体到两晋时期，主要体现在两方面：一是他可以代表皇帝行使一些礼仪方面的职能。如西晋太康三年(282)，"鲁公贾充老病，上遣皇太子省视起居"[2]。贾充作为重臣，皇帝派遣皇太子探视，就说明了他可以代理皇帝的某些职责。另一方面，皇帝在突发情况下死去后，他就毫无疑义的成为最高统治者。皇帝在自然谢世后，皇太子登基，是一种当然的程

---

[1] 刘驰《晋惠帝白痴论——兼析其能继位的原因》，收入其著《六朝士族探析》，中国广播电视大学出版社，2000年。

[2]《资治通鉴》卷八一《晋纪三》，中华书局，1976年，页2580。

序。然而皇帝在非正常死亡时，皇太子同样不需要任何中间环节，就可以直接接续为最高统治者。东晋孝武帝司马曜为宫女缢杀，"王国宝夜叩禁门，欲入为遗诏，侍中王爽拒之曰：'大行晏驾，皇太子未至，敢入者斩！'国宝乃止"[1]。王爽以皇太子未至作为借口，阻止了王国宝进宫为乱的企图，这就反映出皇太子拥有仅次于皇帝的至高地位。

不仅在现实政治生活中皇太子具有上述之地位，而且在一些礼仪活动中也同样有所体现。首先，在选立皇太子时，因袭汉魏以来的传统常常要大赦天下。如东晋明帝太宁三年（325）"戊辰，立皇子衍为太子，大赦"[2]。又如永嘉五年（311）七月，"王浚设坛告类，立皇太子，布告天下"[3]。在西晋末年如此混乱的情况下，王浚立皇太子还要举行告祭活动，只能说明可以此显示皇储的崇高地位。

其次，皇太子行冠礼，还伴随着一系列活动。据《晋书》卷三《武帝纪》记载，泰始"七年春正月丙午，皇太子冠，赐王公以下帛各有差"[4]。在皇太子行成年礼时赏赐群下，汉代就已存在。宣帝时"皇太子冠。皇太后赐丞相、将军、列

----

[1]《资治通鉴》卷一〇八《晋纪三十》，页3432。

[2]《资治通鉴》卷九三《晋纪十五》明帝太宁三年三月条，页2933。按：虽然在西晋武帝时一度取消了这种做法，据《资治通鉴》卷七九《晋纪一》泰始二年（466）正月条载"春，正月，丁卯，立子衷为皇太子。诏以'近世每立太子必有赦，今世运将平，当示之以好恶，使百姓绝多幸之望。曲惠小人，朕无取焉！'遂不赦。"但从现有材料看，至少在这时已经恢复。

[3]《资治通鉴》卷八七《晋纪九》，页2767。

[4]《晋书》卷三《武帝纪》，中华书局，1974年，页60。

侯、中二千石帛，人百匹，大夫人八十匹，夫人六十四。又赐
列侯嗣子爵五大夫，男子为父后者爵一级"[1]。相较西晋，
汉代还进行赐爵。这是因为自东汉后期以来，爵制已发生了变
化，民爵已轻滥，以至于消失。此外，皇太子行冠礼后还要谒
拜太庙。上引惠帝在行完冠礼后，"丁未，见于太庙"[2]。此
时朝见始祖庙意义十分重大，它与皇帝行冠礼时的仪式相同，
如孝武帝"太元元年春正月壬寅朔，帝加元服，见于太
庙"[3]。

　　此外，另一个例子也说明了皇储的崇高地位。东晋王朝建
立后，在讨论为愍怀太子治丧的礼节时，"（王）导以皇太子副
贰宸极，普天有情，宜同三朝之哀"[4]。从礼节上看，三朝
之哀是皇帝治丧的标准，所谓"天子三朝举哀，群臣一哭而
已"[5]。在王导看来，皇太子地位的特殊，所以也应该享受
到皇帝的殊荣。不但在礼仪方面，在现实政治运作过程中也要
切实保障皇储的地位。司马炎为了保证惠帝能够顺利即位，
"复用王佑之谋，以太子母弟柬、玮、允分镇要害。又恐杨氏
之逼，复以佑为北军中候，典禁兵。帝为皇孙遹高选僚佐，以
散骑常侍刘寔志行清素，命为广陵王傅"[6]。这就是一个显
证。当然，在专制集权体制下，以上所说的这些还是以保证皇
帝权威为前提的。如《世说·方正第五》注引刘谦之《晋纪》云：

[1]《汉书》卷八《宣帝纪》，中华书局，1962 年，页 265。
[2]《晋书》卷四《惠帝纪》，页 90。
[3]《晋书》卷九《孝武帝纪》，页 227。
[4]《晋书》卷六五《王导传》，页 1749。
[5]《晋书》卷六五《王导传》，页 1749。
[6]《资治通鉴》卷八二《晋纪四》，页 2595。

"敦欲废明帝,言于众曰:'太子子道有亏,温司马昔在东宫悉其事。'"王敦为了论证废黜晋明帝的合理性,就以其不恪守子道,对老皇帝的不敬为借口,这说明不论皇储的地位如何崇高,但都要置于皇帝之下。

二、东宫职官

东宫的基本架构是以皇储为核心建立的一套职官制度。这套制度在《晋书》卷二四《职官志》及相关的典志体史书中叙述甚详,同时在纪传中亦有补充,我们以两者为基础,将东宫的职官胪列如下:

1. 保傅:所谓保傅就是指的是冠有师、傅、保头衔的太子东宫官员。他们是从先秦时期延续下来的一类职官。这类职官在晋代虽然还存在着,但数量上却处在变化之中。最初只有太傅和少傅,后来逐渐增加。至惠帝立愍怀太子时,"乃置六傅,三太、三少"[1]。《晋书》卷五三《愍怀太子遹传》中说的更为具体:"惠帝即位,立为皇太子。盛选德望以为师傅,以何劭为太师,王戎为太傅,杨济为太保,裴楷为少师,张华为少傅,和峤为少保。"[2] 六傅俱全的时间并不长,"自元康之后,诸傅或二或三,或四或六,及永康中复不置詹事也。自太安已来置詹事,终孝怀之世。渡江之后,有太傅少傅,不立师保"[3]。保傅类职官虽然曾一度置有僚属,"并有功曹、主

----

[1]《晋书》卷二四《职官志》,页742。

[2]《晋书》卷五三《愍怀太子遹传》,页1457—1458。

[3]《晋书》卷二四《职官志》,页742。

簿、五官"[1]，但在更多的情况下，庶务由詹事及其僚属负责，而他们更多体现的是一种荣誉，以王公居之。典籍所谓"武帝后以储副体尊，遂命诸公居之"即是。他们对皇储起训导作用，所以皇帝也要礼遇之。晋武帝曾说："夫崇敬师傅，所以尊道重教也。何言臣不臣乎！其令太子申拜礼。"[2] 因而能够成为皇帝的师、傅，成为时人一种荣耀，薛兼"领太子少傅。自综至兼，三世傅东宫，谈者美之"[3]，这就是一个例证。

2. 詹事：詹事是秦汉以后开始出现的一个职官。西晋自咸宁年间始置，中间曾废止过，惠帝元康元年（291），复置詹事，自此以后一直存在。詹事的主要职能是管理东宫庶务，所谓"掌宫事"。

3. 太子中庶子与太子舍人：这两个职官名称是自周秦以来出现的。典志体史书对其职能没有更多的描述，但从纪传史料记载看，两晋时期他们在东宫的职责主要是言官。如"中舍人杜锡以太子非贾后所生，而后性凶暴，深以为忧，每尽忠规劝太子修德进善，远于谗谤。太子怒，使人以针著锡常所坐毡中而刺之"[4]。是为舍人进谏太子。中庶子在两晋时期虽无明文说明，但《晋书》卷一《宣帝纪》提到司马懿在曹魏的情况事曾说："魏国既建，迁太子中庶子。每与大谋，辄有奇策，为太子所信重，与陈群、吴质、朱铄号曰四友。"[5] 对太子

---

[1]《晋书》卷二四《职官志》，页 742。

[2]《资治通鉴》卷七九《晋纪一》，页 2511。

[3]《晋书》卷六八《薛兼传》，页 1832。

[4]《晋书》卷五三《愍怀太子遹传》，页 1458。

[5]《晋书》卷一《宣帝纪》，页 2。

而言，太子中庶子的作用大约也在于此。

4. 卫率：掌东宫兵，见下文。

在上述职官之外，尚有归属于少傅、詹事等掌管的各种属官，如主簿、五官、户曹、法曹、仓曹、贼曹、功曹、书佐、门下亭长、门下书佐、省事等。《晋书》的《职官志》《通典》等已录之甚详，不赘述。

除了上述用以维持东宫正常运转的职官以外，还有一些所谓"给事"，即一些不定期为东宫提供服务的官员。如惠帝时，"黄门董猛，素给事东宫，为寺人监"[1]；又"右卫督司马雅、常从督许超，皆尝给事东宫"[2]。但对于这种情况，限于史料，更多的信息不得而知。

作为储君的僚属，其人选来源也极一时之选。西晋武帝时，"(任)恺忠贞局正，宜在东宫，使护太子"[3]。东晋皇帝的一道诏书也说："东宫官属亦宜得履蹈至行敦悦典籍者。"[4]故当时人称其"文武之选皆一时之俊"[5]。以王公重臣兼任东宫的师、傅等负有训导责任的职官亦可作如是观。从国家角度，对东宫的职官也十分重视，《晋书》卷四四《郑袤附子默传》载："武帝受禅，与太原郭弈俱为中庶子。朝廷以太子官属宜称陪臣，默上言：'皇太子体皇极之尊，无私于天下。宫臣皆受命天朝，不得同之藩国。'事遂施行。"这也就是说，自西晋开国伊始，宫臣同朝臣的地位是平等，而高于普通藩国的。

---

[1]《资治通鉴》卷八二《晋纪四》，页2604。

[2]《资治通鉴》卷八三《晋纪五》，页2638。

[3]《晋书》卷四五《任恺传》，页1286。

[4]《晋书》卷九四《隐逸朱冲传》，页2430。

[5]《晋书》卷九一《徐邈传》，页2358。

三、巩固储君地位的其他措施

选择合适的人选充实东宫，为东宫的僚属，固然是加强皇太子地位最直接的制度保障，而下列措施也不能忽视。

首先，为太子选择有才干的人作宾友。这早在西晋就已经出现，如《晋书》卷三七《宗室传》："元康初，愍怀太子在东宫，选大臣子弟有名称者以为宾友，（司马）略与华恒等并侍左右。"同样的例子还有华恒。[1] 宾友的来源为"大臣子弟有名称者"，这样做的目的无疑是提高皇储的从政能力。东晋的东宫也存在着这种情况。据《晋书》卷六《明帝纪》记载：明帝"立为皇太子。性至孝，有文武才略，钦贤爱客，雅好文辞。当时名臣，自王导、庾亮、温峤、桓彝、阮放等，咸见亲待。尝论圣人真假之意，导等不能屈。又习武艺，善抚将士。于时东朝济济，远近属心焉"[2]。从这些东宫宾客的来源看，比起西晋的大臣子弟，他们的地位更高。这固然有东晋时期门阀政治影响的因素，但从另一个角度看，通过将皇太子托付给这些世家大族，也可以稳固他的地位，以顺利继承皇位。

其次，给东宫配备了相当数量的军队。西晋初年的两次政争均提及了东宫兵。在外戚贾、杨之争中，太傅主簿朱振说骏曰："今内有变，其趣可知，必是阉竖为贾后设谋，不利于公。

---

[1] 按：据《华表传》："元康初，东宫建，恒以选为太子宾友，赐爵关内侯，食邑百户。"见《晋书》卷四四《华表传》，页1262。

[2] 《晋书》卷六《明帝纪传》，页159。

宜烧云龙门以胁之，索造事者首，开万春门，引东宫及外营兵拥皇太子入宫，取奸人，殿内震惧，必斩送之。不然，无以免难。"[1] 东宫兵能成为政变所倚重的力量之一，说明具有一定实力。又据《书钞》引王隐《晋书》云："刘卞为愍怀太子左卫率，知贾后必害太子，乃问张华。华曰：'君欲何如？'卞曰：'东宫隽乂如林。四率精兵万人。'" 刘卞更清楚地说出了东宫兵力配备情况：拥有精兵万人，为四率所统领。所谓四率，按照《宋书·百官志》所言："晋初曰中卫率，泰始分为左右，各领一军。惠帝时，愍怀太子在东宫，加置前后二率。"即前后左右四率。东宫兵应该终两晋一直存在，据《晋书》卷七五《王湛传》："安帝即位，国宝复事道子，进从祖弟绪为琅邪内史，亦以佞邪见知。道子复惑之，倚为心腹，并为时之所疾。国宝遂参管朝权，威震内外。迁尚书左仆射，领选，加后将军、丹杨尹，道子悉以东宫兵配之。"[2] 但这时东宫兵已经可以被权臣肆意分割赠予，是皇权式微的一种反映。

重视东宫教育也是巩固储君地位的一种方式。这可以从两个角度说明。其一，从侍讲东宫人选看，他们是处于政治权力中心的人物。在西晋"散骑常侍贾谧侍讲东宫"[3]，贾谧为外戚贾氏家族成员，在一定程度上控制着朝政。而东晋为门阀势力发展，一些门阀家族成员成为侍讲之人。如王导之子王悦

---

[1]《资治通鉴》卷八二《晋纪四》，页 2605。
[2]《晋书》卷七五《王湛传》，页 1971—1972。
[3]《资治通鉴》卷八十三《晋纪四》，页 2628。

"少侍讲东宫，历吴王友、中书侍郎"[1]。使用这些人作为侍讲人，使得太子能够和处于权力核心的人保持着联系，维持其皇储地位方面的好处显而易见。其二，从学习内容看，也是以保证皇太子能够有足够行政能力为目标。据《文选·为贾谧作赠陆机》注引臧荣绪《晋书》："泰始七年，皇太子冠，世祖以皇太子富于春秋，初命讲《孝经》于崇正殿。"《孝经》是规范人伦关系的儒家经典，让皇太子学习有着现实意义。另一方面，不适合皇太子学习的内容有些也被限制着。东晋就有这样一个例子："帝以贺循行太子太傅，周顗为少傅，庾亮以中书郎侍讲东宫。帝好刑名家，以《韩非》书赐太子。庾亮谏曰：'申、韩刻薄伤化，不足留圣心。'太子纳之。"[2] 这说明即使皇帝想以法家思想灌输给皇太子，但在东晋门阀主导政治的局面下也很难行得通。为了政局稳定，有必要让皇太子摒弃"刻薄伤化"的法家理念。

以上种种措施无不以巩固储君地位为最终目的，在皇位交接时保持政局稳定。此外，对东宫的经济保障也是一个重要方面，据《晋书》卷五三《愍怀太子遹传》："东宫旧制，月请钱五十万，备于众用。"[3]

四、关于皇太弟问题

汉魏以来，如果没有特殊变故，皇位继承一般采取父死子

---

[1]《晋书》卷六五《王导传》，页1754。
[2]《资治通鉴》卷九〇《晋纪十二》，页2855。
[3]《晋书》卷五三《愍怀太子传》，页1458。

继的方式。但两晋时期却存在过兄终弟及的形式。[1] 这种情况最早出现在八王之乱时期。《御览》百四十九引王隐《晋书》卷一云：永兴元年，成都、河间王复废覃为清河王，立成都王颖为皇太弟。而不久以后，"废皇太弟颖，立豫章王炽为皇太弟"[2]。以皇太弟身份作为皇储，东宫的职官较太子变动不大，只不过在名称上做了一定的变动，由太子改称为太弟，如"高密王泰为司空，以播为祭酒，累迁太弟中庶子"[3]。

　　为什么西晋会出现兄终弟及的形式呢？这一时期的政局所产生的影响自然是一种决定性因素，但另一种原因似乎也在起着作用，即司马氏在开国时期皇位继承的不确定性。在司马氏早期，齐王攸曾一度是皇位的候选人，史籍称："初，齐王攸有宠于文帝，每见攸，辄抚床呼其小字曰：'此桃符座也！'几为太子者数矣。"[4] 司马炎确定继承人时，曾经考虑过让他继承皇位，但最后因为政争，还是以其子司马衷为皇帝："及帝疾甚，朝野皆属意于攸。攸妃，贾充之长女也，河南尹夏侯和谓充曰：'卿二婿，亲疏等耳。立人当立德。'充不答。攸素恶荀勖及左卫将军冯紞倾诡，勖乃使紞说帝曰：'陛下前日疾苦不愈，齐王为公卿百姓所归，太子虽欲高让，其得免乎！宜遣还藩，以安社稷。'帝阴纳之。"[5] 可见此时无论立弟还是

----

[1] 按：如汉代文帝即位即是，但这些即位基本是临时决定，而两晋的皇太弟却是如皇太子一样先据东宫，然后由东宫过渡到皇帝。

[2] 《御览》卷一四九引孙盛《晋阳秋》，《太平御览》卷一四九《皇亲部》，中华书局，1960年，页727。

[3] 《晋书》卷六〇《缪播传》，页1636。

[4] 《资治通鉴》卷八〇《晋纪二》，页2541。

[5] 《资治通鉴》卷八〇《晋纪二》，页2541。

立子，在制度上并无多大障碍。[1] 八王之乱去此不远，以兄弟身份取得皇权有传统可循，因而在这一时期会出现皇太弟现象。

东晋皇位继承比较混乱，兄终弟及虽时有发生，但以兄弟关系入主东宫并顺理成章即位的情况比较少见。"（成）帝二子丕、奕，皆在襁褓。庾冰自以兄弟秉权日久，恐易世之后，亲属愈疏，为他人所间，每说帝以国有强敌，宜立长君；请以母亲弟琅邪王岳为嗣，帝许之。中书令何充曰：'父子相传，先王旧典，易之者鲜不致乱。故武王不授圣弟，非不爱也。今琅邪践阼，将如孺子何！'冰不听。下诏，以岳为嗣，并以奕继琅邪哀王。"[2] 这段话是说，父子相传意识已经深入时人观念。与西晋时相比，已经有了很大的变化。而司马岳最终能够当上皇帝，更多的是权力斗争的结果。另一个例子从一个侧面也能说明这一点。《太平御览》引《幽冥录》："简文帝无子，曾遍令善相者相宫人。李太后给皂役，不豫焉，相者指之，此当生贵子，而有虎厄。帝因幸之，生孝武及会稽王道子。"[3] 简文帝为了父死子继采取的种种举措，说明这应该是皇位继承的固有模式。当然这种观念能否正常实行是另一回事情。

综上可知，东宫在两晋政治生活中占有重要地位，东宫设置的目的是为了加强皇储的地位，保证皇位的顺利过渡，减少

---

[1] 按：据《资治通鉴》卷八〇《晋纪二》武帝泰始十年七月条，虽然司马炎的皇后杨氏在这个问题上曾说："立子以长不以贤，岂可动也！"但从史料记载看，司马炎更多的是从皇孙遹的聪慧，以及他所能听到的大臣的建议角度考虑。

[2]《资治通鉴》卷九七《晋纪十九》，页3048—3049。

[3]《太平御览》卷八九二《兽部四》，页3961。

因为皇位继承而可能导致的动荡，从而在一个方面起到加强皇权的作用。正是出于这一目的，两晋国家才会在制度与非制度两个方面采取了诸多巩固储君地位的措施。然而在两晋皇权不甚强大的政治历史背景下，注定这种制度会有一些变化，与设立的初衷相悖。西晋诸王以皇太弟身份入主东宫、东晋门阀对东宫的控制都是其表现形式。在一定意义上说，东宫制度发展变化是两晋政治变化的晴雨表。

原载《东南文化》2008 年第 2 期